榮光女王｜聖女貞德｜凱薩琳大帝｜提燈女士

走進那些在政治、戰爭與文化中留下烙印的女性故事

蘇嘉辛 編著

Powerful Women

玫瑰與
利劍

從克麗奧佩脫拉到維多利亞的

女·性·傳·奇

U0075103

王冠與革命｜權力之花，女性的輝煌與掙扎

從古至今，**14** 位在世界舞臺上留下獨特印記的女性
以其非凡的智慧、勇氣和決心，
改寫了歷史的軌跡

不僅講述了她們各自的傳奇故事
更闡述了她們如何在男性主導的世界中突破束縛

目錄

目 錄

目 錄

女神顛覆特洛伊

—— 海倫王后

　　大約距今 3,200 年以前，在富饒的小亞細亞沿岸，有一座隔著愛琴海與雅典相望的城市 —— 特洛伊。在西元 1873 年以前的 3,000 年時間裡，這座原本繁華美麗的城市一直作為廢墟，塵封在被人遺忘的角落。導致這一切發生的，是傳說中當時西方最美麗的女人 —— 海倫（Helen of Troy）。

　　海倫到底是什麼樣的人？為了她，特洛伊王子不惜身敗名裂；為了她，希臘諸國聯合出兵遠渡重洋；為了她，許多人間的英雄戰死疆場。甚至在傳說中，希臘眾神也捲入了這場戰爭。但願下面的文字能讓諸位看到一個活生生的海倫，能讓您得到滿意的答案。

最是寂寞女兒心

　　海倫出生在希臘半島的斯巴達，是斯巴達國王廷達瑞俄斯的女兒、斯巴達王國的公主。

　　海倫天生麗質，其容貌之美，使得許久之後，世人還為之痴迷神往。曾試圖透過畫家和雕刻家的手，再現海倫絕世容貌的克洛頓人，甚至不惜重金，請來當時最受人尊敬的著名畫家宙克西斯（Zeuxis），為海倫畫像。宙克西斯從克洛頓人為他挑選來的、最美的少男少女中，又精挑細選出五名相貌最出眾的人當成模特兒，然後將自己的創造力發揮到極致，創作出一幅綜合五人之美的海倫畫像。可是人們看過之後，仍然認為他的畫沒有充分表現出海倫的嬌美。

　　在海倫還是少女的時候，她的美貌就已傾倒了眾人。雅典王埃勾斯（Aegeus）的兒子忒修斯（Theseus），是第一個被海倫迷住的人。僅僅為了得到海倫的幾個吻，他竟然在雅典到斯巴達的路上，拐走了按照習俗在體育學校操練的海倫。這也是海倫第一次因為自己的美貌被誘拐，這讓她對

自己的容貌產生了深深的自信和驕傲。

漸漸地，海倫已經到了該出嫁的年紀。早已仰慕其美貌的希臘半島上各國的國王、王子紛紛趕來求婚。這令海倫的父親 —— 老國王廷達瑞俄斯為之苦惱不已，因為他擔心會得罪沒有被選中為婿的求婚者。

聰明的伊塔卡國王奧德修斯（Odysseus）想了個辦法，建議廷達瑞俄斯讓所有的求婚者都當眾發誓：將來與有幸被選中的女婿結成同盟，共同對抗因未得到海倫公主而懷恨在心、並企圖危害斯巴達王國的人，不發誓的人就取消其候選的資格。廷達瑞俄斯採納了這個建議，並向求婚者宣布。

海倫的美貌使得所有來求婚的人，都不願放棄一親芳澤的機會，毫不猶豫地當眾發誓。誰也沒有想到，這個本來為了防止求婚落選者因妒成恨的結盟誓言，在不久之後就發揮了巨大的作用。

老國王廷達瑞俄斯放心地開始挑選，最終選中阿特柔斯（Atreus）的兒子 —— 阿加曼農（Agamemnon）的兄弟 —— 亞各斯國王墨涅拉俄斯（Menelaus）當他的女婿，後來還讓他繼承了斯巴達的王位。

於是，海倫奉父命嫁給了墨涅拉俄斯。雖然之前海倫與墨涅拉俄斯從未見過面，但她對這個丈夫仍是非常滿意的。新婚燕爾，海倫與丈夫度過了一段令她覺得非常幸福的時光；而墨涅拉俄斯因為得到了世間最美的女人也欣喜若狂，對海倫萬分疼愛。

不過，哪怕得到的是愛與美的女神維納斯（Venus），時間一長，男人也會慢慢對妻子的美麗習以為常，感情也隨之淡化。墨涅拉俄斯雖然愛自己的妻子，卻似乎更愛自己的國家。新婚後不久，他就開始每天忙於政務，難以抽出時間來陪年輕美麗又情感細膩的妻子，而嬪妃的慢慢增加，

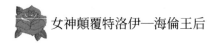

又奪走了他與海倫廝守的一部分時間。

墨涅拉俄斯固然是一位好國王，可在海倫心中卻不是個完美的好丈夫。

墨涅拉俄斯是非常保守、拙於言詞的人，他會用行動來關懷妻子的生活，但永遠也不懂得用浪漫和甜言蜜語來滿足妻子的虛榮心。實事求是地說，他對海倫是非常疼愛的，可惜他並不了解女性的心理，這也是帝王的通病。也正因為這種通病，他雖得到了海倫，卻漸漸失去了海倫對他的好感。像海倫這樣的美女，自然是在蜜水裡泡大的，怎能忍受這種與普通人一樣待遇的生活呢？

海倫知道丈夫愛自己，可是沒有人陪伴在身邊的生活，也的確有些孤獨、空虛。這種造成家庭不和的矛盾，從古至今一直存在著，海倫與丈夫不幸也在此列。對於這種生活，許多女性選擇了忍耐。但海倫顯然不甘於平淡，不願忍耐。就這一點來說，海倫頗具現代女性的某些性格特點。可惜在她所處的時代，這種性格特點顯然不能替她爭取到權利，反而帶來更多感情上的痛苦。

墨涅拉俄斯根本就沒有花太多的心思去體察妻子的狀況，太多的政務也使他無暇顧及年輕愛侶的感受。總之，海倫感到傷心、感到失落。高貴聖潔的美麗對她又有什麼意義呢？她沒有欣賞者。

年輕又迷人的海倫在寂寞中掙扎著。像不少現代女性那樣，她無法理解自己的丈夫，無法忍受被忽視的生活，婚前婚後的地位落差讓她不能適應。雖然後世有人說她是一個淫蕩的女人，但掙扎在心靈孤寂中的她，並沒有想過要背叛自己的丈夫。在失望與絕望中度日的海倫，萬萬沒有想到，命運會和她開一個如此荒唐的玩笑，讓一個溫柔的特洛伊王子闖入她寂寞的夢中。

棄夫私奔愛墮落

　　新婚之後的第三年，墨涅拉俄斯帶著豪華的船隊，浩浩蕩蕩地訪問波洛斯一帶，一去經年。美麗且青春依舊的海倫王后，孤零零地住在宮殿裡，繼續著寂寞的日子。只有剛出生的女兒，稍稍帶來些許安慰給初為人母的她。可是，女兒如此可愛，丈夫卻不在身邊，這讓她在孤獨寂寞裡獨自承受著生產的痛苦，卻得不到丈夫的撫慰，這使原本心高氣傲的她感到萬分委屈。

　　在這樣的日子裡，她每天都期待著丈夫的突然出現，可每天得到的仍舊是失望。突然有一天，一支龐大的船隊來到了斯巴達。但是，來的不是遠歸的墨涅拉俄斯，而是特洛伊的小王子帕里斯。

　　特洛伊國王普里阿摩斯（Priam）和王后赫庫芭（Hecuba）生有兩個王子，大王子叫做赫克托爾（Hector），小王子就是帕里斯。

　　據說帕里斯剛出生的時候，先知告訴國王：這個王子長大後會招致亡國之禍。為了避免災禍降臨，國王命人將帕里斯遺棄在伊得山上的密林中。沒有想到的是，一位碰巧路過的獵人，循著嬰兒的啼哭聲找到了帕里斯，起了憐憫之心，將小王子抱回去撫養。在獵人的撫育下，帕里斯自小就養成了一種好動尚武的性格。

　　長大後，不知道自己身分的帕里斯去特洛伊城參加競賽，和赫克托爾王子等貴族一起比武，奪得了第一，在接受桂冠時被王后赫庫芭認了出來。國王見到以為早已死去的小兒子，產生了骨肉之情，把先知的預言忘在腦後，認下了帕里斯。英俊勇武的帕里斯很快得到了父母的寵愛，為了彌補遺棄兒子而欠下的債，普里阿摩斯對帕里斯幾乎有求必應。

這一年，帕里斯向父親提出要去希臘。關於帕里斯此行的目的，據一些史學家的說法，是想討回當年被希臘人攻破特洛伊城後掠走，並嫁給了希臘人鐵拉蒙（Telamon）為妾的帕里斯的姑媽——公主海希歐妮（Hesione）。

而另一種說法就頗具浪漫色彩：據說帕里斯在伊得山上牧羊的時候，恰巧遇到了天后赫拉（Hera）、智慧女神雅典娜（Athena）和愛與美的女神維納斯在山上舉行宴會。席間，三位女神拾到了糾紛女神投下的一個寫有「送給最美的女人」字樣的金蘋果。三位驕傲的女神當然都希望這個金蘋果屬於自己，一時爭執不下，便請正好路過的帕里斯裁斷，並且都悄悄向他許諾，希望他把金蘋果判給自己。天后赫拉許諾給帕里斯無上的權力；智慧女神雅典娜許諾給帕里斯無窮的智慧；愛與美的女神維納斯則許諾給帕里斯人間最美的女人。帕里斯顯然是個不愛江山愛美人的角色，毫不猶豫地把金蘋果遞給了維納斯。根據維納斯的指示，帕里斯要去希臘尋找那個最美的女人。

這也許是帕里斯利用神祇替自己的行為編造的謊言，今天的我們恐怕要對這個謊言不以為然了。總之，不管是出於什麼目的，帕里斯率領著一支船隊渡過愛琴海，來到了斯巴達。

帕里斯抵達的第三天，代理政務的海倫在宮殿裡接見了特洛伊王子帕里斯一行人。年輕的帕里斯看到美麗端莊的海倫王后走進來，驚得半天說不出一句話。他早聽說斯巴達王后海倫美豔動人（也許這就是他跑到斯巴達來的目的），而眼前的這位美女要比傳說中的還要美麗得多：那潔白、細膩的皮膚；那烏黑、秀麗的長髮；那會說話的、水靈靈的眼睛；那纖巧的鼻子，那性感的嘴唇……生在海倫身上的每一個部位，在帕里斯看來都無比完美。再加上珠寶的映襯，帕里斯更覺得奧林匹斯山上的所有女神，

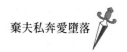

都不如海倫美麗。

世界上竟然有這樣高雅、嫵媚的女人！她的美遠遠超出了帕里斯的想像！帕里斯自從與父母相認後，憑著王子的身分，結識了不少美女。現在看來，那些美女跟海倫相比真是一文不值了。愛美之心，人皆有之。見到美若女神的海倫，帕里斯起了占據之心。不過，對方貴為一國的王后，帕里斯並不敢輕舉妄動。

不過帕里斯突然注意到，這位美女的臉色蒼白，眼神憂鬱，那寂寞的神情，對一個如此風華絕代又年輕美麗的女人來說，似乎顯得非常不可思議。

當帕里斯被海倫的美麗驚得目瞪口呆時，海倫也在悄悄打量這位從小亞細亞來的王子。他相當年輕，約 20 歲左右，與粗線條的丈夫相比，帕里斯更為風流瀟灑、玉樹臨風。墨涅拉俄斯若站在他身邊，簡直要變成粗魯的農夫了。

海倫見過不少英俊風流的王子，可這一位似乎與眾不同，他身上有一種特別的東西吸引著她 —— 雖然說不出到底是什麼，但確實感受得到。她不禁多看了帕里斯幾眼，並用迷人的微笑回應帕里斯的呆滯。

帕里斯看到美人對自己投來絕對是表示好感的多情注視時，幾乎無法自持。身為一個頭腦聰明又懷有某種企圖的人，他對此十分滿意，感到有機可乘。得意忘形的帕里斯已經忘了外交禮儀，一心一意地籌劃著該如何進一步獲得美人的芳心。

過了好一陣子，帕里斯才回過神來，開始講一些漫無邊際的慣常問候，自己都不知道自己說了什麼。

隨著交談話題的慢慢增加，以及其他人的插話，他們不像一開始那樣

緊張了。海倫按照禮節熱情地接待前來造訪的客人，心旌搖曳的帕里斯則顯得神采奕奕、口齒伶俐。談話非常愉快，其實，他們什麼實質性的話題也沒有談，不過是一些常用的程序化語言而已。但是，感覺卻非常不錯。

帕里斯王子講話溫文儒雅，言詞動聽，眼睛裡燃燒著熱情的火焰。他那天生的、氣質極其尊嚴高貴的一舉一動，令海倫不得不為之驚嘆。他是那樣斯文、那樣輕柔、那樣俊美，是一種完全不同於墨涅拉俄斯那般強壯、粗魯的氣質。這就是海倫一直期待的溫柔與文雅啊！她感到一陣突然的衝動，好像身上通了電流一般，臉上泛起了淡淡的紅暈，不禁牢牢地盯住這名美男子。

會見結束後，海倫的心無法平靜，她能夠看出帕里斯對自己的傾慕 —— 這種傾慕本來對於身為世界上最美麗女人的她來說早已司空見慣了。可是不知為什麼，見到帕里斯之後，她感到了從未有過的怦然心動，感到在那位特洛伊王子身上，有一種十分特殊的東西在強烈地吸引著她。但海倫明白，這樣想與人倫、道德是背道而馳的，所以她強迫自己去想念現在正待在皮洛斯的丈夫，強迫自己把注意力集中在女兒赫米奧娜身上，以求抹去心中那個異國王子的形象。然而一切努力都無濟於事。

這一切也許真的是愛與美的女神維納斯在搞鬼吧！海倫越來越喜歡這個相貌英俊、溫柔體貼的帕里斯。而帕里斯更不用說，自從第一次見到海倫，就已經對她的美貌垂涎三尺了。雙方情投意合，海倫與帕里斯開始偷偷地幽會，也便成為自然而然的事了。

在帕里斯甜言蜜語的攻勢下，毫無抵禦能力的海倫成為了特洛伊王子的情人。這對於帕里斯來說自然是天賜的豔福，但對於海倫王后來說，她既感到幸福又覺得羞愧不安。即便與帕里斯頻繁幽會，她卻無法忘記自己

的丈夫。她愛帕里斯，也愛著丈夫墨涅拉俄斯，尤其愛自己可愛的女兒赫米奧娜。

一想到背叛了丈夫、女兒，海倫就感到痛苦不堪。在愛情與道德之間，可憐的海倫王后痛苦地掙扎著，最後卻越陷越深。

這墮落的愛情短暫而又漫長地持續著，直到有一天，斯巴達王墨涅拉俄斯即將歸來的訊息傳來。與海倫的偷情眼看就要結束，佳人在懷的帕里斯，當然不甘心到手的鴨子就這樣飛走。

這一天，海倫和往常一樣在回憶中打發她那漫長的白天。突然，宮外傳來一陣騷亂的聲音，這些日子一直都生活在提心吊膽中的海倫急忙跑出來。她看見帕里斯手提長劍，帶領他的軍隊衝進皇宮。原來帕里斯決定在斯巴達王歸來之前帶著海倫私奔。海倫曾想過從此與帕里斯勞燕分飛，甚至想過丈夫會責罰自己，卻沒有想過要跟情夫私奔，這讓她猶豫不決。帕里斯哪裡有耐心等佳人下決心？當下帶著人半哄半拽地將海倫弄上了船，又順手牽羊地將王宮裡的財寶劫掠一空，揚帆啟程，滿載而歸。

即使象徵性地反抗了一陣，不過早就渴望浪漫愛情的海倫，還是順從了帕里斯。當船隊在克拉納島靠岸後，她就跟帕里斯在島上舉行隆重的婚禮，正式成為帕里斯的妻子。

這一次漂亮的行動，讓帕里斯興奮得忘乎所以，他帶著海倫和軍隊在克拉納島上，過了好幾年幸福得沒日沒夜的豪奢生活。

幾年後，帕里斯帶著海倫回到了特洛伊。老國王普里阿摩斯既為愛子歸來而激動，又為兒子娶了這樣一個美豔絕倫的妻子而高興，覺得這是一件絕好的一雪海希歐妮公主被希臘人掠走之恥的好事，所以特洛伊王室很快就接納了海倫。只有帕里斯的原配妻子俄諾斯對此非常氣憤。但帕里斯

早已忘了他還是牧羊人時娶的糟糠之妻，此時面對傾國傾城的美人，哪裡還會顧及原配妻子的感受呢？至於特洛伊的其他人，雖然覺得王子殿下和海倫的事不光彩，卻也都被海倫的美麗聖潔、善良聰慧所折服，對此也沒有過多地指責謾罵。

特洛伊人接受了自己，這使海倫原本懸著的心放了下來。她以為自己得到了幸福，找到了真正的愛情，可以與心愛的人長相廝守。可是她沒有想到，自己將給特洛伊帶來多麼可怕的災難。

十年大戰特洛伊

那邊帕里斯「英雄」抱得美人歸，才子佳人其樂融融；這邊妻子被劫的墨涅拉俄斯怒不可遏，氣炸了心肺。這不僅僅是因為奪妻的奇恥大辱，也不僅僅是因為被奪走了大量的財寶，更因為海倫是他最心愛的女人。海倫的美貌無人能及，又是那樣的氣質高雅、溫柔善良，墨涅拉俄斯即便為人木訥，卻也不是木頭，這樣的女人他怎能不視若珍寶？現在愛侶成了帕里斯的妻子，他怎能不恨？

憤怒之中的斯巴達王決心報復特洛伊，他立刻趕到了邁錫尼，向哥哥阿加曼農求助。

阿加曼農是邁錫尼的國王，而阿加曼農與墨涅拉俄斯的家族又是希臘最強大的王族。這個王族不僅統治著邁錫尼、亞各斯、斯巴達，還主宰著伯羅奔尼撒的其他王國，幾乎所有的希臘君王都是他們的盟友。

之前因老斯巴達王廷達瑞俄斯定下的誓言而結成的同盟也發揮了作用。墨涅拉俄斯和阿加曼農跑遍希臘各地，遊說各國國王，敦促曾向海倫

伊最勇猛的人 —— 特洛伊大軍的統帥、大王子赫克托爾在與阿基里斯的決鬥中被殺死了。據史詩《伊里亞德》中的描述，赫克托爾之死完全是智慧女神雅典娜一手造成的：在赫克托爾與阿基里斯決鬥時，因為太陽神阿波羅的幫助，赫克托爾本來占了上風，但是因為天后赫拉的冷嘲熱諷，主神宙斯召回了阿波羅，袖手旁觀。智慧女神雅典娜乘機變成阿波羅的模樣，誘使赫克托爾上當，讓他死在了阿基里斯手中。

主帥赫克托爾死後，特洛伊大軍遭到希臘聯軍的一路追殺。阿基里斯衝殺在前，勇不可擋。帕里斯一心想除掉勇猛無敵的阿基里斯，在混戰之中射出冷箭，竟然真的射死了阿基里斯。在希臘神話中，阿基里斯剛出生時，被母親提著腳跟在冥河中浸泡過，除了腳跟以外，全身刀槍不入，帕里斯射術不精，歪打正著射中了阿基里斯的腳跟，這位人間戰神就這樣不明不白地死了。

帕里斯射死了阿基里斯，得意忘形，想在這個殺死自己哥哥的人的屍體上砍幾劍洩憤。哪知墨涅拉俄斯正守護在阿基里斯的屍體旁，見到仇人自然不會放過，接連兩箭，射傷了帕里斯。

帕里斯被人搶回特洛伊城。醫生們圍著他檢視傷口，發現已經無法救治了。海倫看著掙扎在死亡邊緣的帕里斯，想到他為了自己不惜對抗希臘聯軍，想到他為了自己失去了最好的哥哥，想到他為了自己就要丟了性命，心中五味雜陳，守在情人身邊流了一夜的眼淚。

帕里斯終因傷重而死，海倫抱住他的遺體哭得死去活來。這個世界上她最愛的人走了，她的愛情死了，特洛伊再也沒有人能保護她了，不知將有怎樣的命運在等待著她？特洛伊人會不會把自己獻給希臘聯軍？如果那樣的話，墨涅拉俄斯會原諒自己嗎？會不會一怒之下把自己殺死？即使特

洛伊人不獻出自己，她又該如何面對因為自己而導致兩個兒子慘死的特洛伊國王和王后？又該如何面對正飽受戰爭之苦的特洛伊人民？海倫不由得回憶起在斯巴達與帕里斯幽會的情景。倘若那段時光能夠持續下去該多好，倘若那段時光永遠沒有盡頭該有多好！

狂風已靜浪亦平

儘管特洛伊失去了兩位王子，士氣低靡，但希臘聯軍也因為失去了阿基里斯這位英雄，一直無法攻下堅固的特洛伊城。

這時，擔任希臘聯軍軍師的奧德修斯，在神的啟示下想出了世人皆知的木馬計。在現在看來，這完全是假托神的名義，因為在當時，這樣的計謀被認為是卑鄙可恥的，只有假托神明啟示的名義，才能讓大家一致同意。既然是「神的啟示」，希臘聯軍的首領們都贊成這個辦法。於是希臘人造好了一個腹內中空，可以容納許多全副武裝的勇士的巨大木馬。墨涅拉俄斯親自帶著一批勇士藏入馬腹內，其餘希臘聯軍則登上戰船，佯裝揚帆返航。

特洛伊人見希臘人突然撤軍，出來查探，發現了那個巨大的木馬，也發現了被希臘人留下欺騙特洛伊人的希臘士兵門農。

門農鼓舌如簧，聲稱在希臘的女神像被盜，雅典娜女神因此惱怒降罪，故此希臘聯軍已被迫返回國內處理此事去了。這個木馬是希臘人為祭祀女神而造，為了不讓特洛伊人將木馬帶進城去搶了女神的祝福，才做得這樣巨大；如果木馬被破壞，女神就會降災給破壞它的人。

向來信奉神靈的特洛伊人上當了，他們決定把木馬完整地拖進城去，

搶走女神給希臘人的祝福，為此他們還拆掉了一大片特洛伊城的城牆。

　　將木馬拖進特洛伊城這天，飽受 10 年戰爭之苦的特洛伊人，像過節一樣開始慶祝戰爭的勝利。他們載歌載舞，還舉行了盛大的飲宴。在這個狂歡之夜，除了希臘奸細門農以外，整個特洛伊城的人們都醉了，累了，全部慢慢沉入夢鄉之中。

　　門農趁機來到木馬旁邊發出訊號，墨涅拉俄斯帶著藏在木馬中的勇士悄悄走了出來。他們拔出寶劍，揮舞著長矛，迅速分散到城裡的每條街道，大肆屠殺酒醉和昏睡中的特洛伊人，一邊砍殺，一邊放火。火勢蔓延開來，特洛伊城陷入一片火海。遠在忒涅多斯島附近等待的希臘聯軍，看到特洛伊城燃起大火，立即拔錨起航，以最快的速度趕回，全體希臘勇士很快就從特洛伊人拆毀的城牆缺口衝進城。希臘聯軍進攻的人數越來越多，特洛伊人企圖抵抗的一切努力都落空了。除了特洛伊英雄艾尼亞斯（Aeneas）一家逃出生天，其他的特洛伊人不是戰死就是被俘。

　　特洛伊人徹底戰敗了！

　　墨涅拉俄斯沿著宮殿的走廊到處搜尋妻子海倫，心裡充滿了對結髮妻子的矛盾感情。海倫渾身發抖地躲在昏暗的角落裡，過了好久才被他發現。看到妻子就在眼前時，他妒意翻湧，恨不得一劍將她刺死。但看到妻子美麗的臉上那恐懼的神情，墨涅拉俄斯的心軟了。他開始打量離別了十多年的妻子。與十多年前相比，海倫更加成熟、迷人了。墨涅拉俄斯想到這個美豔絕倫的女人將再次為自己所擁有時，就更加不願殺掉海倫了。

　　按照當時的傳統來說，墨涅拉俄斯把海倫當成戰利品帶回去是無可厚非的。不過問題在於，海倫本是墨涅拉俄斯的妻子，竟然跟異國人私奔，這在希臘諸王中沒有先例。如果海倫是被擄走，那麼墨涅拉俄斯把她搶回

來，也就算復仇成功了。可現在這種情況，卻是一種恥辱 —— 不道德的兩個人中仍有一人在世，人們很可能一看見海倫，就會想起她與特洛伊王子廝守了十年。

是殺掉海倫，還是收留海倫？墨涅拉俄斯被這個難題困擾了，不知到底該怎麼辦。

正在此時，得知訊息後趕來的阿加曼農替他解了圍。阿加曼農拍著他的肩膀說：「兄弟，放下武器吧！你不能殺自己的妻子。我們為她受盡了苦難，可是在這件事上，比起帕里斯，她的罪過就輕多了。她不過是個女人而已！」聽了這話，墨涅拉俄斯簡直要對哥哥感激得痛哭流涕。他體面地住了手，但表面上還是裝出一副極不情願的樣子。

大火、屠殺延續了整整一夜，熊熊的火柱照亮了夜空，宣告不幸的特洛伊城的毀滅。

第二天早晨，希臘士兵在城裡肆意劫掠無數的財寶，喜氣洋洋地把戰利品搬回到海邊的戰船上。特洛伊王后赫庫芭和赫克托爾的妻子安德洛瑪克都成了俘虜，她們步履艱難地走在最前面，無數的特洛伊婦女跟在後面，一路悲傷地哭泣。

人群中，墨涅拉俄斯拉著哆囉哆嗦、帶著黑色面紗的海倫，離開了還在燃燒著的、混亂不堪的特洛伊城。他面有愧色，可是心裡卻非常得意；海倫則心情複雜，面無血色，神情呆滯。想到在戰船上那些希臘人正等待著決定她的命運時，不禁戰慄起來，而看到自己給特洛伊人帶來的滅頂之災時，又恨不得一頭撞死在牆上。

不過當她登上戰船出現在希臘人的眼前時，那無與倫比的美麗立即征服了所有人。他們悄悄地說，為了這位絕色美女，他們跟著墨涅拉俄斯出

海遠征，受了 10 年的煎熬，現在看來是值得的。沒有人忍心傷害這個美麗而柔弱的女人，這個上天造就的絕世尤物。

希臘聯軍在戰船上舉行了歡樂的宴會，大家開懷暢飲，享受著特洛伊人昨天所享受過的快樂。墨涅拉俄斯早早地就從眾人中脫身出來，快步趕回自己的營房，急不可耐地回來陪自己心愛的女人。

海倫一聽見外面傳來腳步聲就嚇得開始發抖，墨涅拉俄斯一進門，她就撲倒在丈夫的腳下，張了好幾次口，卻什麼也說不出來。她不知道自己該說什麼，不知道該怎樣請求丈夫的寬恕，只是可憐兮兮地望著墨涅拉俄斯，半天才從牙縫裡擠出幾個不連貫的句子：「我……我對不起你……我求求你……我對不起你……我沒臉見你……我不會怨你……」在她那死人一般慘白的臉上，反映出她內心的痛苦、恐懼和驚惶。她在等待著丈夫的裁決。

墨涅拉俄斯卻無限愛憐地將她緊緊地摟進懷裡……

歷盡劫難的海倫終於回到了墨涅拉俄斯的身邊。她的心平靜得如一潭死水，雖然墨涅拉俄斯既往不咎，但她還是覺得自己罪惡深重，腦海裡總是不停地迴響著那些特洛伊人的哭號聲，總是閃現著那滿城屍體、滿城火焰的慘烈景象。她一夜要驚醒好幾次，夢裡還尖叫著帕里斯的名字。墨涅拉俄斯神情複雜地看著這個滿面淚痕、無限驚恐的女人，既愛憐又傷心。海倫從可怕的夢中驚醒之後，又要尷尬地面對丈夫的溫柔與大度。

海倫與墨涅拉俄斯最後在斯巴達過了幾十年平靜的生活。墨涅拉俄斯死去之後，風華不再的海倫被驅逐到了羅德島，在那裡度過了她那孤獨而蒼涼的餘生。

海倫是個可憐又可悲的女人。她的美貌使歷史在她面前成了九曲黃河，一彎再彎。

身為特洛伊的小王子，帕里斯什麼樣的女人得不到？可是海倫使他失去了理智、陷入了瘋狂。赫克托爾、阿基里斯這兩位曠世英雄，本能夠在人類歷史的星空中閃爍出更持久、更明亮的光彩，卻在海倫引發的戰爭中命喪戰場，早早地退出了歷史舞臺。特洛伊城，這個美麗壯觀的古城，本可以向世人完美展現自己的風采，卻因特洛伊戰爭而慘遭焚毀……

要是海倫的容貌平凡一點，甚至醜陋一點，那麼那些英雄就不會過早地逝去，特洛伊城也就不會變成一堆瓦礫，那場屠城的悲劇也不會發生。

縱觀歷史，不需耗費唇舌，不需陰謀詭計，就能令幾十萬人生死繫於一身，能令一個國家轉瞬而亡的美女，僅海倫一人而已。

埃及豔后

—— 克麗奧佩脫拉

「克麗奧佩脫拉」（Cleopatra）這個詞，在希臘語中的意思是「種族之光榮」。而在埃及，這曾經是一名偉大女王的名字。

身為埃及托勒密王朝的最後統治者，這個生活在西元前 69～30 年的、無與倫比的女人，善於利用自己的美貌和智慧，為遠大的政治目標 —— 保證埃及的獨立與領土完整，重現亞歷山大大帝時代的輝煌 —— 而奮鬥不息。

她是著名的埃及豔后，是凱薩大帝（Julius Caesar）的情人，是安東尼（Mark Antony）的妻子，是屋大維（Gaius Octavius Thurinus）的敵人。她的魅力滲透到男人的內心深處，她用女人的祕密武器影響了整個世界的歷史進程。男人可以征服世界；而她，善於征服男人。

備受青睞十八年

西元前 69 年初夏的一天黎明，一陣響亮的嬰兒啼哭聲，從古埃及亞歷山大城王宮內的王后寢宮中傳出來。一直還沒有兒子的國王托勒密十二世（Ptolemy XII Auletes）滿懷希望地詢問侍從，得到的消息卻是：王后生下的又是一位公主。

會看星相的大臣阿波羅多羅斯稟告說：「昨夜天空中出現了一顆雖然不大，卻特別耀眼的新星，這預示陛下後繼有人了。」這種在今天看來完全是充滿安慰意味的胡言亂語，倒也讓托勒密十二世高興起來。

尤其當國王看到剛剛降生的小公主時，剩下的一點不快也一掃而光了。小公主長得太可愛了，十足一個美人胚子，簡直比她的姊姊 —— 大公主貝勒奈西漂亮十倍。看到如此可愛的女兒，托勒密十二世怎能不疼愛

呢？他讓這個女兒承襲了她母親的名字 —— 克麗奧佩脫拉。

與姊姊貝勒奈西一樣，克麗奧佩脫拉從小就必須接受宮廷教育。奧勒忒斯（托勒密十二世的另一個名字，含義為：吹橫笛的樂手）國王親自為她設計了教育計畫和實施細則。克麗奧佩脫拉有許多語言老師，分別教她希臘語、義大利語、拉丁語等等。幼小的克麗奧佩脫拉不僅沒有覺得厭煩，反而積極學習，熱情十足。她求知慾旺盛，而且天資聰穎，很快就掌握了老師們教的東西。

克麗奧佩脫拉尤其對本國文化感興趣：她不光學會了埃及婦女的社交禮儀，也是托勒密家族第一個學會埃及語言的人（托勒密家族並不是土生土長的埃及人，他們來自於古希臘的馬其頓）。埃及語也是她後來使用得最流利的九種語言之一，這無疑為她贏得了埃及臣民的愛戴。

克麗奧佩脫拉從小就能贏得周圍人的青睞。她天真活潑，聰明伶俐，而且非常堅強。雖然身為皇族，但從不擺架子，平易近人，舉止優雅大方。一次，因為女僕照看不周，克麗奧佩脫拉爬到雕像上，一時不慎摔了下來，額頭上裂了一寸長的傷口，血流不止。不過她始終沒有喊疼，並且在發怒的父親要殺掉女僕時，還連聲為女僕求情，使女僕只受了很輕的懲罰。

克麗奧佩脫拉的種種表現，不僅贏得了宮中上上下下的好評，也使父親奧勒忒斯越來越關注她。奧勒忒斯深深感到這個小女兒非同尋常，應該著重培養。他親自為小女兒設計了高雅的寢宮，還在女兒的書房裡擺滿各種門類的書籍。為了更好地教育女兒，他還准許學識廣博的阿波羅多羅斯希望當小公主老師的請求。

阿波羅多羅斯是位非常稱職的老師，克麗奧佩脫拉在他那裡不只學到

了哲學、神學、法學、史學等知識，還學到了安邦治國之道。阿波羅多羅斯講解埃及歷代王朝的統治史給克麗奧佩脫拉聽，並帶她在亞歷山大城到處觀光；而奧勒忒斯國王也積極向她灌輸，要全力維護托勒密王國（即托勒密家族統治時期的埃及，本文在某些地方使用此稱號，是為突出其在歷史地位上的特殊性 —— 編者按）的思想。在奧勒忒斯國王和阿波羅多羅斯的精心培養下，克麗奧佩脫拉的愛國熱情日益高漲，維護王國統治的決心也日益堅定起來。

在當時，羅馬王國正在凱薩等人的統治下向周圍擴張，而埃及早就是羅馬人垂涎已久的肥肉了。

早在克麗奧佩脫拉出生前的 11 年，她的父親登上埃及國王的王位。當時埃及王國的領土正受到嚴重的威脅，羅馬共和國的主宰者一直對埃及覬覦已久。西元前 73 年，羅馬元老院想把塞普勒斯從埃及版圖上分離出來，把埃及和塞普勒斯傳給托勒密十一世的兩個私生子，試圖先壓榨埃及，使其變得軟弱可欺，然後動用武力，將其順利地納入自己的版圖。在托勒密十二世時期，羅馬讓奧勒忒斯從埃及的財富中拿出數量不菲的黃金，作為羅馬承認他是埃及國王的回報。雖然克麗奧佩脫拉的父親被允許保留王位，但很顯然朝不保夕。

奧勒忒斯是個軟弱的君王。一次，僅僅因為增加稅收，命令遭到臣民的反抗，他就倉皇地逃離國家，請求羅馬援助，並償還了他曾向羅馬獨裁者凱薩許諾的賄賂。凱薩答應了他的請求，派大將馬克·安東尼率羅馬騎兵幫助奧勒忒斯恢復王位，也進一步控制了埃及。埃及現在正式處在羅馬的「保護」之下，這通常是全盤吞併的第一步。奧勒忒斯儘管無可奈何，卻也一直希望能擺脫羅馬的控制。

克麗奧佩脫拉在父親身邊看著這一切,即使年紀幼小,也明白家族的統治危在旦夕。她決心吸取父親的教訓,用一切辦法反抗羅馬人的吞併。

西元前 62 年,克麗奧佩脫拉 8 歲時,有一位妃子終於為托勒密十二世生下王子,國王欣喜若狂。按照托勒密王朝所遵從的古埃及第一位法老定下的規矩,托勒密十二世的這個可以繼承王位的兒子,將來登基時必須娶其姊妹中的一人為王后。顯然,托勒密十二世對新王后的人選早已定好了 —— 非克麗奧佩脫拉莫屬。

對於托勒密十二世這個暗藏於心的打算,貝勒奈西大公主早就一目了然。她極不甘心本來屬於自己的「一人之下,萬人之上」的王后寶座旁落,開始謀劃怎樣搶回這個位置。

機會來了。因為托勒密十二世的無能統治,埃及的反抗浪潮日益洶湧。貝勒奈西心裡非常清楚,父王已經四面楚歌。她便趁機向父親建議,勸他到羅馬求援以安定國內,暫將朝政交給她治理。托勒密十二世對貝勒奈西早有戒備與擔憂,知道她常插手政務,但以為她不諳時事,任性而缺乏教養,興不起什麼風浪,而且他也覺得確實需要羅馬的援助。所以在去羅馬之前,托勒密十二世向全國鄭重宣布:王后和公主貝勒奈西暫時攝政監國。

貝勒奈西料理國政,果然勝於乃父。她首先從平息臣民的不滿情緒著手,拉攏大臣,公布嚴格的官員獎懲條文法令,激勵朝臣,還下令釋放監獄的奴隸,緩解頻繁的地方武裝起義;其次減免部分賦稅,減輕部分徭役。這一系列果斷的措施實行後,貝勒奈西受到舉國上下的擁護。這時,托勒密十二世也終於在凱薩等人的幫助下,得到了元老院批准給他的羅馬鐵騎,準備回國平亂。

已大權在握的貝勒奈西，不甘心讓無能的父王重新掌權。於是，她極力誇大埃及正面臨的外敵入侵危機，鼓動埃及人民抗擊外侮、保家衛國。一場父女之間爭奪權力的戰鬥打響了。在羅馬人的幫助下，托勒密十二世重新坐上王位，處死了貝勒奈西。之後，他又勉強地支撐了四年，留下遺囑後，便撒手歸西了。

西元前 51 年，18 歲的克麗奧佩脫拉嫁給了弟弟，並和弟弟共同登基執政。她弟弟當時年僅 10 歲，因此，大權實際上掌握在克麗奧佩脫拉手中。從此，埃及豔后曲折燦爛的人生歷程開始了。

垂袖開懷借好風

克麗奧佩脫拉戴上后冠後，並沒有像以前的王后那樣，只是輔佐國王參政議政，而是行使國王的權力 —— 畢竟她的丈夫、埃及國王托勒密十三世 (Ptolemy XIII Theos Philopator) 年紀太小了。當然，行使國王的權力，確實也是克麗奧佩脫拉一直以來的野心。

大權在握的克麗奧佩脫拉，立即對埃及王朝作了整體的規劃和構想，她將全部的精力用於治理國事上：首先，她整頓上層機構，整飭吏治，讓官吏在其職謀其政；其次，她體恤臣民，減輕賦稅，安定民心，致力於發展生產；再次，她訓練兵士，完善裝備，以抵禦外敵的侵擾。克麗奧佩脫拉力圖改變埃及日漸萎縮的現狀，重現埃及的輝煌。但是她的努力遭到了托勒密十三世和大臣波狄諾斯的反對：不是因為措施的得當與否，而是關係到埃及權力的歸屬問題。

波狄諾斯尤其對克麗奧佩脫拉不滿，因為王后的新政大大地「損害」了他的利益。他使出渾身解數，挑撥是非，極盡誣陷、陷害之能事，終於

使本來就心存顧慮的托勒密十三世，決心對既是夫人同時也是姊姊的克麗奧佩脫拉下手。

可聰明的克麗奧佩脫拉早已看出端倪，因為實力不足以與國王對抗，她趁夜逃出亞歷山大，躲到了埃及東端的賓夕奧城，積蓄力量，準備東山再起。

時隔一年，19歲的克麗奧佩脫拉成功地組建了一支軍隊，並率領軍隊向亞歷山大進軍。就在她的軍隊快要與托勒密十三世的大軍交戰之際，變故發生了。

在羅馬，聯合元老院企圖剷除凱薩的統帥龐貝（Pompey），反而被凱薩殺得大敗。他率領殘兵敗將逃到亞歷山大，希望托勒密十三世能夠收留，而凱薩正親率大軍在後緊追不捨。托勒密十三世和大臣們更害怕凱薩，於是他們誘殺了龐貝，並把他的頭顱獻給凱薩。

消滅了對手的凱薩並沒有就此離去，他藉口要為準備開戰的克麗奧佩脫拉姊弟兩人調解，占據了亞歷山大王宮，住在那裡不走了。

駐紮在附近的克麗奧佩脫拉，對亞歷山大所發生的一切瞭如指掌。她深知，自己的軍隊很可能打不贏丈夫的軍隊，如果托勒密十三世再說動凱薩幫忙，那自己就更無路可走了。她覺得目前唯一可以利用的，並且也是唯一能夠扭轉敗局的，就是突然到來的凱薩。這樣一來，自己就必須見到凱薩，說服他幫忙，不過這必須躲過丈夫那邊重重衛兵的盤查，否則不等見到凱薩，她就已經身首異處了。

想來想去，克麗奧佩脫拉終於想到了一個大膽的辦法：她召來侍從首領，讓他將一卷珍貴的地毯親自送給凱薩，並命令在地毯送到凱薩面前之前，任何人都不准開啟裝地毯的箱子。地毯被搬上馬車後，克麗奧佩脫拉

又巧妙地支開看守馬車的士兵，迅速地藏入地毯中。

　　當天晚上，一卷巨大的地毯被送到了凱薩面前。地毯徐徐展開，只見裡面躺著冰肌玉膚的美人。她全身幾乎一絲不掛，僅有一條鮮紅的絲帶束在美人高聳的雙乳下。那條紅絲帶本是埃及皇族祭神時綁在人牲身上的。眼前的情景令凱薩大吃一驚，他沒有想到克麗奧佩脫拉下令奉上的巨幅地毯裡，會有一個美女，更沒有想到，這位美女竟是克麗奧佩脫拉女王本人。

　　而克麗奧佩脫拉十分鎮靜，沒有絲毫的羞赧之情，如同上帝的使女一樣高貴典雅。她鎮定自若地對凱薩說，埃及政權落到了叛徒手中，若是羅馬遠征軍願意幫助她消滅叛徒，恢復埃及的秩序，她本人連同裹著她的、價值連城的地毯，將作為奉獻給最高司令官的禮物；若是遠征軍不答應她的請求，則希望自己和地毯一起焚燒而死，作為祭奠埃及最高神 —— 太陽神的祭品。

　　被羅馬人稱為「禿頭的淫棍」和「所有女人的男人」的凱薩，立刻被眼前這個萬種風情的嫵媚女人迷住了，尤其是她話語中流露出的堅強和勇氣，更讓凱薩讚賞不已。但凱薩畢竟不是普通人，他沒有急於與克麗奧佩脫拉親熱，而是找來華麗的衣服讓她穿上。

　　克麗奧佩脫拉毫無顧忌地敞開心扉，向凱薩講述埃及的傳統，和她與托勒密十三世之間的恩怨。她泣涕漣漣，哀怨至極，令凱薩的憐憫之情油然而生。克麗奧佩脫拉望著凱薩的雙眼說：「親愛的將軍，請您主持公道，還我清白。」她莊重而楚楚動人的祈求，讓凱薩體會到一種與眾不同的高貴風姿。他的感情天平已經失衡，在他聽來，克麗奧佩脫拉的每句話都飽含真情與冤屈。

　　克麗奧佩脫拉隱隱感到，獵物要上鉤了。她款步向前極其嫵媚地吻了一下凱薩的手背，撒嬌道：「偉大的凱薩王，只要您出面，所有的事情都是可以解決的。」此時的凱薩已經情迷意亂，決心想辦法幫助這個美人。他將克麗奧佩脫拉扶起來，克麗奧佩脫拉則順勢倒在他的懷裡。獨特的冒險性格，成就了她人生中一大賭局：凱薩被她輕易地俘獲，當晚便成了她的情夫。

　　然而紙包不住火，克麗奧佩脫拉回來的消息不脛而走。托勒密十三世怎麼也想不通，克麗奧佩脫拉是如何通過士兵盤查的。更令他迷惑的是，整箱地送金銀珠寶給凱薩，怎麼就敵不過玩空手道的克麗奧佩脫拉？波狄諾斯一語道破：「國王陛下，克麗奧佩脫拉把自己送給了凱薩啊！」舊恨未消，又添新仇，國王非常憤怒，恨不得馬上親手宰了王后。

　　一天，托勒密十三世和眾臣抵達議事廳，準備參加事先安排好的會議時，突然發現，凱薩和克麗奧佩脫拉已經親密無間地公然同時出現了。他無法容忍法定妻子和侵略埃及者的曖昧關係，卻又無計可施。

　　克麗奧佩脫拉整天吹枕邊風，令凱薩決定插手他們姊弟之間的紛爭。一個晴朗的上午，凱薩在下榻的王宮大擺酒宴，托勒密十三世和眾臣應邀而至。克麗奧佩脫拉滿面春風地坐在凱薩的身邊。凱薩掃了一眼托勒密十三世，說：「我凱薩不忍心看到埃及王后四處流浪，有家難歸，更不希望看到國王夫婦間自相殘殺。我當見證人，大家冰釋前嫌吧！讓王后回到王宮，繼續協助國王執政！」

　　凱薩還充分施展他的鼓動之辭，從托勒密十二世的遺囑說起，強調克麗奧佩脫拉與國王同脈相傳，言之有理又暗含威嚇。最後，他以嚴厲的口吻恐嚇：克麗奧佩脫拉是羅馬的朋友，誰反對她，就是和羅馬過不去。托

勒密十三世迫於無奈，不得不同意凱薩的調和。

因為凱薩的幫助，克麗奧佩脫拉信心十足地回到了久違的王宮。對於凱薩的鼎力相助，她自然感激不盡，只能把自己作為獎賞送給凱薩。而且她也只願意這樣做，並希望透過成為凱薩的情人，而牢牢地控制住他，以透過對他的利用，實現已故的老國王和自己的共同心願。

克麗奧佩脫拉熱愛自己的國家，也不願放棄王權，她不想讓羅馬的鐵騎踐踏埃及的土地。凱薩是一棵大樹，藉助他可以自在乘涼，不過她始終小心防範著凱薩的野心，因為她才是埃及真正的王者，她希望最終將羅馬人趕出埃及。但現在最要緊的，還是穩住凱薩，利用他來增強自己的實力，也可以消除他對埃及的貪念。凱薩時年 52 歲，多年玩弄政治陰謀，久經沙場爭鬥，使之形成了雄心勃勃、駕馭一切的性格，他很有可能把克麗奧佩脫拉視為暫時的玩物。克麗奧佩脫拉意識到了這一點，她要把「萬婦之夫」馴服為她一個人的。

從史料中的描述來看，克麗奧佩脫拉並不是那種傾國傾城的美女，但容貌的美麗卻不一定能拴住男人的心。這個現代女人常常忽略的常識，卻被生活在 2000 多年前的克麗奧佩脫拉所掌握。她雖沒有過人的容貌，可她有曼妙的身材、高雅的氣質、撩人心弦的聲音、千嬌百媚的表情，凱薩完全被她迷住了。這時的凱薩，再也不是那個「萬花叢中過，片葉不黏身」的大帝了，他想永遠占有克麗奧佩脫拉。所以他儘管已經沒什麼理由必須待在亞歷山大，卻仍舊沒有起程回羅馬，每日流連於克麗奧佩脫拉的寢宮。

托勒密十三世——埃及名義上的國王，其自尊心隨年齡的增長越發地強烈，而克麗奧佩脫拉與凱薩的廝混和偷情，刺激著他脆弱的神經。托

勒密十三世第一次讓人見識到他男子漢的氣魄：他召集眾臣，商議如何一雪恥辱，鏗鏘有力的話語讓群臣為之驚喜。大臣波狄諾斯知道，如果王后和國王聯手執政，總是與王后作對的自己一定倒楣，所以他第一個說道：「國王陛下，請您布告天下，動員全埃及的力量，將惡魔凱薩和淫婦克麗奧佩脫拉趕出埃及！」可是，托勒密十三世沒有正面打敗凱薩的信心。計議良久，國王和陰險的大臣們決定，以暗害的方式送凱薩昇天。

可凱薩不是龐貝，他識破了托勒密十三世的陰謀。在克特巴婁拉的鼓動下，凱薩割下了波狄諾斯的人頭，並當眾對克麗奧佩脫拉說：「我的女人，我要把亞歷山大獻給妳，把全埃及獻給你。」

面對這種情況，托勒密十三世再也不能裝糊塗了，不蒸饅頭也要爭口氣。他在衛士的保護下衝出王宮，釋出向凱薩開戰的命令。埃及的軍隊湧向王宮，想驅逐占據這裡的羅馬人。

勢單力薄的凱薩堅守王宮，派人到羅馬求援。不久，援軍及時趕到，埃及軍隊大敗。在逃到尼羅河時，托勒密十三世馬失前蹄，跌入河中，聽他父親的責罵去了。

這樣一來，克麗奧佩脫拉終於成為埃及唯一的主人。儘管她不得不遵循傳統嫁給了另一個弟弟，也是托勒密王族唯一一個活著的男性 —— 11歲的托勒密十四世（Ptolemy XIV Philopator），但她才是埃及真正的王。

埃及事了，凱薩有心回到羅馬，卻被克麗奧佩脫拉傾盡全力留住。她希望能在凱薩離開之前，留下一根能令這位野心勃勃的大帝有所顧忌的稻草。不久，羅馬各派之間爭鬥不斷，暗流湍急，凱薩深知不能再滯留埃及，執意要返回羅馬。克麗奧佩脫拉此時早已懷了凱薩的孩子，有了救命稻草，於是也不再挽留。

　　凱薩動身的前一天，克麗奧佩脫拉順利地生下一個男孩，凱薩為他取名凱薩里昂（Caesarion），意為小凱薩。

　　回到羅馬後，凱薩很快平定了內亂，還被元老院委命為任期十年的獨裁官，日子越過越順利；而克麗奧佩脫拉則不然。沒有了凱薩坐鎮，克麗奧佩脫拉成為了埃及人的攻擊標靶，成了恬不知恥、不守婦道、賣國求榮的典型，日子越過越艱難。於是，西元前46年，她不顧凱薩的勸阻，帶著凱薩的兒子和名義上的丈夫 —— 托勒密十四世，來到羅馬尋求凱薩的支持。凱薩見到了久別的情人非常高興，將她安頓在自己私人的宮殿裡。

　　這時的凱薩，已因過分獨裁引起了羅馬的不滿，而他對埃及女王的態度又使羅馬人疑心，他要將羅馬的河山送給埃及。一時間，人心浮動，謠言四起。早對奪去自己權力的凱薩恨之入骨的元老院元老們趁機動手了。

　　西元前44年，元老院假意請凱薩來主持會議。凱薩進入元老院大廳剛剛坐定，元老們就圍了上來，拿出暗藏的利刃刺向凱薩。凱薩身中23刀，倒在了陰謀者的亂刃之下。

　　乘涼的大樹被砍倒了，得知消息的克麗奧佩脫拉當機立斷，迅速回到了亞歷山大，冷眼觀察羅馬的態勢，尋找下一棵大樹。

役使英雄股掌中

　　凱薩死後，他的愛將兼密友馬克・安東尼成為羅馬士兵的最高長官，手握兵權的他，迅速地控制住了局面。

　　凱薩在不久前留下的遺囑中，確認他的姪子屋大維為唯一繼承人，並成為他的養子。這讓安東尼和遠在埃及的克麗奧佩脫拉都覺得非常失落。

安東尼本來以為凱薩會把大權交給自己，克麗奧佩脫拉更是認為她與凱薩所生的兒子，才應該是凱薩唯一的繼承人，不料他們的希望全都落空了。

就在克麗奧佩脫拉還在滿心驚訝、失落的時候，她13歲的小男人托勒密十四世卻為此歡喜不已，甚至出言諷刺。

小丈夫的愚蠢行為為自己帶來了災難。惱羞成怒的克麗奧佩脫拉為了不讓托勒密十四世成為托勒密十三世第二，用毒酒將之置於死地。之後，她立兒子托勒密‧凱薩里昂為埃及國王，稱托勒密十五世，而她自己就成了王上之王。

除掉了身邊的隱患，克麗奧佩脫拉又把注意力放在了地中海對岸的羅馬。不久，傳來消息：安東尼、雷比達（Lepidus）和屋大維結成了「後三頭同盟」，占領了羅馬。克麗奧佩脫拉頓時想起，她曾見過這個安東尼許多次，而且他似乎對自己相當動心。她感到另一個機會在向她招手了。

此時，以「後三頭同盟」為首的凱薩復仇派，仍在與刺殺了凱薩的元老派交戰，一場賭局就擺在克麗奧佩脫拉面前：是否派兵支援以安東尼為首的凱薩復仇派。她斷定安東尼一定能取得勝利，所以決定增援。但由於不熟悉地形，援軍竟然被羅馬的元老半路攔截欺騙，做了敵人的幫手。克麗奧佩脫拉緊急下令組建第二支艦隊支援安東尼和屋大維，可是又突遇暴風，克麗奧佩脫拉只得命令艦隊靠岸待命。

此時埃及國內經濟已經復甦，情況稍有好轉。不過埃及貴族卻時常尋機滋事，加上尼羅河常在夏季暴發洪水，兩岸居民飽受其害；統治機構貪官汙吏四處橫行，民怨滔天……這一切都動搖著埃及王朝的根基，令克麗奧佩脫拉憂心忡忡。

好在不久便有佳訊傳來：安東尼和屋大維徹底擊敗了元老院的軍隊，

凱薩復仇派獲得了最終勝利。聽到這個消息，指望安東尼騰出手來幫自己渡過危機的克麗奧佩脫拉滿心歡喜，甚至專門為之舉行了狂歡和祭神活動。

不久又有消息傳來，稱安東尼將遠征小亞細亞，可能會順便吞併埃及，可克麗奧佩脫拉對此一點也不擔心。想當年凱薩也想吞併埃及，結果怎樣？她可以忍受自己的兒子失去統治羅馬的機會，但埃及絕對要留給子孫後代，不讓任何人奪走。為此，她準備把當年對付凱薩的手段，再用在安東尼身上，她相信這一次也一定會成功。

安東尼對於女色的喜好並不遜於凱薩。凱薩還活著的時候，他就對克麗奧佩脫拉動心了，可惜卻被凱薩捷足先登。現在凱薩死了，他越發想念那個萬種風情的埃及女王了。於是他派使者請克麗奧佩脫拉前來相見。克麗奧佩脫拉對於馭男之術是無師自通，她先是拒絕了安東尼的邀請，故意吊他的胃口；後用幾番書信交鋒，輕易地俘虜了安東尼的心。但克麗奧佩脫拉沒有想到，這幾次交鋒下來，她的一顆芳心也不知不覺間繫在了安東尼身上。

終於，安東尼派來能幹的使者，用三寸不爛之舌加上甜言蜜語，說得克麗奧佩脫拉心花怒放，交代了國事之後，她帶著隨從和由 400 艘戰艦組成的艦隊去見安東尼。

29 歲的克麗奧佩脫拉和 40 歲的安東尼，在埃及皇家大型遊艇上見面了。雙方都是一見傾心，可是克麗奧佩脫拉顯然自制力更強，她根本沒給安東尼得到自己的機會，反而要他除去遠在羅馬以佛所的、同父異母的妹妹阿希諾。

古代宮廷向來是多事之地，有王族血統的人大部分都想得到統治權，

阿希諾也不例外。她總是處處為難克麗奧佩脫拉，在國內四處煽風點火，更到處網羅力量，蓄謀推翻她。在克麗奧佩脫拉下決心要除掉這唯一的妹妹之前，阿希諾聞風逃到了以佛所，以流亡的埃及國君自居。克麗奧佩脫拉雖然異常氣憤，卻鞭長莫及。這次見到了安東尼，便迫不及待地提出這個要求。

安東尼雖然覺得有些為難，但為了得到所愛之人，只好答應克麗奧佩脫拉，派人殺掉阿希諾。

克麗奧佩脫拉心願達成，卻仍舊不肯獻身於安東尼，只邀請他去亞歷山大。這讓安東尼把本來得不到克麗奧佩脫拉而產生的羞惱，化作了滿心的期待。

匆匆地安排好國內事務後，安東尼便迫不及待地來到亞歷山大。這次克麗奧佩脫拉終於讓他如願以償了。

而同時，克麗奧佩脫拉也實現了初步目標：征服安東尼。她的下一個目標，是要說服安東尼留在亞歷山大。

這一對情侶開始為野心設計宏大的計畫。安東尼是要透過征服行動，來讓自己名揚天下，為了實現他的野心，需要埃及的財富支持；就克麗奧佩脫拉而言，她一直夢想恢復埃及王國昔日的疆土。安東尼所需要的財富並不算什麼，她反倒想透過幫助安東尼，來換取自己所需要的東西。如她所願，作為對克麗奧佩脫拉支持的回報，安東尼答應公開確認她為埃及和塞普勒斯的統治者。

亞歷山大風和日麗，羅馬卻陰雲密布。安東尼的部將因為主帥不在而無所顧忌地反叛；屋大維和雷比達產生了隔閡，雙方的對決一觸即發。安東尼有心回羅馬，卻又捨不得溫柔的克麗奧佩脫拉。他寫了一封信給羅

馬，稱羅馬和埃及王國簽訂了友好盟約，承認凱薩里昂是凱薩的合法繼承人。克麗奧佩脫拉又讓安東尼召集軍隊舉行閱兵儀式，宣布一有外敵入侵，羅馬和埃及將攜手共進退。

這下克麗奧佩脫拉心中的石頭落了地，她的夢想基本實現了。

埃及這邊皆大歡喜，羅馬那邊卻是山雨欲來風滿樓。安東尼的原配妻子發動叛亂對抗屋大維，反被屋大維所殺。安東尼在羅馬的一些領地，也受到屋大維的侵擾。西元前 40 年，沉迷在溫柔鄉裡的安東尼，不得不動身回羅馬了。

克麗奧佩脫拉把命運託付給安東尼，誰知回到羅馬的安東尼，卻接受了一個和解的條件：娶屋大維之妹屋大維婭為妻。克麗奧佩脫拉本想著安東尼能平息內亂，掌握羅馬政權，使埃及和羅馬永結琴瑟之好，並用自己和安東尼的孩子延續這種和平，現在都成了泡影。她為安東尼生了一對雙胞胎，這對雙胞胎與凱薩里昂一樣成了私生子，而且她和安東尼不得不天各一方。克麗奧佩脫拉簡直就要瘋了。

但克麗奧佩脫拉是堅強的，經過理智的分析，她確認安東尼中了屋大維的圈套。不管為了埃及還是為了自己和那兩個孩子，她都必須幫助安東尼。

恰在此時，安東尼被屋大維一次又一次的算計驚醒了，他明白了屋大維是自己的敵人，他要反擊，但苦於籌集不到軍需物資。克麗奧佩脫拉抓住這個機會，親率裝滿物資的船隊適時趕到。這讓她在安東尼心中的位置，立即提升到了新的高度。

為了感謝克麗奧佩脫拉，西元前 36 年，安東尼和克麗奧佩脫拉舉行了隆重的婚禮。儘管婚姻並不符合羅馬的法律，不過安東尼承認她的孩子

也是他的孩子，並且將相當一部分原屬托勒密帝國，而現被羅馬占據的國土贈給她。可是克麗奧佩脫拉並沒有就此罷休，屋大維婭一日不除，她心中一日不得安寧。為此，克麗奧佩脫拉要求安東尼解除與屋大維婭的婚約。

可是安東尼知道屋大維婭是溫柔賢惠的女人，不會背叛他，而且屋大維婭也親自帶著載滿物資的船隊要來見他。安東尼怎能忍心休掉她呢？克麗奧佩脫拉知道來軟的不行，便假意要以絕食殉情威脅安東尼。

克麗奧佩脫拉贏了。無奈之下，安東尼接受了屋大維婭的軍隊和給養卻拒絕見她，並讓她返回羅馬。但安東尼時常在給屋大維婭的信中，表露對她的思念。

克麗奧佩脫拉得知安東尼還與屋大維鴻雁傳情後，氣憤地指責他忘恩負義，挑撥道：「屋大維婭是屋大維的妹妹，他要你娶他的妹妹，明明不懷好意。屋大維婭表面溫文爾雅、恪守婦道，但誰能保證她不會幫屋大維給你致命一擊呢？屋大維想透過他妹妹來迷惑你的本性，消磨你的鬥志，讓你碌碌無為，你卻不加防備。我真為你羞愧！」

這個時候，安東尼與屋大維之間的矛盾已經日趨白熱化了。經克麗奧佩脫拉這麼一說，安東尼深以為然，立即寫了一封休書，宣布與屋大維婭解除婚約。

與屋大維正式開戰之前，安東尼信心十足：他領地廣闊，希臘、小亞細亞都歸他統轄，克麗奧佩脫拉的埃及自然站在他這邊。亞美尼亞和波斯雖然還未到手，但自己的大軍一到，這兩個地方還敢不投降嗎？只要將亞美尼亞和波斯納入囊中，自己的實力就會更加雄厚，他何懼之有呢？

戰爭打響後，安東尼的軍隊沒有像預想的那樣所向披靡、勢如破竹，

他們遭到了波斯人的英勇抵抗，不得不撤軍休整；爾後在和亞美尼亞人的戰鬥中，安東尼的軍隊因為供給不足，陷入困境。但安東尼是久經沙場的老將，不會被幾次失敗擊倒。他迅速補足了軍隊的給養，召集將領制定了新的戰術，再次鼓起士兵的士氣，終於一舉擊潰亞美尼亞人及其部族。

克麗奧佩脫拉得到喜訊，親自將安東尼接回亞歷山大，並舉行了凱旋儀式。盛裝的克麗奧佩脫拉和安東尼並站於高臺，一同接受臣民的歡呼膜拜，安東尼還發表了即興演說，稱克麗奧佩脫拉為「尊貴的天下諸王之王」。臺下的臣民歡呼不已，因為這等於說他們的女王是世界的統治者。隨後，安東尼釋出了一項被後世稱作「亞歷山大的餽贈」的公告，安東尼宣布：克麗奧佩脫拉和凱薩里昂為埃及、塞普勒斯、利比亞和敘利亞，即原托勒密王國的雙重統治者，承認凱薩里昂是凱薩的唯一繼承人，羅馬帝國的其餘部分，封給自己與克麗奧佩脫拉所生的三個子女。

這樣，克麗奧佩脫拉和安東尼統治的國土，從北歐直至撒哈拉沙漠，從英吉利海峽直到印度，克麗奧佩脫拉復興埃及的夢想在此刻實現了。她為嶄新的希臘 —— 羅馬共和國繪製了一幅藍圖，設想在持續衝突的希臘和羅馬政權之間，建立真正平等的夥伴關係，聯合起來的各王國，在擺脫了經常性侵略和防禦的桎梏後，將充分享有自由貿易的一切好處以及長久的和平。在克麗奧佩脫拉宏偉的構想中，只有一個缺陷，那就是這一新帝國的大部分疆土尚有待征服。

安東尼在亞歷山大的所作所為，嚴重地傷害了羅馬人的自尊心。他們憤怒地指責安東尼將羅馬的土地出賣給埃及，更指責克麗奧佩脫拉這個妖婦迷惑了偉大的羅馬人，要將她碎屍萬段。

因為妹妹被休而覺得被侮辱的屋大維，早就在等待這個時機了。他的軍

事才能是否比安東尼強無從知曉，但在權術上他遠勝安東尼，這是不容置疑的。他充分地利用大家激憤的心情，令手下散布謠言，傳播克麗奧佩脫拉和安東尼的醜聞，而自己則悉心料理國政。這樣一來，人心向背不言而喻了。

羅馬人在憤怒和謠言的驅使下，幾乎一致轉向支持屋大維。屋大維得到了民眾的支持，在元老院會議上適時地公開抨擊安東尼對於羅馬的罪惡行徑。元老院的元老們也被安東尼無視他們利益的行為激怒，一致通過決議，決定剝奪安東尼在羅馬的一切職務。

西元前 31 年，屋大維召開了誓師大會，莊嚴宣布：羅馬人民對邪惡的埃及女王克麗奧佩脫拉宣戰！

在埃及這邊，安東尼也舉行了誓師大會，稱屋大維是暴君與懦夫，並聲稱他將起兵維護羅馬的共和國制度。

這次迎戰，安東尼本來不打算帶克麗奧佩脫拉參戰。他想讓羅馬人明白，屋大維其實是在與同胞內戰，而不是他所宣稱的進行對埃及的討伐戰。不過克麗奧佩脫拉始終要求與他相隨，儘管安東尼的部下堅決要求克麗奧佩脫拉離開軍隊，但她不依不饒，將曾幫助安東尼補充給養的陳年舊帳翻出來。安東尼無可奈何，只好遷就她。

克麗奧佩脫拉的本意是想幫安東尼提防屋大維的圈套，但對於這場戰爭的實際情況，不懂軍事的克麗奧佩脫拉並沒有充分地猜想，她過高地猜想了安東尼的實力，絲毫沒把屋大維放在眼裡。她經常在安東尼的司令部出現，不懂軍事卻堅持參與制定軍事計畫，這嚴重挫傷了安東尼軍隊的士氣。她和安東尼一如既往的纏綿，更讓安東尼的屬下焦躁不安，因為經常要等安東尼與克麗奧佩脫拉纏綿完畢才能繼續行軍，耽誤了行進速度，也渙散了軍心。

安東尼的心腹大將愛諾巴特斯，決定出面勸阻克麗奧佩脫拉，讓她離開軍營。他直接與克麗奧佩脫拉展開了爭論，曉之以理，動之以情，說得頭頭是道，但克麗奧佩脫拉固執強硬，根本不聽勸說。愛諾巴特斯又找到安東尼，說出軍官們的意見，安東尼同意了他的請求。可是當安東尼要求克麗奧佩脫拉返回埃及，哪怕是做做樣子時，卻遭到了拒絕。克麗奧佩脫拉生性好鬥，強烈要求她的地位得到尊重，根本不考慮後果。安東尼進退兩難，始終沒有給屬下明確的答覆。

就這樣，克麗奧佩脫拉的固執和對軍事的無知，加上安東尼的優柔寡斷和兒女情長，讓軍隊上上下下怨聲四起，一片混亂，致使軍心渙散，士氣衰落。安東尼已經未戰先敗了。

看清了這一點，安東尼手下的將領無計可施，大多只好一走了之。克麗奧佩脫拉見此情景，本著「未料勝先料敗」的原則，開始風風火火地安排自己與安東尼的退路。這樣一來，士兵們的信心徹底喪失。為了方便逃回亞歷山大，克麗奧佩脫拉還錯誤地要求擅長陸地作戰的安東尼在海上與屋大維交戰。安東尼對她言聽計從，絲毫沒有考慮這個決定會給自己帶來什麼樣的災難。

落花流水春去也

西元前 31 年的一天，安東尼和屋大維一決雌雄的日子終於到來了，兩支艦隊在靠近阿克提姆的希臘海岸開戰。交戰開始不久，安東尼的軍隊就有些吃緊。屋大維並不與安東尼多做糾纏，而是集中力量突破安東尼的防線，飛速向克麗奧佩脫拉親率的艦隊衝去。克麗奧佩脫拉根本沒有戰鬥經驗，一見這種情形立刻慌了神，竟然立刻下令所率艦隊全部逃回埃及。

　　克麗奧佩脫拉逃得快，安東尼也不慢。克麗奧佩脫拉一撤出戰場，安東尼立刻腹背受敵。他見勢不妙，立刻揚帆緊隨她而逃。安東尼的將領們眼見這對夫妻絕塵而去，個個呆若木雞，心裡又氣又苦，逃的逃，降的降，安東尼的敗局就這麼輕而易舉地決定了。

　　回到亞歷山大後，安東尼漸漸開始明白，這一切災難都是克麗奧佩脫拉造成的。但他已經完全淪為克麗奧佩脫拉的奴隸，儘管有憤怒和不滿，卻無法做到離開她。克麗奧佩脫拉意識到自己犯了無可挽回的錯誤，一面盡量安慰安東尼，一面又必須處理埃及的政務，還要時刻擔心屋大維的進攻，一時坐立不安，愁緒滿懷。

　　這邊，屋大維當然不會因為埃及女王擔心而不進攻埃及。很快，屋大維軍隊出現在亞歷山大城下。克麗奧佩脫拉一直是個有責任感的埃及女王，從未想過放棄亞歷山大獨自逃生。她慷慨激昂地號召埃及人民保衛家園，還宣布：埃及女王和凱薩里昂與埃及共存亡。

　　克麗奧佩脫拉儘管不是個成功的軍事家，卻絕對是個成功的政治家。埃及人民的愛國熱情，被她激勵得空前高漲。他們組成民兵，要與女王的軍隊共同對抗侵略者。但是，與訓練有素、裝備優良的屋大維軍隊對抗，這些民兵的愛國熱情產生不了決定性作用。屋大維步步逼近，他們將亞歷山大城團團圍住，並且運用各種策略削弱克麗奧佩脫拉和安東尼的力量。

　　在城頭指揮戰鬥的安東尼，無奈地看著軍隊的潰散，徹底絕望了。正在此時，又突然聽聞克麗奧佩脫拉自殺的謠傳，不由得萬念俱灰。他拔出佩劍，毫不遲疑地刺入自己的胸膛。

　　但其實克麗奧佩脫拉此時還活著，正躲在托勒密家族墓地專為自己修建的陵墓裡。她聽說安東尼自殺後，連忙叫人把他抬來。此時安東尼還沒

有嚥氣，他在臨死前見到了心愛的人，感到滿足，在克麗奧佩脫拉的懷中死去了。

克麗奧佩脫拉抱著這個曾經最愛她的人哭了一場，然後寫了一封信給屋大維，請求屋大維以國王之禮厚葬安東尼。之後，她讓侍女為她沐浴更衣，並享用了一頓豪奢的盛宴。這時屋大維的士兵早已包圍了克麗奧佩脫拉的陵寢。克麗奧佩脫拉要求吃一點無花果，屋大維同意了。在女王的示意下，早已安排好的僕人扮作鄉下人，將一條劇毒的蛇藏在無花果籃中，瞞過了屋大維的守衛的眼睛，送到女王手中。

克麗奧佩脫拉穿上華美的宮廷禮服，精心打扮一番，然後抓起果籃中的蛇，把牠放在了胸口上。

當屋大維派人開啟墓室大門時，只見美麗的埃及女王安詳地躺在金色座椅中 —— 她已經死了。她忠誠的侍女們，也都追隨主人而去。

屋大維命令士兵把克麗奧佩脫拉和安東尼的屍體合葬在一處，並為他們主持了莊嚴而隆重的葬禮。

一代豔后就這樣香消玉殞了，而她一心想保全的埃及，則成為了羅馬的一個行省。

偉大的古埃及女王克麗奧佩脫拉，用自己的美貌、膽略和智慧，先後征服了歷史上鼎鼎有名的兩位巨人 —— 凱薩大帝和安東尼。她獻身於這兩個人並不是為了情慾，而是為了保全埃及、恢復埃及原有版圖的夢想。事實證明，正是因為她的努力，本來早應被羅馬吞併的埃及王國，又獨立存在了 20 多年。她完全以一己之力改寫了歷史，我們完全無法想像，如果那段歷史按它本來的進程發展的話，今天的世界又會是什麼樣子？

凱薩和安東尼，這兩位叱吒風雲的英雄，因為遇到了克麗奧佩脫拉，

在被她利用，為實現她的理想去爭戰的過程中隕落了。至於屋大維，倘若沒有她的介入 —— 這種介入使安東尼做了許多蠢事 —— 他也許早成了安東尼的刀下之鬼。這就是克麗奧佩脫拉，她不僅改變歷史，並且改變那些創造了歷史之人的命運。

如今為她而造的獅身人面像已經沉入海底，這也許正是她的心願。人世的浮華、紛爭，她已不再留戀，埃及如今也早已獨立，延續著尼羅河的文明。她已了無牽掛，就讓這位埃及女王在靜謐的海底，永世長眠吧！

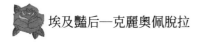 埃及豔后—克麗奧佩脫拉

聖女魂繫法蘭西

── 貞德

600 多年前，法英兩國為爭奪領地而展開激烈的戰爭。誰也沒想到，竟會持續了 119 年之久。更讓人們難以想像的是，最終影響這場「百年戰爭」勝負結局的，竟然是一個尚不滿 20 歲的女孩。

這個女孩在法國的歷史舞臺上，上演了一場真實的《木蘭辭》：她以聖靈呼喚的名義，擔起了本不該屬於自己的重擔；她以熾熱的愛國之心，加入了法國的軍隊；她以非凡的勇氣和無比的智慧，一舉打退了圍攻奧爾良的英軍，從而扭轉了整個戰爭的局勢。然而，就是這樣的一位女英雄，卻因叛徒的出賣，被英國的宗教法庭宣判為女巫，活活燒死在魯昂廣場！西元 1920 年，距離她犧牲 400 多年之後，羅馬梵蒂岡教廷追封她為 —— 聖女貞德！

戰火紛飛少年時

在法國東部的香檳與洛林交界處，有一個名叫多倫米的小山村。西元 1412 年，一位名叫雅克・達克的貧困農民的家裡，誕生了一個女嬰。村裡的人誰也不會想到，這個普普通通的農家女嬰，將替多倫米帶來無盡的榮耀。雅克是一名虔誠的基督徒，他的妻子也是極度虔誠的女人。女嬰出生後，他們將她帶到緊挨著自己家的教區教堂為其洗禮。教士蒂斯蘭的妻子替這個女嬰取名為讓內特，暱稱為貞德（Joan of Arc）。

貞德在貧窮的家中成長，如果那也可以被稱作「家」的話：房屋正面牆上挖了兩個採光不足的窗子；平石鋪的屋頂朝半山牆傾斜，幾乎一直垂到花園那邊的地上；按照當地習慣，門口堆著肥料、樹樁和農耕工具，上面盡是泥和鏽斑。

在這片旮旯的土地上，勤勞的人們粗魯而又節制，他們過著艱苦的生

活。貧苦農民家的孩子經常生活在一起，沒有大人的看管，所以貞德得以自由地成長。

她從小的玩伴除了她的兄妹外，還有後來一直伴隨左右的路易‧得‧古德以及其他幾個男孩。村裡還有兩個與貞德差不多年齡的女孩：赫美特和蒙歌特，也是她的小夥伴。隨著她們慢慢長大，這幾個農家女孩走上了不同的道路：赫美特和蒙歌特後來都成為普通的家庭婦女，而貞德則成為了法國人民心中崇敬的神聖少女。

由於父母的緣故，貞德從很小開始，就被灌輸了基督教的禮儀和教義。這宗教氛圍的薰陶，使她的一生都對「萬能的主」深信不疑。

她從母親那裡學會了念「我們的天主，我向您致敬，聖瑪利亞」以及「我信天主」。她經常聽別人講聖徒的動人故事。節日裡，她像農婦一樣跪坐在教堂的講道臺下，聽神父布道。

「窮人的孩子早當家」。貞德年僅五歲的時候，便獨自一人到山坡上放羊。為了尋找肥美的草場，她經常帶著羊群翻山越嶺，天長日久，自然練就了健壯的體魄。

由於荒山上狼很多，為趕走這些討厭的傢伙，貞德努力地練習投石子，她投出去的石頭總是能夠準確地擊中目標。後來她央求父親給她做了副弓箭，又開始練習射箭。雖然貞德年紀小，力氣卻很大，不需要費多大力氣便可以把弓拉滿，時間不長便練成了高超的射箭技術。這為她將來能英勇作戰，奠定了良好的基礎。

這個時候，法國正處於歐洲中世紀最黑暗的時期。西元 1337 年開始的英法百年戰爭，已經進行了 70 多年，這給法國人民帶來了巨大災難；14 世紀中期開始，因為連年戰亂，黑死病橫掃整個法國，使全法國近一半

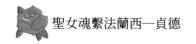

人口死亡，而倖免於難的人，卻要繼續投身於慘絕人寰的戰爭。

　　幸運的是，戰火還未燒到貞德故鄉這個偏遠的村落，有不少逃難的人和被打散的士兵流落到此。多倫米的村民們不了解這些流浪者，認為他們好吃懶做，遊手好閒，不值得同情。但是貞德不一樣，她總是試著去了解他們，更試著去幫助他們。她總是央求那些老弱傷殘的士兵，講一些戰場上的故事，滿懷感激之情的流浪士兵們，當然樂意把他們能記起的有關戰鬥、戰役的點點滴滴告訴貞德。也就是從那時候起，貞德才真正知道為什麼英法之間會發生戰爭，當時的法國正處於怎樣一種境地，也漸漸了解了戰鬥中可能發生的種種情況，以及應該採取什麼樣的應對措施，這些對她後來的從軍生活，都產生了不小的作用。

　　時隔不久，貞德便真切地體會到了戰爭的殘酷。

　　法國王室內部因政權糾紛，分成了兩個對立的派系：投靠英國的勃艮第派和堅持主權的阿瑪那克派。西元 1415 年，在英王亨利五世（Henry V）的誘使下，勃艮第派帶領英軍攻陷巴黎，隨後又繼續南下，使得盧瓦爾河以北的地區都落在了勃艮第派的手中。而多倫米村 —— 貞德的故鄉，正處在英軍的包圍之中。

　　此時的多倫米村，是少數幾個繼續效忠法國王室的北方鄉鎮之一。因此，便成了勃艮第派的眼中釘，他們時常侵擾多倫米，不過得到的總是不屈的抵抗。

　　西元 1425 年夏季，一個月黑風高的夜晚，全副武裝的勃艮第人在英軍的指使下，入侵了多倫米村。這是一次有組織的大規模屠戮行動，是積怨已久的勃艮第人對多倫米的報復。沒有絲毫準備的多倫米人束手無策。野蠻的勃艮第人把手中的長劍刺進同胞的身體，村子裡的所有房屋都被放

火，到處是勃艮第人的鐵蹄聲和多倫米人的慘叫聲。婦女兒童逃往山裡的堡壘避難，在厚實的石頭牆內，他們擠在一起。村子裡的男子奮起抵抗勃艮第人的進攻，卻只能白白搭上自己的性命，貞德的兩個哥哥也在這場屠殺中喪生。清晨，勃艮第人終於離去，倖免於難的多倫米人回到已是一片廢墟的家園，所有的人都放聲痛哭。

恐怖的夜晚，可怕的噩夢：兩個哥哥命喪敵手，一位堂姊的丈夫被石炮炸死，家鄉被蹂躪、被搶劫、被焚燒，目之所及，處處淒涼。13 歲的貞德，對英國、對出賣自己靈魂的勃艮第人，產生了深深的恨意。

聽從召喚赴前線

這次事件之後，原本無憂無慮的貞德變得心事重重。她時刻都在想著，如何把可惡的英國侵略者趕出法國的領土，如何將勃艮第人除惡務盡。

一個夏天的中午，貞德躺在家中花園的草地上想著心事。突然從她右手邊的教堂方向傳來一個聲音，還伴隨著奪目的亮光。只聽聲音說：「我來自天主，要幫妳做該做的事。貞德，妳要行善，天主會幫助妳。」

貞德感到恐懼，匆忙離開了那裡。

過了幾天，貞德又一次聽見了這個聲音：「貞德，妳要行善，拿起妳的劍來！」她不再感到害怕了，信奉基督教的她，認為這是天使的聲音。可究竟是誰，她還不知道。貞德既激動又擔心：激動的是，天使讓她拿起劍來，對抗英國佬和勃艮第人，為被無辜殺害的多倫米人報仇；擔心的是，自己只不過是一個平凡的農家女，真的就能得到上帝的幫助去拯救整

個法國嗎？

又一個晴朗的下午，貞德來到村子旁一個被稱為「仙女樹林」的地方。當她坐在石座上時，耳邊又響起那個聲音：「貞德，聖瑪格利特和聖凱莎琳將保護妳，妳就是拯救法國的人，拿起劍來！」

貞德聽出來了，這是法蘭西的守護天使聖米迦勒（Michael）的聲音，是聖米迦勒在召喚她為拯救法國而戰鬥！一時間，她全身的血液彷彿都在沸騰，她感到了自己身上擔負著神聖的使命。

貞德馬上跑進教堂，懇求神父為她講講有關聖瑪格利特和聖凱莎琳的故事。神父詳細地將這兩個故事講給她聽：

瑪格利特是羅馬時代的敘利亞人，很小的時候成為天主教徒。一次偶然的機會，她遇到她所在之城的城主。城主被瑪格利特的美貌深深打動，發誓一定要娶瑪格利特為妻。當時瑪格利特所在的那個地方，是嚴禁信仰天主教的，城主想盡了辦法要摧殘瑪格利特，以迫使她改變信仰，卻絲毫沒能動搖瑪格利特對耶穌的虔誠。城主絕望地對瑪格利特說：「給妳最後一次機會，要是妳再不改變信仰，就把妳綁在十字架上燒死。」瑪格利特仰起清秀的面龐，堅定地拒絕了他。最終，她被燒死在十字架上。

凱莎琳是羅馬時代的埃及公主，天生麗質且聰明賢慧，因為常常夢見耶穌，所以她成為了虔誠的天主教徒，也使周圍的人都改信了天主教。那時，羅馬帝國領土內的臣民禁止信奉天主教。當凱莎琳聽說羅馬皇帝來到了亞歷山大時，決定親自前往說服羅馬皇帝，沒想到羅馬皇帝一眼就看上了凱莎琳的美貌，想透過辯論來改變她的信仰並占有她。於是羅馬皇帝找來十個異教徒和凱莎琳展開了激烈的辯論。出人意料的是，他們全都被聰慧的凱莎琳辯倒了。惱羞成怒的羅馬皇帝殺掉了那十個異教徒，並把凱莎

琳像耶穌那樣釘死在十字架上。

聽完了這兩個感人的故事，心中尚存疑慮的貞德釋然了。她堅信，這是天主賦予她的神聖使命。除了拿起劍，她別無選擇。

貞德真的聽到了聖米迦勒的天使之音嗎？相信所有持無神論觀點的讀者都會感到荒唐。關於貞德這段傳奇往事所產生的原因，有三種可能。

首先，該聲音出自貞德的幻覺。貞德目睹了多倫米村被屠殺的悲劇，心中的仇恨不言而喻。日思夜慮，再加上之前聽聞了老兵悲憤的講述，從小受基督教的薰陶，幼小的貞德難免會出現今人看起來不正常的幻聽。

其次，該聲音出自貞德的編造。當時法國處於中世紀宗教盛行的年代，假借上帝的名義，能引起眾多教徒的共鳴，讓他們同仇敵愾，拿起武器，跟隨貞德一起為保衛自己的家園而浴血奮戰。

最後，那就是後人的演繹了。身為法國的女英雄，無人不敬仰她，為這個能夠憑一己之力挽救法國於危亡的小女孩，增加些神祕而又光輝的色彩也是難免的。口耳相傳，直到如今，假的也變成真的了。

不管原因怎樣，人們還是應該感謝這個「聲音」。從此，貞德暗暗下定決心：要像聖凱莎琳和聖瑪格利特那樣，為自己的信仰，為基督耶穌，終身保持童貞。在貞德看來，這是她最重要的一件事。因為處女身分更能使她與上帝進行心靈溝通，以完成上帝賦予她的神聖使命。

貞德沒有將聽到聲音的事情告訴任何人。她知道，即使虔誠如父母者，即便相信了她，也不可能讓她 —— 一個 13 歲的小女孩 —— 去殘酷的戰場做無謂的犧牲。貞德下定決心，要尋找機會，偷偷地離家出走，去完成天主所賜予的任務。

從此，她變得更加虔誠，以至於令大人們都感到驚奇。她經常懺悔，

狂熱地領聖體，每天去做本堂神父的彌撒，人們幾乎隨時都能在教堂裡，看到她有時全身俯拜在石頭上，有時雙手合十，抬臉望著耶穌和聖母。她往往等不到星期六就去貝爾蒙的教堂祈禱。有時，父母以為她在放牧，其實她正跪在聖母像前。

就這樣，三年的時光很快過去了，貞德已經 16 歲，她感到自己離實現夢想越來越近了。

若想實現夢想，就應該得到法國王儲的授權。否則，貞德只能作為一名沒有指揮權的士兵而在戰場上流血，卻無法指揮將士贏得戰爭的勝利；更何況，法國教廷是不允許女子參加戰鬥的。可是，一介平民，沒有大臣的推薦，是無法見到王儲的。

貞德想到了沃古勒堡堡主羅伯特・德・波吉考特，他與王儲有較深的淵源，由他作為推薦人比較合適。打定主意後，貞德決定首先去找她的叔叔狄蘭考爾。狄蘭考爾常去沃古勒堡，與堡主有一定的交情。

為了得到叔叔的同意，貞德將事情的本末全部告訴了他。狄蘭考爾大為吃驚：一個年僅 16 歲的女孩，居然要去領導法國軍隊去和英國人以及勃艮第人戰鬥！這是多麼地荒謬！然而，貞德眼中氣勢逼人的自信和強烈堅毅的態度，令他震驚，暗自折服。狄蘭考爾似乎從貞德的眼神中，看到一名偉大的少女即將在法國的最前線戰鬥。他最終答應了貞德的要求，並答應不告訴雅克・達克，帶貞德偷偷離開多倫米。

感謝狄蘭考爾，正是他的這個決定，讓法國的命運有了巨大的轉折。

某天清晨，貞德在路易・得・古德及奧布雷的陪同下，與狄蘭考爾叔叔坐上一輛馬車，悄悄地離開了多倫米。馬車上的貞德有些傷感，不過更多的是對戰鬥的憧憬，心中的期待就要實現了！

從此，貞德再也沒有回過多倫米，再也沒有回到生她養她的地方。

平安地走過了三四天的行程，就在即將到達沃古勒堡時，一件意想不到的事情發生了。

一隊英軍出現在馬車前進的路上。貞德一行裝作普通的百姓，鎮定地繼續前行。當與英軍錯身而過之時，一陣熱風吹來，將奧布雷原本藏在內衣裡的劍暴露出來。眼尖的英國軍官大喊一聲：「你們是法國士兵！」

英勇的奧布雷馬上跳下馬車，與英軍展開殊死搏鬥。他知道，之所以發生這樣的事，完全是自己的過失造成的，他不能讓身負重任的貞德也冒此生命危險。一邊戰鬥，他一邊向貞德大喊：「你們快走，不要管我！」

此時貞德沒有選擇的餘地，雙方的力量太懸殊了。要麼大家一起命喪此地，要麼在奧布雷的掩護下逃走。

貞德揚起馬鞭，驅車狂奔而去。在馬車揚起的漫天塵土中，她模糊地看見殘忍的英國人，把劍刺進體力衰竭的奧布雷的身體，貞德的淚水奪眶而出。

英國人又一次殘忍的暴行，讓貞德更加深了對他們的仇恨，也更加堅定她完成神聖使命的決心。

一路坎坷，貞德終於來到了沃古勒城堡。她將自己改為男子的裝束，前去面見羅伯特。

經過一番曲折，她終於見到了堡主。一開口，她就毫不畏懼地說：「我奉主人之命，請您通知王儲要謹慎，別和敵人輕易開戰。在狂歡日以前，主人會救援他的。事實上王國不屬於王儲，但主人願意王儲成為國王，享受王國的所有權。王儲將不顧敵人反對成為國王，我將帶領他去行加冕儀式。」

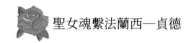

毫無疑問，貞德所說的「主人」就是那個聲音，而羅伯特並不明白：「誰是主人？」

「天國之王！」

短短地四個字，讓羅伯特心中大震。他想起了當時在民間流傳的一句預言：「法國已失於一個女人，而將復於一位少女。」

羅伯特定了定神：「妳想要什麼？」

貞德毫不猶豫地回答道：「我就是預言中的那位少女！」

羅伯特暗自驚嘆：這女孩怎麼如此自信和堅毅，身上像有股驚人的魔力似的？

「妳一個女孩，不在家做農活，為什麼要去戰場？」

「聖米迦勒告訴我，只有我才能拯救法國。」

「妳帶過兵嗎？妳打過仗嗎？」

「沒有，聖米迦勒會告訴我怎麼做，您難道沒有聽到那個預言嗎？您不相信上帝嗎？」

貞德的幾句話讓羅伯特直冒冷汗。羅伯特在心裡問自己：難道這女孩真是上帝派來拯救法國的？

羅伯特猶豫一會，下定了決心：不管貞德會給王儲帶來多大麻煩，也不能因此錯過拯救法國的機會。羅伯特最後答應貞德，有什麼要求儘管提出，他會盡力而為，還向王儲寫了封引薦信。

羅伯特也許想到了，也許沒想到：正是出於他的幫助，貞德才得到面見王儲的機會，有了指揮軍隊的權力，也讓法國走出了失敗的泥沼。

在沃古勒城堡堡主羅伯特的全力支持下，貞德一行 20 多人全副武裝

向希農城出發。其中有波倫日爵士、約翰·麥茨、古德和迪克以及迪克的兩個僕人，另外還有十幾個從沃古勒城堡帶出的士兵。吸取上次教訓，他們每人一匹快馬，以免遇到英軍和勃艮第人。

一路上，貞德他們又遭遇了幾場戰鬥，幾名士兵與僕人在戰鬥中犧牲。

經過了 11 天的日夜兼程，貞德一行終於來到法國王儲查理七世（Charles VII of France）所在的希農城。

西元 1420 年，法國又接連遭遇重大失敗。當時由於查理六世（Charles VI of France）的軟弱，王后為求得片刻的一隅之安，擅自作主與英國人簽訂了屈辱和約，承認英國國王亨利五世（Henry V of England）是英法兩國的統治者，並將凱瑟琳（Catherine of Valois）公主嫁給亨利五世。英國人單方面決定，把將來出生的亨利六世（Henry VI of England）定為法國國王。亨利五世的王后果然生下亨利六世。

雖然在查理六世死後，查理王儲即可登基，但歷來法國國王都必須在北方的蘭斯大教堂行加冕禮後，才能成為真正的法國國王。可此時蘭斯在英國人掌握之中，顯然查理王儲無法在蘭斯加冕。因而，英國人以此為由，不承認查理七世的法國國王身分，而將亨利六世封為法國國王。查理七世急切地希望能盡快在蘭斯大教堂加冕。

可局勢並不如查理七世所願。他是一個優柔寡斷的人，對於法國目前的形勢沒有任何信心。西元 1428 年 10 月，英軍向奧爾良挺進，不久就把這一通往南方的門戶團團圍住。奧爾良城一旦失守，法國南方就有淪陷的危險。查理七世在此緊要關頭，竟然無計可施，一籌莫展。

此時，貞德適時地來到他的身邊。

以一介平民的身分去觀見王儲，其間的周折不言而喻。雖然貞德手中持有羅伯特的薦書，但查理七世身邊的謀臣還是狐疑滿腹。再加之貞德聲稱是奉天主之命而來，更讓那些一生服侍上帝，卻又從未見過神靈的主教們產生了深深的疑慮。在他們的慫恿下，毫無主見的查理七世決定試試貞德。

這幫愚蠢的傢伙來到了貞德暫住的旅店。還沒等他們開口，貞德便猜出他們的來意，平靜地說：「各位尊敬的主教，請原諒，除了與王儲直接談話外，我不會與其他任何人談話。」

主教們陰沉下臉來，對貞德說道：「我們是王儲的使臣，是代表王儲來與妳談話的，妳這是對王儲的極度不尊！」

貞德答道：「天主告訴我，我只能與王儲一個人談話。我再一次告訴你們，我不會與任何其他人談話的，我只與王儲談話。」

主教們無奈，只得回去稟覆。不過他們並不甘心，又想出了一個主意，讓一個與查理七世長相相似的人來冒充王儲，看看貞德是否真的受到了天主的指引。

接到查理七世的公文後，貞德一行來到了皇宮。

貞德一進來就已經發現查理七世可疑，越走越近時，那傢伙的眼神越來越不自在，在他身上找不到任何王室之胄的痕跡——哪怕查理七世再軟弱，王室之胄的光芒也是遮擋不住的。她可以肯定坐在國王寶座上的不是查理七世，於是問道：「殿下在哪？」

假查理七世此時還不死心，接過話來：「貞德，見到王儲，為何還不參見？」

「您不是王儲，王儲在這裡呢！」貞德掃視了一下大廳後，走到一位年輕文官面前，跪下說道：「貞德拜見尊貴的殿下！」

　　查理七世此時目瞪口呆，實在不敢相信這是事實，只能相信貞德確實
是有著神奇力量的聖女。

　　但貞德靠的不是上帝的指引，而是自身的智慧。不過，這樣一來，查
理七世對她能拯救法國就深信無疑了。

　　貞德聲稱，天主只要她跟查理七世一個人談，查理七世答應了，把貞
德帶進了密室。

　　貞德借天主的名義，宣稱將由她來為王儲加冕，這正說中了查理七世
的心事。然後貞德又分析了戰爭的形勢，提出「先解奧爾良之圍，然後攻
克蘭斯，最後把英國人趕出法國」。

　　密室的談話，讓一個頹廢的太子頓時充滿了一身王者之氣，臉上也煥
發出一國之君的威嚴。

　　查理七世在大殿之上當場宣布：從此刻起，貞德就是法蘭西軍隊的統
帥。他封貞德為法國大元帥，馬上準備向奧爾良進軍！

　　貞德的期待終於變成了現實。這一刻，是法國歷史上一個重要的里程
碑。它意味著，百年戰爭中，法國一直失利的局面，從此開始了徹底的
逆轉。

百年戰爭從此轉

　　「法國將復於一個女人」的傳言，當時早已傳遍了法國，自然也傳到
了備受煎熬的奧爾良城的官兵和百姓耳中。他們已經拚死抵抗了七個月之
久，眼見城中彈盡糧絕，奧爾良就要淪落於英軍之手。再加上英軍的擲石
器不斷地對城內投出石彈，使得房屋大半被毀，連守將杜諾瓦的軍事指揮

所都未能倖免。當聽說傳言中的女人 —— 貞德已經現身，這位上帝的使者即將帶兵來解奧爾良之圍時，滿城無不歡呼雀躍。杜諾瓦更是喜極而泣：「貞德，終於把妳盼來了，我都快頂不住了！」

查理七世很快就答應給貞德 5,000 名士兵帶往奧爾良前線，貞德知道現在奧爾良處於水深火熱之中，最需要的就是支援部隊，城堡再堅固也禁不住英國人的進攻，如果沒有兵員的補充，是不可能繼續守住這個軍事要塞的。

根據奧爾良的現狀，貞德認為憑藉地理優勢，奧爾良還能再堅持一個月。於是她決定在最短的時間內，再招募一些新兵。本來戰爭延續如此之久，百姓們早已厭戰，誰也不願意白白地去送死。但當聽說是貞德在招募，無數的熱血青年紛紛慕名前來。本著擇優錄取的原則，貞德在這些人之中挑選了 2,000 名身強力壯者，再加上查理七世撥給的 5,000 名老兵，現在貞德麾下有 7,000 名士兵，她感到信心十足。

隊伍馬上就要奔赴前線，貞德來到軍營，以一種激奮的聲音對他們說道：「幾天後，你們就要奔赴前線，你們將是拯救法蘭西的英雄，你們身上肩負法蘭西人民的期望，為了法蘭西，士兵們，振奮起來！」

貞德這番話，激起了士兵們內心最深處的豪情，激發了他們身為一個法國人為祖國而戰的決心和渴望。士兵們隨即喊道：「跟隨少女貞德，為法蘭西戰鬥，法蘭西萬歲！」

臨行前，查理七世為貞德專門製作了一副鋼盔甲，盔甲不僅十分堅韌，而且頗為精緻，也非常合身，這副盔甲足以證明查理七世對貞德是抱極大期望的，他知道貞德此去奧爾良只能成功，不能失敗。否則，整個法國都將淪落於英國之手。

　　貞德帶著古德和波倫日，率領 7,000 人的隊伍浩浩蕩蕩地向奧爾良出發。貞德知道，對於奧爾良城堡來說，軍隊的盡快到達是對奧爾良軍民最大的鼓舞。然而部隊行軍再快也是需要時間的，貞德只有把他們即將到達的消息，用快馬傳向奧爾良。貞德的消息一傳來，杜諾瓦立刻向全城軍民宣布：「貞德 —— 你們盼望已久的神聖少女，還有幾天就會到達，她將帶來七千人馬，把天主的庇佑帶到這裡。偉大的奧爾良士兵們以及奧爾良百姓們，只要再堅持幾天，勝利將屬於奧爾良的法蘭西人民！」

　　八九天後，貞德帶領的 7,000 官兵繞開了英軍的包圍，悄悄地抵達奧爾良。整個奧爾良沸騰了，人民用他們所能想像得到的最大熱情，來歡迎這位將為他們帶來勝利喜悅的少女。

　　在一片廢墟中，一個臨時指揮所內，貞德受到了杜諾瓦熱情地接見。第二天，貞德便與杜諾瓦等一些高級將領，就如何解奧爾良之圍召開軍事會議。杜諾瓦的意思是悄悄渡過盧瓦爾河，避免與英國人正面交鋒，從英國人後方迂迴攻擊。貞德對此表示不滿，憤怒地吼道：「現在不需要謹慎，要的是氣魄，法蘭西軍人就應有讓敵人聞風喪膽的氣勢，時刻準備為法蘭西獻出生命，讓該死的英國佬知道法蘭西軍隊，再也不是以前見到英國人就聞風而逃的懦夫，貞德帶領的法蘭西士兵是勇猛無比、有著天主護佑的士兵。」

　　杜諾瓦並不相信貞德的話，在他看來，這個 17 歲的少女不缺乏勇氣，不缺乏犧牲精神，但軍事上的策略和技巧並不足。可此時貞德是最高統帥，杜諾瓦必須服從，他只好保留意見，會議不歡而散。

　　進攻之前，貞德決定向英軍發一封信，讓他們主動撤軍，以免玷汙了天主慈愛之心，信的內容如下：

英國國王，自稱法蘭西王國攝政王的貝德福公爵、薩爾福德伯爵紀堯姆‧德‧拉普爾、貝德福公爵的助手詹漢‧塔爾博和湯瑪斯‧埃斯卡爾閣下，請順從天國之王的旨意，將你們在法蘭西所奪取和糟蹋的城市之鑰交還給由神、由天國之王派來的貞德。她奉主的名而來，為了索回血統王公。若是你們順從她的話，不再侵犯法蘭西，歸還你們所欠的東西，貞德很願意與你們講和。

還有你們，奧爾良城下的弓箭手們、戰士們、貴族與平民們，看在神的份上，回到你們自己的國家去吧！否則，你們會看到貞德的奇蹟，她很快就會令你們損失慘重。英國國王，我是戰爭的主帥，不論我在法蘭西什麼地方遇見你的手下，我將驅逐他們，不論他們願意與否；要是他們不服從，我將全部消滅他們。我是由神、由天國之王親自派來的，要把你們趕出法蘭西。如果你們服從我，我就憐憫你們。

你們不要認為，神將法蘭西王國賜予你們，因為神將它賜予查理國王。這是神，天國之王的旨意，祂透過貞德啟示查理國王，他將在她的陪伴下進入巴黎。倘若你們不相信神的奇蹟和貞德，不論我們在何處遇見你們，我們會衝進去，發出戰爭的吼聲，這是法蘭西千年來所未曾聽見的。

要知道天國之王賜給貞德非常大的力量，你們無法向她和她的好戰士進攻。在戰鬥中，人們將看到沒有誰能戰勝天國之王。你，貝德福公爵，貞德請求和懇求你不要自我毀滅。如果你接受貞德的建議，你可以來和她在一起，法蘭西人民將為基督教永遠做出最好的舉動。如果你願意在奧爾良城下講和，請回信，否則你很快會記住慘重的損失。

這封信與其說是勸和書，還不如說是挑戰書，因為英國人不是嚇唬一下就能放棄他們圍困了七個月的奧爾良的。圍困奧爾良的英國指揮官塞亞接到貞德的信後，覺得十分荒謬可笑。戰爭就是這樣，他認為英國人若不

打法國人，法國人肯定會去打英國人。塞亞覺得關於貞德的一些傳言十分荒唐，他認為有關貞德的神奇，只是窮途末路的法國人自欺欺人的傳言而已。

「英國佬」沒有回書，貞德決定依照她原來的作戰計畫，向英軍發起正面進攻。

貞德跨著白馬，揹著利劍，帶領騎兵和步兵來到英國人修築的要塞第一道防禦工事前。部分將領和士兵們一看到英國人的工事，發覺雲梯和其他器械都用不上，士氣一下低落許多。貞德明白，唯一的辦法就是利用敵人的吊橋，可吊橋早已經被英國人拉起。貞德催馬到離防禦工事稍近的地方看了看，英國人正守在工事裡面暗自嘲笑法國兵。

貞德勒馬而立，轉身對士兵們喊道：「法蘭西的士兵們，衝啊！」只見她縱馬飛快地奔向要塞，快到壕溝前時，白馬騰空躍起，越過工事直接進了英軍營地。此時英軍好像在做夢一般，他們嚇呆了，竟忘了去攻擊從天而降的貞德。貞德抽出劍，砍斷了吊橋的繩子，吊橋轟然倒下。在英國人的驚愕中，貞德的士兵們如潮水般湧進了敵人的第一道防線。

一片慘烈的肉搏戰在英國要塞內展開，英國人四處逃命。戰鬥的慘烈是貞德第一次見到的。10,000 多法國士兵與 10,000 英軍生死相搏，不停地有士兵倒下。戰鬥的勝負在貞德衝進英國防線的那一刻已經決定了，近 6,000 英國人在這場戰鬥中喪生，餘下的都逃往要塞的第二道防線裡了。近兩成的法國士兵，也在這場戰鬥中傷亡。

此次戰鬥貞德表現得勇猛無比，令她手下所有的將領和士兵無比崇拜，貞德身上那種無所畏懼的力量，給了他們最直接、最強烈的鼓舞，讓整個部隊的士氣提升到前所未有的高度。法國軍隊從來沒有如此充滿激

情，從來沒有如此富有戰鬥力。貞德的第一次戰鬥，便改變了法國士兵以前不堪一擊的作戰史，更讓英國人近百年來第一次了解到法國人的可怕。

貞德旺盛的精力實在令人欽佩，在攻破第一道防線後的第二天早上，不顧杜諾瓦的勸告，她便叫起醒疲勞的士兵們，準備接著攻打第二道防線，不給英國人喘息之機。

貞德用她一貫爽朗的聲音向士兵們喊道：「英勇的法蘭西士兵們，昨天你們為法蘭西贏得了歷史性的勝利，我知道你們現在十分疲憊，但是此時英國人更是士氣低落、疲憊不堪，為了法蘭西，讓我們一鼓作氣，願意繼續戰鬥的英雄們，跟我衝！」

「為了法蘭西，衝啊！」士兵們的士氣馬上就高漲起來，昨天征戰的疲憊一掃而光。他們發出震天動地的吼聲，向著要塞的第二道防線衝去。

儘管貞德早已料到，第二道防線恐怕不好攻下，但沒有想到這比想像的還要難得多。士兵們架著雲梯，在弓箭手掩護下登城，擲石器不停地向防線內的英軍投石彈。英國人的投石機此時發揮了強大威力，比人身子還大的石彈，從堡樓中部的孔中直射出來，一下就能擊倒一片士兵，這為進攻的法國士兵帶來極大的威脅。

眼見一大片士兵倒在堡樓下，貞德憤怒了，她拿著劍，衝上雲梯，士兵們在貞德的帶領下艱難地向堡樓上攻去。正當貞德向下不斷招呼士兵跟上來的時候，塞亞的囑咐下，早已在專門等候機會殺死貞德的弓箭手瞄準了她，箭在瞬間穿透了盔甲射進貞德右胸。痛苦中，貞德從雲梯上倒了下去。士兵們接住了她，立刻送回營地。看到貞德倒下後，英國人大聲嚷叫：「貞德被殺死了，貞德被箭射死了！」頓時法國軍隊軍心大亂。杜諾瓦認為攻城希望渺茫，於是把士兵們撤回來，盡量減少傷亡。

　　貞德傷勢相當嚴重，卻還在喊著：「繼續往前衝！」她握住箭身，用力將箭頭拔出來，鮮血頓時噴湧而出。杜諾瓦趕緊替貞德按住傷口，對她說：「我們失敗了，已經撤兵了。」

　　「為什麼要撤退？」貞德怒火攻心昏了過去。

　　士兵們以為貞德已經犧牲，放聲大哭。隨軍醫生告訴眾人，她只是昏了過去，人們這才放下心來。

　　貞德此次受傷，讓法國士兵的士氣受到非常大的打擊，因為貞德是他們的精神支柱，只要看到貞德，士兵們就勇氣倍增，戰場上一旦沒有了她，士兵們實在不知道這仗該怎麼打，也沒有信心能夠打贏。

　　在一股強烈信念的支撐下，第二天，重傷的貞德竟然奇蹟般地站了起來。一時，本已衰落的士氣大振，「英國佬」又要倒楣了。

　　這次受傷讓貞德知道，僅憑藉勇猛是不能打贏戰爭的，還要講究策略。上次戰鬥，自下而上的攻擊看來是行不通的，那該怎麼辦？貞德冥思苦想，終於想出了一個好主意。

　　她命令200多名士兵，要他們在兩天內做一輛像房子那樣高的大車，越高越好。兩天後，車按貞德的要求做好了。

　　受傷後的第四天，貞德又出現在英軍要塞前。

　　塞亞十分不解，貞德受這麼一箭居然還活著，他開始相信貞德的確是受了上帝的委託。不等英國人醒悟過來，貞德立刻命令發起進攻。只見上百名法國士兵推著一輛房子大小的車向堡樓衝去，速度越來越快，最後整輛車向堡門砸去。只聽轟隆一聲，堅固的大門硬是被砸開了。

　　法國士兵潮水般地衝進堡樓，塞亞此時才明白貞德的厲害，大叫一聲：「快關城門！」然而為時已晚，被貞德嚇壞的英國士兵湧進要塞，把

門堵得嚴嚴實實，城門根本無法關上。貞德的騎兵部隊如猛虎下山一般踏在英國兵的身上，攻進了要塞。法國兵的氣勢讓英國兵膽顫心寒，無心作戰，不到半天工夫戰鬥就結束了。慌亂中，塞亞帶著幾個親兵從要塞的北門向北逃去。

西元 1429 年 5 月 8 日，被英軍圍困了整整 209 天的奧爾良城，在貞德到來的第九天，終於解圍了。其實這並不是說，貞德在指揮軍隊上有多麼優秀的領導才能。她一個農家女，自幼除了基督教外，沒接觸過正式的教育，領兵打仗也實屬勉為其難。這場戰鬥之所以能取得勝利，主要是她奮不顧身、視死如歸的精神鼓舞了法國士兵。一場戰爭中，謀略是一方面，士氣也同樣重要，英國軍隊之所以一潰再潰，一是相信了貞德是上帝派來的使者，二是被她那無所畏懼的氣魄所震懾。英軍士氣一丟，自然就一敗塗地了。

英軍在奧爾良的慘敗，震驚了英國朝野。這場戰鬥，使其損失 30,000 精兵，也使英國在法國領土上的軍隊實力大損，加上各個占領地都需要兵力維持，英軍再也沒有餘力對法國南方發動大規模的進攻了。

英王對貞德恨之入骨，正是因為這個「妖女」，讓他吞併法國的夢想化作了泡影。

奧爾良戰役大獲全勝的消息傳到希農城，法國朝野更為之震動。查理七世喜出望外，這回，他澈徹底底地相信貞德是上帝派來幫助他的了。他似乎已經看到自己在蘭斯大教堂頭頂王冠的加冕盛況。查理七世馬上封賞貞德，賞賜之厚，可謂傾一國之富。實際上，不論貞德此刻提出什麼要求 —— 就算要求把希農城守軍全部撥給貞德 —— 查理七世都會毫不猶豫地答應的。

　　貞德回到希農城後，受到了近乎於瘋狂的熱情迎接。見到查理七世後，她向查理七世講述，要盡快向蘭斯進軍的想法。查理七世十分滿意，現在他毫不懷疑貞德卓越的軍事才能。接著，他又作了個令滿朝文武十分吃驚的決定：與貞德一起進軍蘭斯。大臣們都懵了，王儲與貞德一道去攻打蘭斯，哪個大臣敢不跟隨？很顯然他們也得一起去。以特雷穆瓦耶和蘭斯大主教為首的大臣們都勸查理七世，聲稱這樣實在太危險。其實查理七世也明白，大臣們明著為他著想，其實都是擔心他們自己的安危。看到大臣們這樣，查理七世心裡也沒底了。

　　貞德以性命擔保，殿下不會出任何閃失，這讓查理七世隨軍出征的決心又堅定起來。這下把特雷穆瓦耶氣得咬牙切齒，其實他更害怕將來貞德讓查理七世在蘭斯加冕後，自己會被扔在一邊。於是他急忙鼓動其他大臣一起勸阻王儲，不過這回查理七世並沒有理會群臣的意見，決定馬上準備，第二天即隨軍啟程。

　　西元 1429 年 7 月，貞德帶著查理七世和一群膽小怕死的大臣，率領 20,000 大軍向蘭斯出發。

　　蘭斯城區的英軍守兵僅 10,000 人，並且經過奧爾良一役，英軍元氣大傷，已不可能再派出增援部隊了。貞德以壓倒性的多數，勢如破竹，一日之內就攻下蘭斯城。這座被英國占領了 15 年的聖城，終於被貞德和她率領的、士氣高昂的法國士兵光復了。

　　7 月 17 日，查理七世在貞德的陪同下，來到了蘭斯大教堂。在莊嚴肅穆的樂聲中，隆重的加冕儀式開始了。身上塗了聖油的查理七世，緩緩地走向教堂最前端的蘭斯大主教，後者手上正捧著神聖的法蘭西國王王冠。查理七世神情激動而又嚴肅，他緩緩走向王冠，感到天主賜予王權的神

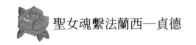

聖，想起了這麼多年經歷的苦難，更深深感受到王冠的來之不易。從教堂一端走到教堂的最前端，查理七世感到十分漫長。

最神聖的時刻到了，蘭斯大主教捧起鑲著寶石的黃金王冠，緩緩遞向查理七世。查理雙手捧起王冠，慢慢向頭頂戴去……

突然，他停了一下，轉頭看了一眼手持旗杖、站在一旁的貞德，隨後將王冠戴在頭上。教堂響起了歌頌法蘭西的讚美詩，人們歡呼雀躍，慶祝國王成功加冕，以及法蘭西由此而獲得光輝的前景。

奧爾良一役，是百年戰爭的轉捩點，從此以後，英國軍隊一敗再敗，將所侵略的法國領土全部交還，直到以法國的勝利宣告這場漫長的戰爭結束。這場戰爭的勝利，是屬於貞德的！沒有她，奧爾良將會陷落；沒有她，整片法國南部的領土將成為英國的口中之肉，再想讓它吐出來，就是萬難的了。

涅槃鳳凰浴火生

大主教特雷穆瓦耶看到貞德如此受到人們愛戴，禁不住妒火中燒。他不住地向查理七世進讒言，說法國人現在只知道有貞德，不知道有國王；如果貞德憑藉手中的軍權與威信起兵造反，後果將不堪設想云云。查理七世本來耳根就軟，聽了這番話，心裡也有些顧忌了。

正在這時，貞德率軍隊開始了收復巴黎的戰鬥。由於貞德對雙方實力判斷失誤，經受了第一次慘敗，法國軍隊損失近六成的兵力，她自己也身負重傷。無奈之下，貞德只得帶著殘餘部隊回到蘭斯，從此再也沒有振作起來。

　　特雷穆瓦耶對貞德落井下石，開始到處散布流言，說貞德徒有虛名，已經失去了上帝的庇佑。流言讓猶豫不決的查理七世對貞德喪失了信心，早忘了奧爾良一役是誰帶領軍隊取得勝利，他頭上的王冠又是誰給他機會讓他戴上的。

　　在特雷穆瓦耶的蠱惑下，查理七世又派貞德去解貢皮厄內之圍。貞德以為自己重振雄風的機會到了，於是興奮地接下這個任務。可她沒有想到，這竟然是她一生中最後一次指揮千軍萬馬了。

　　當時貢皮厄內正處於投降賣國的勃艮第人包圍之中。這裡離蘭斯不遠，它一旦被敵人攻克，便會對蘭斯造成很大的威脅。然而這時，軟弱的查理七世對貞德不太放心，只讓她帶上約 3,000 名士兵，去與兵力高於貞德的勃艮第人作戰，這就等於親手將貞德送給了死神。

　　貢皮厄內守將福萊魏，是個只管死守卻不敢進攻的傢伙 —— 也正是他，後來讓貞德陷入危難。可惜貞德並不了解福萊魏。到達貢皮厄內後，她立即與福萊魏商量如何解圍。最後商定，由貞德率領 2,500 名騎兵攻擊勃艮第人，擊退城外兩股合圍軍隊的其中一股之後，與福萊魏帶領的騎兵攻另一股勃艮第人。

　　第二天臨近傍晚時分，貞德帶領一支騎兵悄悄向勃艮第人軍隊發起猛烈的攻擊。敵人在貞德的猛烈攻擊下殊死頑抗。然而，就在貞德他們發起攻擊的時候，勃艮第人突然來了一支援軍。這樣就形成三支勃艮第軍隊合圍貢皮厄內的局面。他們先派一支與被貞德攻擊的那支形成合圍，將貞德的騎兵包圍，另外派一支佯攻貢皮厄內。福萊魏一看勃艮第人攻城，趕緊以堅守應對，把貞德與他的作戰計畫都拋到了腦後，也把貞德的孤軍扔到了危難之中。

兩支部隊的合圍，讓貞德的軍隊感到十分吃力，於是她決定突圍回貢皮厄內城。在損失了大量的突圍騎兵之後，眼看快要抵達貢皮厄內城。福萊魏此時只知道以死守抵禦佯攻的敵人，根本不敢出城接應。於是佯攻貢皮厄內的勃艮第人調轉隊伍，向貞德發起了攻擊，貞德被三股強大的敵人緊緊包圍。士兵一個個倒下，貞德在侍衛們的拚死保護下，終於到了貢皮厄內城門下。然而敵人也追上來了，福萊魏不敢開城門，因為一開城門，敵人可能會立刻從城門攻進貢皮厄內。侍衛們相繼倒下，孤立無助的貞德精疲力盡，最終被勃艮第人俘虜了。

當勃艮第人得知，他們抓到的竟然是主子渴求已久的「妖女」貞德時，這些出賣自己靈魂的人真是大喜過望。響亮的喇叭聲中，貞德被押往博勒瓦城堡。

貞德被俘的消息，很快地便傳遍了整個法蘭西。人民震驚了，他們不能相信，也不敢相信這位上帝派來拯救法國的少女，竟會落到死敵的手中。熱愛法蘭西、敬愛貞德的人們在日夜祈禱著，祈禱上帝能發慈憫之心，讓祂偉大的女兒得到救贖。

消息傳到了查理七世的耳朵裡後，他還算有良心，想用重金將貞德贖回來。但這個毫無主見的法國之王，抵不上早已對貞德妒火中燒，此時又暗自竊喜的特雷穆瓦耶的花言巧語，最終放棄救回貞德的念頭。

可憐貞德，她用鮮血拯救了法蘭西，卻先被同胞俘虜，後又被自己的國王背叛。那個慫恿貞德持劍泣血的神祇，此時又在哪裡？

10,000 金幣，為了區區 10,000 金幣，無恥的勃艮第人將被囚禁了半年的貞德，賣給了英王。

殺死貞德很容易，但要消除她在法國人民之間所產生的巨大影響，卻

是很難辦到的。於是英王決定把她交給宗教法庭，給她扣上一頂邪教女巫的帽子，讓她頭上的光環，在「真正」的上帝「光輝」下，變成撒旦頭上的犄角。

審判整整進行了一年。這位 19 歲的少女受盡了非人的折磨，可她始終堅貞不屈。貞德相信，她是上帝虔誠的信徒，又是上帝派來的使者，她完成了神聖的使命，上帝是不會拋棄她的。

而宗教法庭的法官們也在大傷腦筋，他們找不到可以將貞德置之死地的理由。在懼怕夜長夢多的英王示意下，這幫所謂的上帝的信徒，草草擬就了 12 條罪狀，可笑的是，其中最主要的一條，竟然是貞德身著男裝！但權力掌握在這群無恥者的手中，即使世人滿腹狐疑，他們還是以這樣荒唐的罪名，宣判貞德為女巫，並處以火刑。

西元 1431 年 5 月 30 日，這是讓所有法蘭西人民心碎的日子。19 歲的貞德，在法國的魯昂廣場被以宗教為工具的人，用黑色火焰吞噬了短暫而又光輝的生命。

貞德 19 年的一生，極其短暫又極其輝煌。她帶給法蘭西的，不僅僅是幾場戰役的勝利，而是一個歷史性的逆轉。平心而論，作為一名法國軍隊的統帥，她的作戰策略和指揮軍隊的能力，遠遠稱不上優秀。不過她能夠利用宗教的號召力，憑藉超人的勇氣，讓原本被屢屢敗績摧殘得士氣低落的法國人民，激起了旺盛鬥志，這種精神力量是無可比擬的。

奧爾良一役的勝利，扭轉了整個百年戰爭的局勢，這其中，發揮主要作用的，還是貞德那非凡的勇氣。即使在貞德犧牲後，她的精神還在鼓舞著整個法蘭西。西元 1453 年，也就是在貞德犧牲後的第 22 年，法國人民終於將英國侵略者趕回英倫三島，取得了這場耗時 116 年的漫長戰爭的

勝利，也使法國基本上得到了統一。這一切，不能不說是貞德的餘蔭在庇護。

西元 1456 年 6 月 16 日，法國宗教法庭宣判貞德無罪，為她洗清了不白之冤；西元 1920 年，羅馬梵蒂岡追封貞德為「聖女」。這份遲到的榮譽，也算是告慰這位偉大少女的在天之靈吧！

縱橫四海的女王
—— 伊莉莎白一世

　　她是一個女人，是一個像奧黛麗‧赫本（Audrey Hepburn）一樣苗條俏麗的女人。

　　但對於梵帝岡、愛丁堡、馬德里和巴黎來說，這個女人比《聖經》（Bible）裡的一切魔鬼都可怕，比土耳其、蘇丹的全部軍團都駭人。

　　她有著迷人而不可抗拒的力量，在她的統治下，英格蘭經濟發達、文藝昌盛、軍事力量日益強大，她為「日不落帝國」的形成奠定了堅定基礎——正是這個帝國，給世界上許多國家造成了許多苦難。

　　歐洲最強大的國家折戟於勝利的門檻上，最虔誠的天主教國王鬱鬱而終，也都是因為這個女人。

　　她終生未婚，人們用玫瑰花象徵她的純潔，用她的名字命名那個時代。

　　她就是英格蘭的「童貞女王」——伊莉莎白一世（Elizabeth I）。

歷盡滄桑榮辱間

　　西元 1533 年 9 月 7 日，在英格蘭倫敦的格林威治宮，王后安‧寶琳（Anne Boleyn）生下了一個女嬰，她被取名為伊莉莎白。

　　伊莉莎白出生時，即被指定為王位繼承人，她的同父異母姊姊瑪麗（Mary I of England）的待遇隨即一落千丈，成為伊莉莎白的女官隨從。

　　但伊莉莎白的好日子沒過幾天也到頭了。她三歲的時候，母親安‧寶琳被亨利八世（Henry VIII）以叛國罪處死。兩週後，珍‧西摩（Jane Seymour）就成了伊莉莎白的繼母，英格蘭的新王后。更不幸的是，一年之後珍‧西摩替亨利八世生了一個男孩，名叫愛德華（Edward VI）。王儲頭銜

自然轉移到愛德華頭上，伊莉莎白和瑪麗於是地位平等了 —— 她們都成了弟弟的傭人。

公正地說，亨利八世儘管有生性殘暴的名聲，但對孩子們倒還不錯，他十分關心孩子們的成長。伊莉莎白因此受到了良好的教育，還有可靠的朋友和同齡的夥伴。

皇室向來是多事之地，幼小的伊莉莎白似乎對此非常清楚。潛伏在身邊的危機令她相當早熟。

伊莉莎白充分利用了自己的受教育機會，拚命地學習所有能學到的知識。她五歲時已儼然像個拉丁學者，希臘語說得和英語一樣好，法語和義大利語也十分流利，她還學習了古典文學和神學。大家都為這個小公主的博學感到不可思議。

伊莉莎白不是個書呆子，她對生活中各方面的常識掌握得也相當不錯。八歲時，她就知道在不同場合該如何表現，才能顯得大方得體，並成功地征服了許多人。她也知道如何討別人歡心：她為弟弟縫製精美的袍子，還為父親和繼母繡書的封面。

伊莉莎白懂得如何在危機四伏的環境中生存，在這方面，她甚至可以當她老師的教師。她年紀尚小就懂得如何對待居心叵測的兩面人：謹慎地周旋其中，巧妙觀察這些人的真正用心，以防自己受到傷害。

無師自通的伊莉莎白就這樣小心翼翼地生存著，默不作聲地成長著，對危機和陷阱警惕著。直到 10 歲時，亨利八世的第六任妻子 —— 善良的凱薩琳・帕爾（Catherine Parr）來到王宮，伊莉莎白才又有了幸福的「家」的感覺。

然而，天將降大任於伊莉莎白，又怎能讓她過安穩的生活呢？

西元 1547 年,亨利八世死去,才 10 歲的愛德華成為國王。因為新國王年紀太小,需要選一位攝政王代小國王理政。

在競爭攝政王寶座的明爭暗鬥中,愛德華國王的親舅舅 —— 愛德華・西摩(Edward Seymour)最終勝出。愛德華・西摩一上任,就提拔了弟弟湯瑪斯。湯瑪斯長得一表人材,在凱薩琳嫁給亨利八世前,這傢伙曾是她的情人。

「而得以接近王室的湯瑪斯,也有想當國王的野心。他首先將目標鎖定在伊莉莎白的身上。但這位花叢老手卻打錯了算盤 —— 理智的伊莉莎白一眼就看清湯瑪斯的真面目,拒絕了他的求婚。

首戰失利的湯瑪斯又閃電般地和舊情人 —— 王太后凱薩琳結婚。婚後,仍不死心的湯瑪斯自然有了更多騷擾伊莉莎白的機會。這段時間伊莉莎白所忍受的羞辱非常人所能忍受。

幸好,湯瑪斯企圖奪權的陰謀不久就敗露了。同樣有野心的愛德華・西摩怎能忍受弟弟要騎在自己頭上的慾望?湯瑪斯被哥哥無情地送上了斷頭臺。

然而伊莉莎白的厄運並沒有到此結束。一些別有用心的人開始散布謠言,繪聲繪影地說伊莉莎白懷上了湯瑪斯的孩子,甚至煞有介事地說她曾經為湯瑪斯生下女兒。三人成虎,她的弟弟愛德華國王對謠言深信不疑,一連 18 個月不准她住在王宮內。

艱難困苦能毀滅人,也能成就人。伊莉莎白在王宮外的一年半時間裡,忍受了多少痛苦和折磨,旁人無從知曉。我們只知道,當她再次出現在王宮時,人們從她身上感覺到了一種奇特的氣質 —— 那是養尊處優的人無法具有的,這種氣質讓人們不由自主地想拜倒在她腳下。

　　愛德華國王並沒能等到親政那一天。西元 1553 年，16 歲的他不明不白地死了。王室直系血脈中僅有的男性逝去，令一直覬覦王位的長公主瑪麗感到機會來了。她馬上藉助天主教派的力量，迅速擊敗企圖篡奪王位的達德利公爵（John Dudley）（愛德華國王統治後半期的攝政王），成為英格蘭女王。

　　目睹姊姊奪得王位的過程，伊莉莎白忽然覺醒了。她意識到如果自己能獲得更多的支持者，如果自己做得對、做得好，那麼自己也有成為國王的可能！爭奪王位的野心在伊莉莎白的腦海裡萌芽，不過她沒有立刻行動。這是一項需要頭腦和耐心的事業，她知道自己應該先做好準備，等待時機。

　　瑪麗女王對自己的這個妹妹非常忌憚，她並沒有忘記父親曾立妹妹為王儲。她一直在尋找一個藉口，好讓妹妹永遠失去爭奪王位的機會。為此，瑪麗經常無故遷怒於伊莉莎白，企圖讓伊莉莎白因怨出錯。她還在妹妹的朋友中廣植密探，甚至指使妹妹的朋友引誘妹妹犯錯。久經陣仗的伊莉莎白完全清楚姊姊的險惡用心，她沒留下任何把柄給姊姊。

　　失望的瑪麗女王又希望把妹妹遠嫁他鄉，這樣既可以在外交上得利又可以去掉隱患。伊莉莎白當然不會輕易就犯，她巧妙地透過訴苦讓姊姊以為自己討厭任何男人、對婚姻有心理障礙。畢竟還是姊妹情深，瑪麗女王對妹妹的謊言信以為真，再也沒有為妹妹安排婚事。伊莉莎白就這樣輕易地逃過了一劫。

　　瑪麗女王是天主教的信徒，她一直想把英格蘭變成天主教國家。上臺不久，她就開始實施這個計畫，她不僅與信奉天主教的西班牙國王費利佩（Philip II of Spain）結婚，還在支持者的慫恿下大開殺戒，大肆屠殺新教

徒，成了歷史上鼎鼎有名的「血腥瑪麗」。

瑪麗的血腥政策，使得她在新教徒占多數的英格蘭人心中的形象，成了殘暴的魔王，許多信仰新教的貴族對她也極為不滿。在這種情況下，趕瑪麗下臺，將信奉新教的伊莉莎白扶上王位的計畫，開始祕密實施了。這些密謀者經常寫信給伊莉莎白，但伊莉莎白卻異常小心，從不留下任何筆跡。

事實證明伊莉莎白的小心是有必要的。西元 1554 年，一場試圖擁立伊莉莎白的叛亂爆發，但很快就被剿滅。伊莉莎白受到了牽連，可瑪麗找不到她有罪的證據，只能將她囚禁兩個月洩憤。之後的四年時間裡，瑪麗女王在內政、外交上連連失利，還染上重病。彌留之際，她不得不承認自己輸給了妹妹，並宣布將王位傳給伊莉莎白。

巧婦妙手烹小鮮

西元 1559 年 1 月 15 日，伊莉莎白在倫敦的西敏寺加冕，成為英格蘭女王，是為伊莉莎白一世，那一年她 25 歲。加冕那天，萬民歡騰，慶祝好日子終於到來了。

伊莉莎白沒有令臣民失望，即位後，她立即開始治理國家。雖然伊莉莎白坐上了萬人之上的王位，可姊姊留給她的這個王國卻是千瘡百孔、危機重重：新教和天主教仍然在對抗；伊莉莎白的表親——蘇格蘭女王瑪麗（Mary, Queen of Scots）要與她爭奪英格蘭王位；西班牙艦隊在海上稱霸，掌控著英格蘭的商貿生命線；近鄰法國也對英格蘭虎視眈眈，意圖吞而併之……

　　為了解決這些難題，伊莉莎白頻繁地召見大臣，與他們仔細探討，最終她了解到，想解決外憂，必須先解決內患，但若想解決內患，卻要先有一個相對和平的外部環境。

　　基於這一點，伊莉莎白立即與義大利簽署了《卡多 —— 坎陪吉條約》，結束了與義大利的戰爭。對於法國和西班牙，伊莉莎白則採取「均勢外交政策」。

　　當時，法國正控制著蘇格蘭，西班牙占據著荷蘭。法、西兩國此時已敵對了許多年。若英格蘭傾向於法國，就會使西班牙至荷蘭之間的海上通道被切斷；如果英國傾向西班牙，不僅會阻礙法國與蘇格蘭的連繫，更會形成對法國的包圍。

　　因此，英格蘭女王的態度直接關係到了法、西兩國的利益得失。法國和西班牙都不願看到對方控制英格蘭，或成為英格蘭的盟友。於是，這兩國的大使都跑到伊莉莎白面前替自己的國王向她求婚。

　　伊莉莎白沒有放過這個有利條件，她沒有立刻答應他們，也沒有拒絕誰。為了英格蘭，她把自己的婚姻當成籌碼，在法、西兩大歐洲強國間維持平衡，使得他們無法向英國下手。

　　一個女人的一生中，最寶貴的就是婚姻。伊莉莎白卻將自己的婚姻當作工具利用，難道她是個放蕩的女人嗎？

　　事實上，伊莉莎白終其一生都沒有結婚，始終保持童貞。這在人們所熟知的女王、女皇中是相當罕見的。伊莉莎白對婚姻相當謹慎，也相當看重，為了英格蘭，她可以奉獻自己的一切。她曾經對要求自己結婚，以期王室後繼有人的大臣說：

　　「我已經獻身於一個丈夫，那就是英格蘭！」

英格蘭以往的統治者一直謀求擁有更大的領土，因此與法國等其他國家素有仇怨。伊莉莎白也希望自己的國土能大些，再大些。可是她並不糊塗：國庫空虛、軍事實力太弱，盲目動武只能徒取其辱。伊莉莎白不得不暫時放棄對外發動戰爭的計畫。

西元 1564 年 4 月 11 日，英法簽訂和平條約，英格蘭放棄對加萊的統治權，獲得法國 22 萬克朗的賠償。

至於西班牙那邊，國王費利佩二世原本支持蘇格蘭女王瑪麗奪取英格蘭王位，可瑪麗不久後嫁給了法國王儲。費利佩馬上改變立場，站在伊莉莎白這邊。英、西兩國表面上也一團和氣了。

外交方面基本穩定後，伊莉莎白立即著手治理內政，首先開始處理宗教問題。

她首先恢復姊姊瑪麗統治時期被打壓的新教聖公會的地位，並頒布至尊法和單一法令，規定國王同時是教會的最高領導人。接著，她將天主教和新教融合在一起，令宗教信仰統一，以結束兩種信仰的民眾之間的紛爭。

伊莉莎白在宗教上的政策取得巨大成功。英格蘭聖公會因為她的支持，不僅擁有了獨立的地位，而且得以一直延續至今；信仰的統一，也使得英格蘭國內日趨穩定、團結；而且，她讓英王成為政教合一的集權者，在她統治的時期，英格蘭王權上升到空前的高度。

伊莉莎白上臺時，前國王瑪麗留下了 300 萬英鎊的鉅債，這使得伊莉莎白必須控制國家的支出。她命令政府和宮廷的費用必須嚴格地節省，並下令打造船隻發展海上貿易，還鼓勵海盜劫掠其他國家的商船來聚斂財富。

　　早在西元 1562 年，約翰‧霍金斯（John Hawkins）就開始了高利潤的、跨大西洋的奴隸販賣活動。伊莉莎白本來反對這種不道德的貿易，但當霍金斯向她顯示他的貿易利潤後，伊莉莎白立即改變了態度，不僅包庇霍金斯，甚至為他提供船隻和人員，從中直接獲利。伊莉莎白的做法雖然使她在後世備受批評，但對於她本人來講，只要能夠賺錢，她是毫不在意後人的評價的，畢竟她要償還 300 萬英鎊的鉅債。

　　在伊莉莎白一系列不擇手段的措施推動下，國家的經濟狀況開始好轉。當後來與西班牙的戰爭開始時，英格蘭的經濟盛況已經是從亨利七世以來從未有過的了。

　　在伊莉莎白竭力發展經濟的同時，還不得不防備著背後有人捅刀子 —— 她的表親，蘇格蘭女王瑪麗一直都在為得到英格蘭王冠而努力奮鬥著。

　　瑪麗‧斯圖亞特，是英王亨利七世的曾外孫。她一出生就成為蘇格蘭女王，很小的時候即以法王儲妃的身分被送到法國宮廷，享受著奢華和優待。

　　當時的羅馬天主教廷，宣稱新教徒伊莉莎白從天主教規定上講只能算私生女，無權繼承王位。只有天主教徒瑪麗‧斯圖亞特才是合法的英格蘭王位繼承人。而瑪麗本人也一直宣稱自己才是英格蘭真正的女王。這讓伊莉莎白非常惱火，把瑪麗‧斯圖亞特視為最危險的對手。兩個人雖然經常書信往來，虛情假意地噓寒問暖，在暗中卻各顯神通，竭力設陷阱給對方。

　　後來，瑪麗的丈夫繼位成為法國國王，但位置還沒坐熱，就一命嗚呼了。法國宮廷改朝換代，瑪麗則被請了出去，被迫回到蘇格蘭。初回各方

面條件都不如法國的蘇格蘭，瑪麗無心政事，倒也安靜了幾年。

不過這樣的日子注定不會常久。英格蘭女王與蘇格蘭女王如今都是單身，無論她們中的哪一個跟哪一國的國王結婚，勢必會對另一個造成毀滅性的影響。對於堅決不結婚的伊莉莎白，瑪麗自然沒什麼好擔心的。可伊莉莎白卻不得不關心多情的瑪麗的婚事。

當聽說瑪麗女王對英國貴族亨利（Henry Stuart, Lord Darnley）一見鍾情時，伊莉莎白鬆了一口氣，立即明裡反對，暗中撮合，成就了這段姻緣。於是，亨利成了蘇格蘭國王。

伊莉莎白覺得這回滿天烏雲都該散了。沒曾想，西元1567年2月10日，一聲巨響傳出，國王亨利被炸死了！這段時間，瑪麗和包斯威伯爵關係密切，人們都懷疑是他們合夥謀殺了亨利。

憤怒的貴族們起兵叛亂，瑪麗女王情急之下逃到了英格蘭。

伊莉莎白大度地收留這位蘇格蘭親戚，但不准其入宮。她堅持把瑪麗按女王的待遇供起來，試圖用綾羅綢緞和黃金珠寶作為鐐銬鎖住瑪麗。

寄人籬下的瑪麗表面上表現出厭倦名利的態度，實際上卻一心希望東山再起，打算以奪取英格蘭王權作為恢復地位的第一步。她每天都在緊張地活動，一直不停地謀劃籌算，甚至有兩次差點就成功了。

伊莉莎白本來打算還瑪麗自由，甚至明知她的一舉一動，卻盡量暗中瓦解那些陰謀，並不去計較。從這一點來說，伊莉莎白實在是夠寬容了，可瑪麗卻仍然沒有罷手的意向。無奈之下，西元1587年，伊莉莎白處死了瑪麗・斯圖亞特。

帝國初興憑海風

伊莉莎白在治理內政上日見成效，這讓她有時間忙裡偷閒、放眼國外。

正巧，西班牙國王費利佩二世在荷蘭推行暴政：軍事上野蠻鎮壓，經濟上瘋狂壓榨，宗教上無端迫害。忍無可忍的荷蘭人民多次發動起義，反抗西班牙暴政。

伊莉莎白趁機火上澆油，向起義軍提供資金援助，並開放英格蘭作為荷蘭新教徒避難所，還允許荷蘭人的私掠船使用英國港口。她甚至趁時局混亂，公開支持海盜行為。

伊莉莎白與海盜合作，這是學過歷史的人都知道的事。她與海盜為伍，其實也是有苦衷的。

當時，英格蘭這個島國對海上貿易的需求越來越迫切。但當時海上貿易都被西班牙所壟斷，據統計，西元 1545 ～ 1560 年間，西班牙海軍從海外運回的黃金即達 5,500 公斤，白銀達 24.6 萬公斤。到 16 世紀末，世界貴重金屬開採中的 83％為西班牙所得。為了保障其海上交通線和其在海外的利益，西班牙建立了一支擁有 100 多艘戰艦、3,000 餘門大砲、數以萬計士兵的強大海上艦隊，最盛時艦隊有千餘艘艦船。這支艦隊橫行於地中海和大西洋，驕傲地自稱為「無敵艦隊」，連德瑞克（Francis Drake）和霍金斯的販奴艦隊，也曾被西班牙皇家海軍重創。

在那段時期，英國海軍主要是由武裝民船組成，王室海軍只有 22 艘大船，根本無力反抗西班牙的封鎖。伊莉莎白只能指使「海上冒險家」破壞西班牙的海上貿易，掠奪西班牙的財富，從側面打擊西班牙的海上霸權。

正是在女王的支持下，有名的大海盜霍金斯和德瑞克帶頭衝向西班牙運輸船，為女王帶回了大量財富。而伊莉莎白也毫不吝惜地賜予兩名海盜爵士頭銜。這樣一來，其他海盜紅了眼，急不可待地揚帆出海 —— 大海盜時代就這樣來臨了。

伊莉莎白視察英吉利海峽的港口 —— 艾塞克斯英格蘭的海盜活動，使西班牙每年要損失 300 萬杜卡特。英格蘭人用西班牙的錢充盈國庫、重建海軍，這令西班牙國王費利佩二世覺得十分窩火。

西元 1584 年，惱羞成怒的費利佩下令禁止一切英格蘭船隻進出西班牙港口。這就等於切斷了英格蘭和海外的商貿連繫。伊莉莎白決定出兵攻占荷蘭，以搶得一條海上通道。西元 1585 年 12 月，她派萊斯特伯爵率軍出征，英西戰爭打響了。

面對英格蘭的挑戰，費利佩二世剛開始時不想以武力應對。於是他勾結英國天主教勢力，企圖把正在英國避難的蘇格蘭女王瑪麗扶上王位。他們陰謀搞一場刺殺行動，卻被伊莉莎白的情報機構偵悉。結果，瑪麗被處死，費利佩二世終於決心動用武力。

西元 1588 年 5 月末，不懂海戰的梅迪納‧西多尼亞公爵被費利佩強行任命為艦隊司令，率領「無敵艦隊」直向英格蘭撲去。這支艦隊共有船隻 134 艘，大砲 24,231 門（多為中程炮），部隊 27,023 人（海員 8,050 人，陸軍 18,973 人），加上划船的奴隸和其他人員，總計 6 萬餘人，聲勢頗為浩大。

而這時，經過幾年的精心打造，英國海軍實力已大大加強，擁有船隻167 艘，大砲 1,972 門（多為遠端炮），士兵 16,000 人。得知西班牙「無敵艦隊」的動向後，伊莉莎白任命知人善任的表叔霍華德勛爵為艦隊司令，

經驗豐富的海盜德瑞克為副司令，海盜霍金斯為分艦隊司令。她還授霍華德以專斷權，以便於霍華德放開手腳，隨機應變。

在激戰前夕，伊莉莎白巡視了她的軍隊，並發表一篇著名的演講：

忠誠的將士們，有些人出於關心我們的安全，奉勸我們應該留神如何向武裝部隊表明立場，以防背叛；而我要向大家保證，我無意在有生之年不信任忠心耿耿的人民。讓暴君們去畏首畏尾吧！我行事一貫如此，那就是，上帝在上，可以作證，我把主要的力量和保障寄予臣民的忠心和善意。所以，我在此時此刻來到你們中間，不是為了消遣或娛樂，而是決心要在戰役的白熱階段與你們生死與共；為了上帝，為了祖國，為了人民，奉獻我的榮譽，我的熱血，甚至我的軀體。

我或許只有婦道人家的柔弱身軀，但我有著囊括四海的帝王胸懷，一個英格蘭王的胸懷；我鄙視帕爾馬、西班牙或歐洲的任何國君，如果他們膽敢侵犯邊境，與其蒙受奇恥大辱，不如親自拿起武器；我將親自掛帥，為你們作評判，為你們每個人在戰場上的功德請賞。看到你們一往無前的氣概，我已經知道，你們值得獎賞，值得贈與桂冠；我以國君之言要你們務必放心，我必將論功行賞。同時，我要海軍中將替我指揮，我從未有過比他更高貴、更優秀的臣民；我毫不懷疑你們會服從他的指揮，憑著你們的團結一致，憑著你們在戰場上的勇氣，不用多久，我們將大勝上帝之敵、祖國之敵、人民之敵。

這一段演講極具煽動性，伊莉莎白在演講中動之以情，曉之以理，許之以利，讓在場的士兵受到極大的鼓舞，鬥志昂揚。

趁著士氣正旺，霍華德率艦隊起錨出航，迎擊西班牙「無敵艦隊」。7月21日，兩國的艦隊在英格蘭附近海域開戰。

此時對戰的雙方，軍事實力上「無敵艦隊」占優，不過英格蘭戰船輕巧靈活，機動性強，又有兩個常年在海上劫掠的海盜指揮，並且靠近本土，補給便利，所以英格蘭逐漸占了上風。而「無敵艦隊」徒具虛名，在持續半個多月的海戰中接連敗北，一路狼狽逃竄。直到 9 月 12 日，僅剩 43 艘殘破船隻的「無敵艦隊」才終於逃回西班牙，此次出征的絕大多數參戰人員都葬身於大海了。而英格蘭方面僅僅損失了百名左右的海員。

擊敗西班牙無敵艦隊，是英格蘭人奪取海上霸權過程中，第一個具有決定性意義的會戰，是英國殖民擴張的序曲。它不僅挽救了英格蘭，更重要的是奠定了大不列顛帝國的基礎。英格蘭人從勝利的喜悅中悟出一個道理：贏得海洋比贏得陸地更為有利。接下來的兩個世紀中，他們滿懷必勝的信心和對海權的強烈渴求，走上了殖民主義的道路。

不少歷史學家曾就英西戰爭開玩笑說：「如果伊莉莎白的海軍打敗了，那麼如今英國人可能都在說西班牙語了。」

文藝復興賴夕陽

隨著英格蘭海軍的勝利，籠罩在英格蘭上空的舊風氣一掃而盡，冬天的積雪已經消融，伊莉莎白時代 —— 英國文藝的春天降臨了。

正是在這個時代中，出現了馬羅（Christopher Marlowe）和史賓賽（Edmund Spenser），還有今天盛名依舊的莎士比亞（William Shakespeare）和培根（Francis Bacon）。

莎士比亞尤其受到伊莉莎白的重視。伊莉莎白非常欣賞莎士比亞的作品，還特別授予他爵士稱號的族徽。受到了女王的力捧，莎士比亞的身分

水漲船高，很快就成為富翁。相比之下，許多文藝巨匠生前潦倒，死後出名，莎士比亞實在是幸運得多了。

伊莉莎白非常巧妙地利用自己一生保持童貞的條件，在英國社會各階層培養和扶植了一批支持者。這些支持者利用自己的嘴和手中的筆，竭力地神化女王的形象，使一個成功的、帶著基督教光環的童貞女王形象浮出水面。文治武功皆有建樹的女王本來就深受人民愛戴，如今又蒙上了一層神祕的面紗，增添了幾分聖潔的光輝，怎不教英格蘭人由衷地崇拜！

於是，大臣們把自己的莊園建成 E 字型，取伊莉莎白名字（Elizabeth）的第一個字母，以示愛戴；詩人、藝術家也透過各種形式讚美女王，把她喻為月神、玫瑰；而更多的人則亦步亦趨地追隨著女王的喜好：女王愛喝的酒，女王愛用的美容用品，女王愛穿的衣服，女王愛戴的首飾……都吸引著貴族、平民爭相模仿。

正因為如此，伊莉莎白無心插柳柳成蔭。在她統治的時期，英格蘭的建築業、餐飲業、服裝業等等，都表現出鮮明的特點。而音樂、舞蹈、詩歌等藝術的程度，也上升到一個全新的高度。

伊莉莎白時代的文藝復興，可以說是人類歷史上一場無可比擬的、浩大的精神盛宴。

西元 1603 年 3 月，70 歲高齡還從不荒廢政務的伊莉莎白，她的精力似乎突然全部消失，體質異常虛弱，精神極度憂鬱。在忍受四天四夜的折磨之後，3 月 24 日，這枝神祕莫測的玫瑰終於凋落了。在死之前，她將王位傳給蘇格蘭王 —— 前蘇格蘭王瑪麗的兒子 —— 詹姆士·斯圖亞特（James VI and I）。

英國有史以來只有少數幾個君王聲名遠播，伊莉莎白一世正是其中

一位。

縱觀她的一生，雖然有過戀人，卻終生未嫁，一直保持童貞，沒有放蕩的生活，這在歷史上所有的女王身上都是極為罕見的。

她接手了一個內外交困的英格蘭，但交還給後人的，卻是一個繁榮昌盛的大不列顛。是她為英格蘭帶來了經濟復甦；是她結束了西班牙海上強國的美夢；如果不是她將王位傳給蘇格蘭王，也不會有英國今日的領土格局。

伊莉莎白對世界的影響太深遠了，甚至幾乎影響了世界上每一個國家的命運。這不能不讓我們驚嘆，這瘦弱的婦人之軀中，何以有如此巨大的能量！

這枝凋零於 400 多年前的玫瑰，似乎至今仍留有濃郁的餘香。

俄羅斯的「小母親」

　　—— 葉卡捷琳娜大帝

她的血管裡沒有一滴俄羅斯血液，卻成為了俄羅斯人的「小母親」，成為了俄國歷史上最偉大的君主之一。

她鄙視俄國拙劣的藝術家，讓他們過著飢寒交迫的生活，卻公開保護外國作家和藝術，跟伏爾泰（Voltaire）等著名學者以朋友相稱，長期保持連繫。

她生於普魯士，長於普魯士，卻忠於她的第二故鄉俄羅斯，為了俄羅斯的利益不惜與普魯士敵對。

她具有超凡的忍耐力和樂觀自信的精神，工於心計，勇於冒險，野心勃勃。她從一名普魯士普通貴族的女兒的身分起步，用 18 年的時間一步步登上俄羅斯至高無上的王位；她將俄羅斯的版圖擴大了三分之一，使昔日的蠻荒之國確立歐洲一霸的地位。

她就是生活在 18 世紀的俄國女皇 —— 葉卡捷琳娜大帝（Catherine the Great）。

婚姻無愛日如年

西元 1729 年 5 月 2 日，在德國普魯士的小城什切青，降生了一個名叫索菲亞的小女嬰。她的父親是安哈爾特 —— 采爾布斯特的親王克里斯蒂安·奧古斯特（Christian August）。因此，身為貴族，儘管家境並不寬裕，但像其他德國上層家庭一樣，索菲亞的父母替她聘請了一支龐大的教師隊伍。索菲亞天資聰穎，很快就學會了用上層人物的標籤 —— 法語流暢地寫作和演說，並且還養成了優雅的法國風度和端莊得體的儀態。

索菲亞尤其喜歡讀書。讀書撫慰了她孤寂的心靈，知識啟迪了她的智

慧，智慧使她變得自信，自信又使她變得更加漂亮。

西元 1742 年，曾經有位天主教神父說，他在索菲亞手上看到了三頂王冠。這預示索菲亞將來會成為一個國家中最尊貴的女人。索菲亞對神父的話堅信不疑。當她聽說自己的表兄、俄國彼得大帝（Peter the Great）的外孫、俄羅斯大公——彼得·烏爾里希（Peter III of Russia）有可能繼承俄羅斯王位時，小索菲亞就感覺冥冥中似乎有股巨大的力量，正把她引向遙遠、神祕的俄國。聰明、早熟的她，覺得自己一定是屬於彼得的。

果然，西元 1744 年 1 月 1 日，正當奧古斯特一家共進元旦晚餐、歡慶新年的時候，柏林的信使帶來了「俄國女皇伊莉莎白（Elizabeth of Russia）決定選索菲亞為彼得大公的夫人」的喜訊。

索菲亞的母親約翰娜（Joanna Elisabeth）連忙和女兒準備好行程，乘上一輛馬車，奔赴廣袤無邊的俄羅斯帝國。

2 月 5 日，車隊終於到達涅瓦河畔的俄羅斯城市米塔瓦。

稍加休整後，她們一行在宮廷大元帥金親王的陪同下，向聖彼得堡出發。伊莉莎白女皇還特地派手下送來皇宮最華麗的雪橇式馬車，護送她們的則是一支龐大的軍隊。索菲亞激動不已，這個來自普魯士小城的公主，被俄羅斯的廣闊和神祕震撼了。她突然覺得要戴上俄國的鳳冠絕非易事，沒有與這個國家的廣闊和神祕相稱的智慧和心機，是難以坐穩這個寶座的。

2 月 14 日，車隊順利到達聖彼得堡。歡迎的場面壯觀極了，約翰娜感覺自己在享受皇后的禮遇，人們都對她極盡阿諛奉承之能事，法國大使拉謝塔迪侯爵更對母女二人恭維備至，並建議她們在 2 月 21 日前趕往莫斯科，因為那天是大公的生日，女皇對她們的到來一定會非常高興。約翰娜

決定立即帶女兒起程，以獲得女皇陛下最初的好印象。

2月20日晚上8時許，索菲亞和她的母親終於來到魂牽夢縈的莫斯科。她們被歡迎的人群簇擁著走進下榻的套房。一想到即將見到整個歐洲都在談論的伊莉莎白女皇，母女倆倦意頓消。

可她們見到的第一個人卻不是女皇，而是俄國大公彼得·烏爾里希。他鼓著眼睛，歪斜著嘴巴，乾瘦的臉上沒有絲毫青春活力，索菲亞見到彼得大公的尊容，就像三伏天掉到井水裡，心一下子涼了半截：難道眼睛欺騙了自己？五年前他似乎比現在漂亮許多，怎麼會越長越醜陋呢？但看著表兄興高采烈的樣子，索菲亞心裡稍稍舒服了一些，只要表兄不是太傻而且真心喜歡自己，醜一點就醜一點吧，他畢竟是未來的俄國沙皇啊！

彼得帶領母女二人經過一道道大門，走進了女皇的會客廳。伊莉莎白女皇站在接見廳的正中央，兩旁站滿了朝廷大臣和各國的外交官。

索菲亞竭力克制自己的慌亂，一邊用法語向女皇請安，一邊十分優雅地行了一個標準的法國式屈膝禮。

女皇仔細端詳著嬌俏溫順的索菲亞，她為自己親自挑選了這樣一位出色的大公配偶而興奮不已。她牽著小女孩的手從接見廳走到自己的臥室，問長問短，關懷備至，完全忽視了周圍那些人的存在。

到達莫斯科後，索菲亞的舉動表現出了令人難以置信的深謀遠慮。當她了解到在普魯士長大的彼得大公，骨子裡覺得自己是普魯士人、一心忠於普魯士國王腓特烈二世（Frederick the Great）、討厭俄羅斯、信奉路德教而且不學無術、只喜歡軍事時，索菲亞本能地感覺到必須和彼得大公背道而馳，才是自己唯一可以生存下去的道路。因此，她決定要熱愛俄羅斯，要徹底俄化，要皈依俄羅斯人所信奉的東正教，還要用知識充實自己。當

然，與大公之間仍要保持親密、友好的關係。

於是，索菲亞請女皇派了五名家庭教師，指導自己學習俄羅斯語言、文字和文化。她夜以繼日地攻讀，甚至因為深更半夜穿著單衣起床背單字而著涼，得了重感冒。

母親約翰娜見女兒病情嚴重，便想請一位路德教的牧師來為她祈禱。索菲亞儘管被高燒、放血療法和禁食折磨得奄奄一息，但還是堅持請東正教的牧師西蒙・肖多斯基。伊莉莎白女皇和宮廷上下知道了索菲亞的事蹟後，都被感動了。索菲亞用不到兩個月的時間，就贏得了俄羅斯人的心。

不久，索菲亞痊癒了。西元 1744 年 4 月 21 日，她在女皇為她準備的生日宴會上露面。就在這次宴會上，伊莉莎白女皇突然宣布索菲亞與彼得將舉行訂婚儀式的決定。

之後，索菲亞皈依了東正教，並改名為「葉卡捷琳娜」。

西元 1744 年 6 月 29 日，彼得大公和葉卡捷琳娜的訂婚儀式如期舉行。

第二年，急於皇室後繼有人的伊莉莎白女皇，又迫不及待地將彼得與葉卡捷琳娜的婚期定在當年的 8 月 21 日。

隨著婚期臨近，葉卡捷琳娜和彼得大公都緊張了起來。當時只有 15 歲的葉卡捷琳娜一想到要和本來就醜、不久前還因為出了天花變得更醜的男人親吻、撫摸，就感到噁心；而彼得大公生理上也有點小問題，他對婚姻更是恐懼。

不過伊莉莎白可無暇顧及兩個小兒女的感受，一心要把俄國皇儲的婚禮辦得舉世無雙，其豪華程度一定要超過法國和波蘭。花費了大半年的準備時間，一切準備工作終於就緒。

西元 1745 年 8 月 21 日上午 10 時，聖彼得堡全城的大鐘同時敲響，

數百輛馬車護送著新郎新娘潮水般湧向教堂。

婚禮的宗教儀式直到下午 4 時才宣告結束。在晚餐和舞會後，晚上 9 時，葉卡捷琳娜和彼得大公被侍從們領進洞房。

彼得被引到隔壁更衣室換衣服，葉卡捷琳娜也在女傭的張羅下換好了內衣。很快，女傭們相繼離去，葉卡捷琳娜忐忑地盯著醜八怪丈夫的更衣室的門。

兩個小時過去了，門沒有開啟。葉卡捷琳娜不明白丈夫為什麼要冷落自己，倒在床上傷心地抽泣。不知過了多久，大公在幾個男僕的攙扶下，搖搖晃晃地闖了進來。她連忙把酒氣熏天的丈夫扶到床上，轉身把門關緊。丈夫已酣然入睡，葉卡捷琳娜慢慢躺在丈夫身旁，在黑暗中睜著雙眼，聽著丈夫的鼾聲一直到天明。

接下來的幾個晚上依然如此。大公不是酗酒，就是和侍從玩打仗的遊戲。就這樣，丈夫保持著童身，妻子保持著童貞。葉卡捷琳娜心裡隱隱作痛，對大公本來不多的好感日益淡薄。

西元 1745 年 10 月 10 日，葉卡捷琳娜的母親約翰娜不得不返回柏林了。即將啟程的時候，她想起一年多來，給女兒的關懷太少，指責太多，現在又把她一個人孤零零地扔在這荒蠻之國的險惡宮廷，留在一個既無性愛又無情愛的傻瓜身邊，就內疚傷心地痛哭起來。她沒有勇氣面對女兒的淚水，不辭而別。

母親的離去確實使葉卡捷琳娜感到十分悲傷。自己將何以面對已知的悽苦婚姻生活，和未知的前途命運？她茫然的臉上掛滿了淚珠。

轉眼間，葉卡捷琳娜結婚近一年了。可她仍是一副少女模樣，絲毫沒有顯示出伊莉莎白女皇希望看到的懷孕跡象。女皇憤怒了，對她大聲吼

道：「妳沒有盡到皇儲夫人的責任，這是對皇室的侮辱。妳背叛我，去充當普魯士的間諜！」然後揮舞著雙拳直衝過來，將葉卡捷琳娜一頓痛打，葉卡捷琳娜嚇得昏了過去。

天黑時，大公進來了，他一臉幸災樂禍的樣子讓葉卡捷琳娜心都碎了。很顯然，一定是最近一直拚命反對自己的樞密大臣別斯杜捷夫從中搞鬼，看來這個人的能力不可低估。她告訴自己：要繼續忍耐，繼續觀察，絕不能自暴自棄，絕不能讓痛苦毀掉自己的前程。

但是，別斯杜捷夫的攻擊才剛剛開始。為了徹底限制大公夫婦的活動範圍和影響力，這位詭計多端的樞密大臣以女皇的名義親自起草了兩道詔令，一邊約束大公，一邊限制葉卡捷琳娜的交際。

葉卡捷琳娜明白自己已被軟禁，完全喪失了行動和言論自由。

詔令下達的第二天，葉卡捷琳娜身邊的侍從也來個大換班，忠誠於她的涅夫列諾夫被調走，支持她的萊斯托克也被流放到西伯利亞。但她卻憑著頑強的意志挺了過來。

葉卡捷琳娜就這樣與彼得平靜地過著名存實亡的夫妻生活。六年過去後，她已從一名清瘦的少女，出落成 21 歲的豐腴少婦了。

伊莉莎白女皇儘管自己荒淫無度，卻對葉卡捷琳娜的貞潔監視得很緊。她親自任命自己的表妹瑪利亞·謝美諾芙娜·喬戈洛科娃和其丈夫喬戈洛科夫，當監視大公夫人的特使。

葉卡捷琳娜從不把對別人的厭惡情緒表露出來。她非常善於利用別人，包括她的敵人。很快，喬戈洛科夫夫妻便心甘情願地由惡魔變成了溫順聽話的貓 —— 這是伊莉莎白女皇始料未及的。

西元 1752 年 9 月的一個早上，葉卡捷琳娜在喬戈洛科娃夫人的陪同

下，騎馬奔進了附近的皇家獵場。她並無心打獵，只不過想藉此宣洩旺盛的青春活力。在那裡她碰到了著名的宮廷丑角列夫・納里希金。

納里希金熱情地向大公夫人介紹自己身旁的英俊夥伴謝爾蓋・薩爾蒂柯夫。葉卡捷琳娜本為消愁排憂，不料遇上了一位迷人的男子，心中泛起波瀾，歸來的路上默不作聲。

喬戈洛科娃見葉卡捷琳娜悶悶不樂，猜出了她的心事，暗地裡決心成全葉卡捷琳娜。

謝爾蓋・薩爾蒂柯夫對大公夫人也是一見鍾情。在他的羅曼史上，還從未遇過像葉卡捷琳娜這樣氣質高雅而又鬱鬱寡歡、青春嫵媚而又端莊穩重的女性。

「只要能夠得到大公夫人，流放到西伯利亞也值得！」薩爾蒂柯夫兩眼發光，被葉卡捷琳娜的風度與美貌激起了冒險的勇氣。

在納里希金的幫助下，謝爾蓋・薩爾蒂柯夫天天下午都去「問候」喬戈洛科夫，然後順便看看大公夫人。葉卡捷琳娜的芳心終於被他俘獲了。

在一個大晴天，葉卡捷琳娜匆匆用過早餐就騎著馬直奔獵場而去，薩爾蒂柯夫早就在那裡等候。

偌大的山林裡，除了陽光、微風和偶爾驚起的鳥，看不見一個人影。就在這裡，結婚八年的她終於完成了從少女轉變到少婦的人生歷程。

從西元 1753 年初開始，彼得大公生理上有問題的事，在一定範圍內已不是祕密，葉卡捷琳娜趁機透過巧妙的手段，使薩爾蒂柯夫以「為皇室接續血脈」為由，成了受人保護的「合法」情夫。事情到了這個地步，薩爾蒂柯夫反而覺得索然無味了。他勸大公勇敢地接受治療，成為一個真正的男人。彼得表示他願意試試。薩爾蒂柯夫當即把早已請好的英國外科醫

生叫進來，片刻之間就完成了手術。結婚九年之後，彼得終於可以履行丈夫的職責了。

但感覺不到快樂的葉卡捷琳娜，卻更加想念薩爾蒂柯夫，而薩爾蒂柯夫總是找藉口少去葉卡捷琳娜的住處，表現得漫不經心。葉卡捷琳娜看出了他的冷淡，只好委曲求全。西元 1754 年 2 月，葉卡特林娜懷孕了。薩爾蒂柯夫知道後欣喜異常，因為他替皇室接續血脈的任務快要完成了。不過葉卡捷琳娜卻十分難過，加上身體不適，整天鬱鬱寡歡。

禍不單行。不久，喬戈洛科夫因病去世，女皇很快解除了孀居的喬戈洛科娃夫人監視大公夫人的職務。她的離去使葉卡捷琳娜十分傷感。

接替喬戈洛科娃夫人的是亞歷山大・朱瓦洛夫，一個面目可憎的傢伙。這讓葉卡捷琳娜心裡非常不高興。

而丈夫彼得對妻子的大肚子沒有半點自豪感，從沒有即將為人父的喜悅，根本不去探望懷孕的妻子。

西元 1754 年 9 月 20 日晚上，葉卡捷琳娜突然感到腹部疼痛難忍，侍從立即叫來了助產婆。

葉卡捷琳娜撕心裂肺般叫喊著，大汗淋漓，一直折騰到午夜，才聽到一聲嬰兒的啼哭。女皇大喜過望，親自替這個男嬰取名為：保羅・彼得羅維奇（Paul I of Russia），由牧師洗禮後直接送到女皇的套間裡。人們都隨著女皇離開了，把葉卡捷琳娜一個人忘在產床上吹著涼風。

接下來的幾天裡，葉卡捷琳娜保持著令人難以置信的冷靜。在她的心裡，政治前途高於一切，個人的情感，哪怕是最初的母愛都可以壓抑。

廿載風霜終成王

西元 1758 年 8 月 25 日，俄普之間發生了著名的祖爾多夫戰役，在這一戰役中，雙方都死傷了十幾萬人，普魯士國王的軍事參謀施韋林伯爵也被俄國俘虜。西元 1759 年春天，這位戰俘卻被彼得大公當成一名高貴的客人，邀請到了聖彼得堡。彼得依然對普魯士一往情深，為了表示他的敬意，他安排兩名軍官充當施韋林的警衛。其中有個叫格里戈利‧奧爾洛夫的軍官，是個戰鬥英雄，他是來聖彼得堡休養的，卻被彼得安排去當他手下俘虜的警衛。

西元 1760 年 2 月 10 日，彼得把施韋林伯爵請到自己的生日宴會上，格里戈利自然也來了。他魁梧的身材和英俊的相貌，再加上關於他的風流韻事，立即引起了葉卡捷琳娜種種美好的遐思。格里戈利同時也對她成熟的風韻和姣美的容顏，產生一股難以遏制的慾望。

當天晚上，膽大包天的格里戈利就迫不及待地鑽進了葉卡捷琳娜的臥室。一番雲雨之後，他們又互訴愛慕之情。葉卡捷琳娜提到了他的四位兄弟，說她對他們的英名耳聞已久，稱讚他們兄弟是真正的俄羅斯軍人，是民族的英雄。格里戈利聽得心花怒放，回去後就把葉卡捷琳娜的話告訴自己的兄弟。他的兄弟又把這些話傳給禁衛軍的所有官兵。軍營中到處都在傳頌著大公夫人的愛國主義精神，奧爾洛夫兄弟更是公開聲稱願為大公夫人赴湯蹈火。

西元 1760 年，伊莉莎白女皇召回了駐斯德哥爾摩的大使尼基塔‧帕尼先生，任命他為小大公保羅的老師。

帕尼在思想上十分同情奧地利和法國，對普魯士則深懷敵意。所以彼得大公對普魯士的狂熱崇拜令他吃驚，也使他非常反感。他的目光自然轉

向了老成持重、風韻撩人的大公夫人。

葉卡捷琳娜也在關注著他。每週一次探望保羅的日子，是他們難得的交談良機。利用這個機會，葉卡捷琳娜告訴帕尼下一回幽會的時間。然後，帕尼在約定的時間裡，迫不及待地趕到大公夫人的房間。他們在一起談得最多的是政治，是女皇死後的局勢及葉卡捷琳娜所面臨的危險。

西元 1761 年夏天，副樞密大臣米歇爾‧沃倫佐夫邀請他的姪女、彼得大公情婦沃倫佐娃的妹妹、已成為公爵夫人的葉卡捷琳娜‧達什科娃到他的別墅過夏天。來到聖彼得堡的達什科娃公爵夫人，在對姊姊和姊姊的情人彼得大公失望之餘，突然發現了氣質高雅的大公夫人，彼此都驚奇地發現，對方就是自己的精神戀人。

從此以後，達什科娃便對自己的姊姊和彼得不屑一顧，完全被葉卡捷琳娜迷住了。

特別令葉卡捷琳娜興奮的是，這位 17 歲的公爵夫人身上，具有一種無所畏懼的冒險精神。這正是大公夫人日後孤注一擲所需要的。

西元 1761 年 2 月，伊莉莎白女皇病倒了。隨著女皇病情的加重，宮廷上下人心惶惶，究竟是大公彼得繼位，還是小大公保羅稱帝？葉卡捷琳娜會攝政，還是會導演一場政變呢？誰也不清楚。

彼得的擁護者們已經制定了計畫，他準備盡最大的努力保證女皇不要在最後的時刻廢黜彼得的皇位繼承權；一旦彼得成功得到皇位，便與葉卡捷琳娜解除婚約，和情婦沃倫佐娃正式完婚。這個計畫不僅被葉卡捷琳娜覺察到了，沃倫佐娃的妹妹達什科娃公爵夫人也知道了。當她獲知伊莉莎白女皇已經病入膏肓、時日不多時，急忙跑到大公夫人的住處，奉勸她採取果斷措施。

葉卡捷琳娜心裡有苦難言，她已經懷孕五個月了，孩子的父親當然不是彼得。為了不讓他察覺，找到休掉自己的藉口，她只好整天穿一件寬大的長袍，遮掩日益豐隆的肚子，閉門謝客。

西元 1762 年 1 月 5 日，伊莉莎白女皇去世。根據她的遺囑，彼得大公在她去世的當天就順利地登上皇帝寶座，是為彼得三世。

現在，全俄羅斯的人都向彼得三世效忠，他卻極其蔑視這個民族，厭惡他們生活的土地，嘲笑他們對東正教的虔誠，並在即位後公開表明他的這些態度。這樣一來，彼得三世失去了軍心、民心，也失去了教會的支持。

善於把握形勢的葉卡捷琳娜，則一面在表面上裝出一副十分恭順的樣子，對彼得百依百順，一面對女皇的去世表現出悲痛欲絕的態度。與彼得的怪誕行為相反，她傷心的神態贏得了各階層人士的好感。

西元 1762 年 4 月 22 日晚，葉卡捷琳娜悄悄生下一名男嬰。她只匆匆看了一眼，就讓忠誠的侍從送到他的一個親戚家裡去。

葉卡捷琳娜產後，身體迅速得到恢復，她準備對彼得三世發起反擊了。葉卡捷琳娜的朋友們也開始在暗中活動。最積極的首推達什科娃公爵夫人，這個女孩子十分熱忱而勇敢。當時帕尼對彼得三世的統治十分不滿，但他擁護的是另一個人，即他的學生保羅大公。為了爭取帕尼支持葉卡捷琳娜，達什科娃公爵夫人向他獻出了自己的愛情。他倆開始在宮廷和上層軍官中間活動，用自己的冒險精神鼓舞著葉卡捷琳娜的鬥志。

西元 1762 年 3 月，格里戈利擔任了砲兵部隊的軍需官。他利用手中的錢財，在禁衛軍內部為皇后大肆收買黨羽，很快就網羅了百餘名官兵。

西元 1762 年 6 月 24 日，彼得離開聖彼得堡到奧拉寧堡避暑。起程之

前，他採取了預防措施，把葉卡捷琳娜從聖彼得堡趕到彼得霍府去住，打算不久後就廢掉她。

葉卡捷琳娜和她的朋友們都看出了彼得的用意。帕尼堅決反對皇后離開聖彼得堡，葉卡捷琳娜卻說：「如果我服從他的命令，他就會感到高興而對我放鬆警惕。」

7月8日，格里戈利收買的一名禁衛軍上尉帕塞克因為酒後失言被捕，他幾乎知道格里戈利一夥人的全部陰謀。格里戈利聽到消息後嚇出了一身冷汗，覺得情況緊急，與其坐以待斃，不如孤注一擲。他當機立斷，叫弟弟費爾多馬上去通知皇后的忠實擁護者哥薩克首領西利里‧拉祖莫夫斯基；要另一個弟弟阿列克謝‧奧爾洛夫連夜趕到彼得霍府通知葉卡捷琳娜；拉祖莫夫斯基聽到消息後，馬上找到屬下的印刷廠廠長，令他印刷廢黜彼得三世和宣布葉卡捷琳娜二世（葉卡捷琳娜一世於西元 1725 ～ 1727年在位）登基的宣言。

阿列克謝‧奧爾洛夫則於7月9日凌晨5時趕到彼得霍府。葉卡捷琳娜立即明白了一切：決戰的時刻已經來臨。她十分俐落地穿好衣服，登上馬車。很快，聖彼得堡就展現在眼前。

正在那裡迎候的格里戈利‧奧爾洛夫等人，帶著葉卡捷琳娜來到伊斯馬依諾夫斯基團的兵營前。頓時，兵營裡鼓角齊鳴，事先已被許諾有酒喝的士兵們情緒激昂，他們跟著格里戈利扯著嗓子高呼：

「我們的小母親葉卡捷琳娜萬歲！」

葉卡捷琳娜激動不已，眼裡閃著幸福的淚花。格里戈利更是興奮，他命令兩名士兵去請神父來主持儀式，宣布女皇登位。儀式完畢後，隊伍浩浩蕩蕩向謝苗諾夫斯基團兵營挺進。所到之處，官兵們紛紛加入政變

隊伍。

不久，葉卡捷琳娜一行人走進了教堂。看到匍匐在腳下的臣民們，她心潮起伏，感慨萬千。18年來，為了成為一個俄羅斯人，她花費了多少心血、忍受了多少屈辱？今天，她18年的執著虔誠，終於得到了純樸善良的俄羅斯人民的回報。

大主教諾夫哥羅德和所有高級神職人員都已在教堂恭候。自彼得一世改革以來，俄羅斯東正教大主教都服從世俗的皇帝，但皇帝登基必須有大主教主持祝福儀式。而此刻，大主教諾夫哥羅德就是要給予葉卡捷琳娜以女皇的禮遇，並為她祝福。簡短的祝福儀式完畢後，葉卡捷琳娜在禁衛軍官兵的護送下，滿面春風地回到曾經使她倍受屈辱的冬宮。外面，西利里·拉祖莫夫斯基指揮禁衛軍，鋪天蓋地散發著趕印出來的宣言。聖彼得堡頓時沉浸在歡樂的海洋中。

而就在此時，稍事休息的葉卡捷琳娜帶兵向丈夫彼得殺去了。

7月10日，被嚇壞的彼得派人去和葉卡捷琳娜談判，可是葉卡捷琳娜不為所動。彼得只好哭著在遜位書上簽字。隨後，彼得和他的情婦沃倫佐娃被帶到彼得霍府。他們請求女皇不要把他們分開，但是，當天他們就被送到相隔千里的兩地去了。

葉卡捷琳娜也在同日回到了聖彼得堡。狂熱的軍民圍著皇宮久久不散，他們每個人都想親眼目睹女皇的英姿。

葉卡捷琳娜上臺之後，大肆獎賞政變有功之臣。為了鞏固皇位，她上臺後一個星期之內連發兩份文告，表明自己將不辜負俄羅斯人的期望。

不久，被軟禁的彼得據說因痔瘡發作而亡。彼得的死，為葉卡捷琳娜的皇位增添了一塊牢固的基石。

隨後，葉卡捷琳娜決定於西元 1762 年 9 月 22 日在莫斯科舉行加冕儀式。為了製作新皇冠，她給了工匠一斤黃金和兩斤白銀，為了縫製一件皮大衣也用去了 4,000 張貂皮。得知女皇陛下要舉行加冕儀式，全國上下都沸沸揚揚，人們都在盼望這天的到來。

9 月 1 日，葉卡捷琳娜撇開繁瑣的政務，在格里戈利的陪同下，率文武百官浩浩蕩蕩地離開聖彼得堡，向莫斯科出發。

9 月 22 日，克里姆林宮外聚集著歡樂的人群，而在宮殿中心的教堂裡，這名年僅 33 歲的女人抖掉貂皮大衣，穿上大紅御袍，從諾夫哥羅德大主教手託的金盤子裡，捧起沉甸甸的皇冠戴到了頭上。

諾夫哥羅德大主教為她敷上聖油，這樣一來，她同時也是俄羅斯東正教名正言順、至高無上的教長了。

武功文治譽四方

葉卡捷琳娜一上臺就以其高超的政治手腕和統治藝術，讓所有觀察家們都刮目相看，讓國內的政客們 —— 無論是三朝元老，還是政變的有功之臣 —— 都服服帖帖地替她效勞，成為了彼得一世之後的俄國歷史上，又一個有巨大影響的沙皇。

登位後，她對前朝的幾個先前對她持敵對態度的權臣十分寬厚，在籠絡人心方面十分成功。

而在外交方面，她更是得心應手。

曾被前女皇伊莉莎白驅逐出境的、葉卡捷琳娜的第二任情夫波尼亞托夫斯基（Stanisław August Poniatowski）回到波蘭後，對葉卡捷琳娜的思念

之情日甚一日。得知昔日情人現在已成了女皇，他頻繁與葉卡捷琳娜通信，希望再續前緣。

但葉卡捷琳娜女皇並不想再與這位前任情夫談情說愛了。不過為了獎勵他的忠誠，葉卡捷琳娜決定把他推上波蘭皇位。

西元 1763 年 10 月，波蘭國王奧古斯特三世（Augustus III of Poland）病逝，葉卡捷琳娜知道機會來了，決心要在自己上臺後的第一次國際事務中贏得勝利。她拉攏普魯士國王腓特烈二世簽訂祕密協定，在邊境集結了大量軍隊。法國和奧地利政府被集結起來的俄國大軍嚇住，只好聽任葉卡捷琳娜在波蘭事務上橫加干涉。西元 1764 年 10 月，斯坦尼斯瓦夫・波尼亞托夫斯基在情婦的支持下，終於登上了波蘭國王的寶座。

葉卡捷琳娜取得了她在國際事務中的第一個巨大勝利。

西元 1768 年，在法國人的挑動下，土耳其蘇丹（蘇丹是土耳其對其國王的稱呼）要求俄國士兵撤出波蘭。葉卡捷琳娜對土耳其的抗議一笑置之，她正巴不得土耳其人開戰呢！這樣的話，俄軍就可以藉機占領克里米亞，開啟通向黑海和達達尼爾海峽的門戶，甚至占領東正教的誕生地 —— 君士坦丁堡。土耳其蘇丹果然沉不住氣了，在一次小小的邊境衝突之後，他下令把俄國大使囚禁起來，向俄宣戰。第一次俄土戰爭爆發了。

結果，魯米揚則夫元帥率領 16,000 名裝備低劣的俄軍，居然打敗了 15 萬土耳其軍隊，控制了亞速海，奪取了策略要地塔甘羅格港。這場戰爭一打就是六年，直到西元 1774 年 7 月，土耳其屢戰屢敗，俄國也因國內普加喬夫起義弄得焦頭爛額，雙方才被迫坐下來簽訂《庫楚克・凱納吉和約》。

俄國得到了亞速海沿岸的一些要塞、布格河和第聶伯河之間的大草原，獲得了黑海和達達尼爾海峽的通航權，把克里米亞汗國置於它的保護之下，並得到了 450 萬盧布的賠款。西元 1783 年 7 月，親俄的克里米亞汗在波將金的支持下，同意克里米亞併入俄國版圖，至此，俄國不僅控制了裏海，也控制了黑海。波將金被葉卡捷琳娜女皇封為「塔沃利達親王」。

塔沃利達親王波將金在新兼併的克里米亞經營四年之後，為了展示自己的政績，奏請葉卡捷琳娜女皇來南方進行一次盛大的巡幸。西元 1787 年 1 月，在聖彼得堡還是冰天雪地的世界時，葉卡捷琳娜南巡的隊伍在隆隆禮炮聲中浩浩蕩蕩地啟程了，迎接她的是一片歌舞昇平、人們安居樂業的景象。

西元 1787 年 7 月，葉卡捷琳娜回到了分別六個月的聖彼得堡。她餘興尚且未盡，土耳其蘇丹阿卜杜·哈米德就提出了憤怒的抗議，他無法忍受俄國沙皇在這塊新兼併的土地上招搖過市，並組織軍事演習。他認為這是俄國的公開挑釁，號召土耳其人民不惜一切代價，打一場反對強盜的聖戰。

俄軍在土耳其戰場上付出巨大的代價後，又取得了一系列的勝利。但土耳其人不屈不撓，繼續頑強抵抗。直到西元 1791 年初，土耳其人才答應和談。

在掠奪了土耳其大片領土之後，葉卡捷琳娜又派兵入侵波蘭，並在與普魯士的協定中得到波蘭共 25 萬多平方公里的土地。

葉卡捷琳娜不只是個戰爭狂人，她從小熱愛讀書，喜愛寫作，深知輿論的巨大力量，所以她經常幫助那些遇到困難的知識界人物。葉卡捷琳娜對知識界的友好態度，贏得了著名啟蒙思想家伏爾泰的好感，他還寫了一

首讚美詩給女皇。

葉卡捷琳娜對此非常高興，她恭敬地稱伏爾泰為自己最好的老師。從此，他們便開始了長達 15 年的通信往來。此外，她還無償地資助陷於困境的、曾著《百科全書》（*Encyclopédie*）的學者狄德羅（Denis Diderot），後者當時窮得正要賣掉自己的所有藏書。葉卡捷琳娜雪中送炭使狄德羅感激不盡，一改往日的敵視態度，也成了女沙皇的摯友。

西元 1764 年春天，俄羅斯天花病流行，舉國惶惶不安。葉卡捷琳娜決心從英國引進牛痘疫苗接種的科學防疫技術，為了用實際行動教育人民，她第一個勇敢地伸出了自己的手臂，讓英國醫生為她接種牛痘。

八天後，大臣們看到女皇安然無恙，也都接受了疫苗接種。此舉一下子使葉卡捷琳娜成為科學與勇敢的化身。

如果拋開政治，葉卡捷琳娜確確實實是一位很普通的女人，寬容、善良、愛聽奉承、多愁善感，尤其是對她的僕人和情人、對為她服務的人更是這樣。

葉卡捷琳娜確實具有駕馭人們心理的高超才能。她集外交官的狡猾、心理學家的洞察力和美女的誘惑力於一身。對於為她盡力效勞過的人，哪怕他失敗了，她也不會拋棄他。

葉卡捷琳娜善於討得人們的歡喜，還有一個很重要的方面，用她自己話來說就是：「大聲誇獎，小聲斥責。」

西元 1789 年，在俄國發動對瑞典戰爭的期間，波將金正在與土耳其士兵作戰，俄瑞戰爭的全部領導工作都由葉卡捷琳娜承擔。她不僅當軍需官，而且當教官。為了替新上任的海軍艦隊司令、海軍上將契恰柯夫提神鼓勁，從 5 月至 7 月間，共寫了 30 多封信給他，字裡行間充滿了信任與關懷。

葉卡捷琳娜幾乎一生都在高唱自由主義的讚歌，宣揚寬容與平等，但對於反對她的人，她是不惜拿起皮鞭和刀子的。

西元 1762 年 7 月，大主教阿爾賽·馬茨耶維奇指責女皇剝奪了「上帝的兒女們的財產」，並號召神職人員起來反對這個來自普魯士的女人的統治。葉卡捷琳娜無法寬容了，下令將他押到莫斯科，一直到西元 1772 年，阿爾賽·馬茨耶維奇在陰冷黑暗的牢房中悲慘地離開人世。

西元 1773 年 9 月，普加喬夫自稱是被女皇暗殺時，神祕逃走的彼得三世皇帝。假冒的彼得三世不斷發布偽詔，提出「土地自由」的口號，宣布解放農奴，懲辦貴族。窮人們紛紛響應，普加喬夫的隊伍迅速擴大到 50,000 人。他們攻城掠地，所向披靡。儘管派去鎮壓的軍隊接連敗北，甚至掉轉槍口，葉卡捷琳娜仍然十分鎮靜，盡快結束了和土耳其的戰爭，派著名統帥蘇沃洛夫率精銳部隊開往窩瓦河流域，鎮壓農民暴動。普加喬夫被捕並被押往莫斯科，起義失敗。普加喬夫被判處四馬裂身。

葉卡捷琳娜一生擁有無數的情人。有的像過客，來去匆匆；有的宛如夫君，與她廝守十幾年。她最虔誠的崇拜者伏爾泰，也對她的這種行徑頗有微詞，勸她忠誠於愛情。葉卡捷琳娜卻理直氣壯地反駁說：「我是忠誠的，我永遠忠誠於美色。」

雖然她是那樣多情放蕩，但是從未荒廢政務。她每天都要工作 15 個小時左右，每逢大事事必躬親。詩人傑爾查文（Gavrila Derzhavin）稱她是「永遠站在職位上的哨兵」。

為留明君化夕陽

葉卡捷琳娜從未嘗到過做母親的樂趣，伊莉莎白女皇剝奪了她當母親的權利，她的母愛一開始就被抑制了。登基前，她每週只能探望一次孩子。每次見面，保羅只是抬頭看看陌生的母親，沒有什麼親熱的言語和表情，就像見到一位普通的宮廷貴婦一樣；女兒安娜不到一歲就夭折了，她的模樣在葉卡捷琳娜的腦海中已經模糊不清；最後一個私生子寄養在別人家裡，她甚至不敢去和兒子相認。也許正是這種畸形的母子生活，再加上一個乖僻的丈夫，使得她對「家庭」這個概念十分模糊。

保羅大公彷彿就是彼得三世的再版，女皇看他橫豎都不順眼，覺得也許只有愛情才能夠挽救他。

於是，葉卡捷琳娜請普魯士國王幫忙選了三位公主送到莫斯科，由保羅大公親自挑選。保羅選中了威廉明妮（Natalia Alexeievna（Wilhelmina of Hesse-Darmstadt））。

葉卡捷琳娜要求威廉明妮改信仰東正教，並改名為納塔利婭，並為他們舉行了婚禮。西元 1776 年 4 月 12 日，納塔利婭感到腹部疼痛，女皇親自繫上圍裙幫忙接生。可最終，大公夫人在痛苦地喊叫三天三夜之後，連同腹中的胎兒一起離開了人世。

納塔利婭下葬還不到一年，慶賀瑪麗亞（Maria Feodorovna（Sophie Dorothea of Württemberg））和保羅大公結婚的鐘聲便敲響了。

西元 1777 年 12 月 23 日，瑪麗亞順利地生下一個胖胖的小男孩。皇孫的誕生似乎同時也喚醒了葉卡捷琳娜的母愛。她雙眼盈滿激動的淚花，把襁褓中的嬰兒緊緊貼在自己的懷裡，為他取了一個偉大的名字：亞歷山

大（Alexander I of Russia），她完全忘記當年伊莉莎白把保羅搶走時自己的那種痛苦心情，把亞歷山大抱到了自己的房間。

兒子既然昏庸無能，孫子繼位就是天經地義的事情，她要對這個國家負責。為了教育皇孫，她專門閱讀和研究過許多相關著作，甚至還親自為孫子設計了一套容易穿上、在背後繫扣的童衫。

西元 1779 年 4 月 27 日，瑪麗亞又為女皇生下了第二個皇孫：君士坦丁。

亞歷山大和君士坦丁在祖母的關懷下迅速成長，他們的父親則仍然像彼得三世那樣沉迷於軍事。

西元 1796 年，67 歲的葉卡捷琳娜常常感到精力不濟，自知大限將臨，所以對傳位之事特別著急。她深信，若讓保羅執政，俄羅斯人民將陷入滅頂之災，只有亞歷山大才能造福於國家社稷。為了說服反對她的人，證明她的決策無可非議，她查閱了檔案，援引彼得大帝親自開創的先例為證據，然後起草一道宣告摒棄保羅、立亞歷山大為繼承人的詔令，並把它鎖在首飾盒中，決定在 11 月 24 日予以公布。

誰知天有不測風雲。11 月 4 日上午，葉卡捷琳娜突患中風，癱倒在更衣室內，當侍從們發現時，她已毫無知覺、不能言語，只能發出粗重的喘息聲。

當晚，保羅趕來，進入女皇的辦公室，找出那份遺囑，將它付之一炬。

11 月 6 日下午，與死神搏鬥了兩天兩夜的葉卡捷琳娜，嚥下了最後一口氣。

保羅沙皇繼位，俄羅斯帝國又開始了新的輪迴。四年後，保羅由於倒行逆施，實行恐怖統治，也像他崇拜的彼得三世一樣，被政變者殺害。亞

歷山大終於如祖母所願,登上了俄國皇位,而且也確實是位比保羅更優秀的沙皇。

葉卡捷琳娜的一生,充滿了幸運與不幸、喜悅與悲哀。為了夢想,她嫁給一位既不愛她、也不被她所愛的,性格古怪、品味低階的醜八怪丈夫。她在伊莉莎白女皇的嚴密監視下,度過了 18 年孤寂而痛苦的漫長歲月。為了夢想,她失去得太多、太多了。

值得慶幸的是,她最終實現了自己的夢想。

她透過不懈的努力,不僅改變了自己的命運,也改變了俄羅斯的命運,改變了當時的政治格局,改變了許多鄰國的命運。

雖然她是放蕩的,是狡詐的,可能還有人將「無恥」兩個字送給她,不過這些都不能掩蓋住她身上的耀眼光芒。

她尊重知識,敢想敢做,忠誠於內心,是一個稱職的、偉大的女皇。

墓誌銘上對她的評價是比較公允的:

「她沒有放過任何機會,她為國家謀求福利……她生性寬厚,不苛求於人……她有許多朋友,她在工作中得心應手……」

日不落帝國的建造者

—— 維多利亞

在 19 世紀，60 歲已經是一個普通人的高壽了。而這位維多利亞女王（Queen Victoria）自 18 歲登基起，在位長達 64 年，是英國在位時間最長的國王。英國人應感謝上帝賜予他們的女王長壽，因為在維多利亞統治的 64 年中，英國資本主義的發展，從起始攀上了頂峰，英國的國民經濟、綜合國力、科學技術水準都有了長足的發展，殖民地遍布全世界。那時的大英帝國，是舉世無雙的海上霸主，擁有歷史上從沒有過的遼闊疆土，如日中天，號稱日不落帝國。而當女王去世之後，這個老牌的資本主義國家，便開始逐漸走向衰落。

吾位天賜不言詞

維多利亞之所以能成為英國女王，自有著她顯赫的身世。她的父親是英國國王喬治三世（George III）的四子、肯特公爵愛德華（Prince Edward, Duke of Kent and Strathearn），母親是萊寧根親王遺孀多蕾公主維多利亞·瑪麗·路易莎（Princess Victoria of Saxe-Coburg-Saalfeld）。早年之時，肯特公爵雖一年擁有 2.4 萬英鎊的收入，但由於他身為王室成員，有著龐大的開銷，所以一直過著貧窮的生活，有人替他取了個綽號：「乞討王子」。

西元 1817 年 11 月 6 日，攝政王（即後來的喬治四世（George IV），肯特公爵的長兄）的獨生女、英國王位的繼承人夏洛特公主（Princess Charlotte of Wales）死了。攝政王年齡已大，無法再有子女。按王位繼承順序，除去沒有生育能力的二哥約克公爵，這個給英國王室留下繼承人的重擔，就落在了三哥克萊倫斯公爵和肯特公爵的肩上。然而，哥倆雖已經 50 多歲了，卻都沒有子女。為此，兩人相繼拋棄了原配，另成新家。西元 1818 年 5 月 29 日，肯特公爵與多蕾公主完婚。

由於肯特公爵比較窮，婚後，夫妻倆生活在阿蒙巴哈，過著沉悶難捱的日子。

不久，公爵夫人有孕，隨著生產日期的臨近，公爵決定這孩子應當生在英國。旅資雖然缺乏，他的決心卻不可動搖。他宣稱不管怎樣，孩子必須在英國出生。於是，僱了一輛馬車，載著全家就出發了。穿過日耳曼，穿過法蘭西，儘管道路崎嶇，旅舍簡陋，不過對於嚴謹的公爵和心廣體胖的公爵夫人來說，這都算不了什麼。到達倫敦後，當局在肯辛頓宮提供一套房間，就在那裡，西元 1819 年的 5 月 24 日，一個女嬰降生了，這就是未來的維多利亞女王。

肯特公爵以前沒有孩子，所以非常喜愛這個獨生女，按他的意思，要給女兒取名為伊莉莎白，與前女王同名，圖個吉利，但遭到了攝政王的反對。洗禮那天，攝政王根據維多利亞教父俄國沙皇亞歷山大一世的名字，取名為亞歷山德里娜。肯特公爵不敢違拗，只好懇求再加一個名字，這樣，小公主便被取名為亞歷山德里娜‧維多利亞。

西元 1820 年 1 月 23 日，肯特公爵因肺炎去世，留給不滿週歲的維多利亞和她母親的是山一般沉重的債務。

六天之後，肯特公爵的父親、英國國王喬治三世也陪同兒子一起去聆聽上帝的教誨了。於是維多利亞的大伯、攝政王喬治登基，成為新的國王 —— 喬治四世。

童年時代的維多利亞十分倔強，幾乎不把任何人放在眼裡，經常大發雷霆。更叫人頭痛的是，她拒絕識字，不管別人怎麼說，她總是回答一個字 ——「不」。這種情況一直到她五歲時才得以改變。

這年一位名叫萊純的德國女性出現在維多利亞身邊，擔任她的家庭教

師。雖然萊純最初也被維多利亞的蠻橫弄得束手無策，但她很快就發現，這個小女孩有一個明顯的優點，那就是誠實，不管等待她的是什麼責罰，她從不說謊。萊純用自身的風度和學識逐漸贏得維多利亞的好感，並成功地「治癒」了她不願識字的毛病。

維多利亞 11 歲時，肯特公爵夫人認為有必要全面了解一下女兒的學習情況，請來倫敦和林肯的主教進行了一次考試。兩位考官對考試結果十分滿意，他們在報告中說「公主正確掌握了《聖經》史中最重要的問題，及英國國教所宣傳的、主要的基督教真理和訓誡，她對於年表和英國史上的重大事件也相當熟悉，這在年輕人中實屬難能可貴。在地理、地球儀的應用、算術和拉丁文法方面，公主的回答也同樣令人滿意」。

由於母親的刻意培養和宮廷的特殊環境，維多利亞從小就具有強烈的等級意識。早在六歲那一年，一個名叫珍妮的小女孩與祖母一起前來探視肯特公爵夫人，因為她隨意動了維多利亞的玩具，維多利亞便「一本正經」地教訓了她一頓：「妳不能動那些東西，那是我的，而且我可以叫妳珍妮，妳可不能叫我維多利亞」。而在地位顯赫者面前，倔強任性的維多利亞則十分小心謹慎，常常顯示出與其小小年紀不相稱的世故和乖巧。

西元 1826 年的一天，當時的國王喬治四世心情甚好，下令召見肯特公爵夫人和維多利亞。

在遊湖的時候，喬治四世對維多利亞說：「妳最喜歡哪首曲子，可以叫樂隊演奏。」

維多利亞不假思索地回答：「《神佑國王》，陛下。」

《神佑國王》是英國國歌，喬治四世聽了當然心花怒放，維多利亞的精明也由此為人稱道。

當年與肯特公爵一起再婚的克萊倫斯公爵，婚後生過兩個孩子，但都夭折了。這樣，當西元 1830 年喬治四世去世，克萊倫斯公爵登基（史稱威廉四世（William IV））後，維多利亞就成為英國王室中唯一的後嗣。為了保證王位的順利繼承，議會確定維多利亞為威廉四世之後的假定王位繼承人。

維多利亞是在第二年才知道這一決定的。那天上歷史課時，萊純事先有意將一張英王世系圖夾在教科書中，維多利亞發現之後，先是驚訝，再是發問，最後終於恍然大悟。雖然當時她並沒有什麼過分的表示，只是平靜地說了一句：「我一定要好好做人。」不過事後她悄悄躲開眾人，找了一個僻靜的地方哭了一會，以宣洩內心的複雜情感。這時，12 歲的維多利亞已經懂得王位繼承人應有與眾不同的儀態，即使在最心愛的人面前也是如此，所以當她忍不住要流淚時，甚至有意避開母親和有生以來最好的朋友萊純。

成為王儲的維多利亞並沒有獲得比從前更多的快樂，原因在於她的母親肯特公爵夫人。由於在當時確定維多利亞王儲的身分時，有「假若在維多利亞成年之前，國王（威廉四世）去世，由肯特公爵夫人攝政」一句，於是公爵夫人便開始染指朝綱。身為國王的威廉四世當然對此極為不滿，而公爵夫人卻依然我行我素。

威廉四世懷恨在心，在西元 1836 年他的生日之際，當著 100 多位賓客的面，公開向肯特公爵夫人發難，指責她故意挑撥國王與姪女的關係，並要求從今以後維多利亞必須按規定參加每一個宮廷儀式。此外，威廉四世還刻薄地稱，希望上帝能讓他多活六個月，那時維多利亞就將達到 18 歲，這樣權力就不會落在品行和能力一點也靠不住的肯特公爵夫人之手。

這是維多利亞生平第一次經歷如此猛烈的政治風暴的洗禮，她對政壇的冷酷和無情因此有了更深刻的體會。

威廉四世的願望實現了，西元 1837 年 6 月 20 日 ── 也就是維多利亞剛度過 18 歲生日的 26 天之後 ── 的清晨，威廉四世聽從了上帝的召喚，回歸天國。

當宮內一切都已了結，大主教和宮廷大臣趕到肯辛頓後，六點鐘時，公爵夫人叫醒了女兒，告訴她大主教和宮廷大臣來了並想見她。維多利亞獨自一人走進兩位報信人侍立的房間。科寧厄姆勛爵跪下，正式稟報國王去世的消息；大主教又補充了一些有關個人的細節。看著面前這兩位唯唯諾諾的權貴，她明白自己已是英國女王。她在那天的日記中寫道：「既然天置我於此位，我將竭盡全力對國家完成我的義務；我還很年輕，雖說不是全部，但在許多事情上也許還相當缺乏經驗，不過我相信，我比任何人都更有真情實意，去做好正當合理的事情。」

上午 9 點，女王單獨接見內閣首相墨爾本（William Lamb, 2nd Viscount Melbourne），她向首相表示：「我早就有意留任你和其他內閣成員總攬政務」。11 點半，她第一次出席樞密院會議，並以她雍容典雅的氣質，和自有的君王之威，很快就博得了樞密院成員的敬佩。

依照英國王室的傳統，一年之後，方隆重舉行維多利亞的加冕典禮。經過一系列複雜的儀式，維多利亞坐上了王位，戴上王冠，度過了「一生中最可驕傲的一天」。

英國應該感謝上帝的恩賜，若不是喬治三世的四個兒子只有維多利亞一個後嗣，若不是其餘的繼承人都過早夭折，那這頂王冠也不會戴在維多利亞的頭上。而大英帝國的未來，也就成一個未知數了。

初露鋒芒顯才思

維多利亞登基後，為老邁、保守的英國政壇吹來了一股清新的風。她言談謹慎，決策果斷，個性強烈，一切都與她自祖父喬治三世以來的歷代或失常、或淫蕩、或乖戾，口碑極差的前國王們，形成了鮮明的對照。所以維多利亞即位之初，頗受民眾的歡迎。每當她公開露面時，大街兩旁總是萬頭攢動，歡聲四起，這一現象激起了維多利亞內心深處對權力的渴望。此時英國的君主立憲制已有100餘年的發展，雖然法律名義上賦予立憲君主相當的權力，可實際上大權都掌握在內閣之手，國王只是象徵性的國家元首。維多利亞卻沒有充分意識到這一點，常常過高猜想自己的聲望和權威，因此，只要情況允許，她就會在可能的範圍內與內閣爭權，粗暴干涉內閣的日常工作。

但維多利亞與她登基後的第一屆內閣，並沒有什麼重大衝突，她和內閣首相墨爾本不僅在公務配合上相當有默契，而且私交也很深，她曾在日記中寫道：「我甚至一夜不見他，就感到非常惆悵迷惘」。時年59歲的墨爾本是代表工業資產階級利益的輝格黨人，由於肯特公爵夫人的政見傾向輝格黨，受其影響，女王對當時的這個執政黨亦頗有好感。更何況維多利亞即位之初，毫無政治經驗可言，而墨爾本早已是十分成熟的資產階級政客，維多利亞很自然地就將其視為靠山，對他幾乎言聽計從。

維多利亞對墨爾本的態度，可以在她的日記中看出一斑：「整個期間墨爾本勛爵騎馬走在我身邊」，「整個晚上墨爾本勛爵一直緊靠著我坐著」，「我非常喜歡墨爾本勛爵。」從政治到分析莎翁名劇的妙處，她事事聽從墨爾本的意見。每天上午墨爾本都會將內閣討論通過的公文，拿來請維多利亞過目或簽發，女王十分喜歡這種公務活動，大概就是在這一過程

中，她初次嘗到權力帶來的快感。閒暇時候，首相還經常抽空講授各種政治常識給女王聽，如英國歷史和憲法；英屬海外殖民地的來歷和現狀等，這不僅開闊了維多利亞的眼界，也激發了她「為人君」的權勢慾望。

維多利亞繼位後不久，議會開始大選，代表金融貴族和土地貴族利益的在野黨保守黨，全面抨擊輝格黨內閣的內外政策，指責墨爾本首相控制女王，並利用其特殊的身分地位作為政黨鬥爭的工具。投票結果，輝格黨在議會獲得微弱多數，墨爾本繼續掌權。

維多利亞對此十分高興，新議會召開前夕，她特意率領車隊在倫敦市舉行一次巡禮遊行，並在市政廳舉辦宴會，以示對新議會的祝賀。11 月20 日，維多利亞主持新議會開幕式，她在發言中一再表示對新議會的支持，實際上也就是對墨爾本首相的支持。不過長期以來，維多利亞心頭一直懸著一種恐懼，怕有一天她會不得不和墨爾本分手。而議會自從通過了「改革法章」後，輝格黨內閣的勢力便步步跌落。西元 1867 年的大選，只不過是一個先兆。意義她並不知道，她所知道的只是，如果他們一旦失去權力，離開她的身邊，那將是可怕的。

當那個危急的時刻一點點迫近時，她寫道：「我無法形容（儘管我對我們的勝利感到非常有信心）我是多麼沉痛，多麼悲傷，一想到這位卓越而善良的人，可能不再是我的首相了！但是我那熱烈信奉的上帝，祂曾那樣神奇地保佑我渡過了重重難關，這次總不會將我拋棄吧！我本想向墨爾本訴說我的憂慮，可是每次見到他，總是未等開口淚已先流，想說什麼總感到喉嚨像是被哽住了。」墨爾本十分清楚女王此時的心理狀態。一位立憲君主隨時要準備接受反對黨的領袖當她的首相，他盡了最大努力來平靜她的激動，但是沒有用。

　　維多利亞擔心的事情終於發生了。西元 1839 年 5 月，墨爾本內閣因為外交政策危機而被迫辭職，聽到這一消息，女王大驚失色，失聲痛哭。她一時任性，聲稱不願邀請傲慢自負的保守黨領袖羅伯特‧皮爾（Robert Peel）組閣。墨爾本老馬識途，婉言相勸。無可奈何之下，維多利亞不得不按照慣例，授命羅伯特‧皮爾組閣。

　　由於登基以來維多利亞幾乎沒有接觸過保守黨人，所以她對保守黨人帶有明顯的政治偏見，甚至可以說是一種敵意，緊接著爆發的「臥房侍女危機」更加深了女王對保守黨人的成見。

　　羅伯特‧皮爾在接受組閣任務的同時，要求維多利亞更換部分宮廷的臥房侍女，因為她們全都是墨爾本安排的、清一色的輝格黨人及其眷屬，這對即將組成的新內閣顯然是極其不利的。維多利亞十分震怒，認為這是干涉國王的私事，是對王室的藐視，她毫無商量地拒絕了羅伯特‧皮爾。羅伯特‧皮爾在抗爭無效的情況下拒絕組閣，維多利亞遂收回授命，下令墨爾本繼續主持內閣工作。維多利亞女王認為，這是捍衛了立憲君主的權利。

　　她在給墨爾本的一封信中說：「你切勿以為我的行為太輕率……我覺得此是一次嘗試，看看我是否會被當做一個孩子來擺布。」她又帶著勝利者的嘲諷說道：「我很想知道，他們是否想給這些侍女們一些國會裡的席位呢？」

　　女王異乎尋常的熱情，感染了那些老政治家們。儘管他們清楚地知道，至少女王的舉動是否恪守了憲法頗可懷疑；也知道她的所作所為已將墨爾本的忠告完全置於不顧；還知道在事實上取消他們辭職，是毫無理由的，但是在維多利亞的熱情敦促下，這些顧慮全都煙消雲散了，她那堅定

不移的決心，將他們通通捲進了她願望的激流。他們一致認為：「絕不能離棄這樣一位女王和這樣一位女子。」

維多利亞快樂極了，她的朋友又帶著權力回到她身邊。在與保守黨的權力之爭中，她獲得了全面的勝利。

但筆者認為，她的快樂只不過是暫時的。即位初期的維多利亞，還沒有擺脫她少女時代的那份任性。身為一個國家的元首，首先要遵守憲法，不能因個人的好惡，來隨意操縱內閣的組建與解散。這要看執政政府是否有利於國家的利益。身為立憲君主制國家的元首，她沒有權力去改變選舉的結果。除非是一個封建君主制國家的皇帝，才有這樣的大權。雖說導致保守黨未能上臺的直接原因，是羅伯特‧皮爾拒絕組閣，但根本原因還是維多利亞的一意孤行。身為內閣首相，羅伯特有權力為自己的政府鋪一條平坦的執政之路，而維多利亞卻執拗地將其剷斷，這種做法，於國於己，都無益處。所以有人認為，維多利亞初期的作為是失敗的，她將自己推向了一個被人指責的境界。

夫妻合璧興國勢

在維多利亞的舅舅，比利時國王利奧波德一世（Leopold I of Belgium）的決定下，西元 1840 年 2 月 10 日，維多利亞與只比她小 3 個月的表弟阿爾伯特親王（Prince Albert of Saxe-Coburg and Gotha）舉行了結婚典禮。毫無疑問，這是一樁家族聯姻。對這一婚事，維多利亞剛開始時不太感興趣，甚至公開說道：「不怎麼願意見到阿爾伯特，因為這件事情根本討厭。」不過她自小就很尊敬舅舅，曾經在日記中寫道：「聽親愛的舅舅隨便說什麼問題，都好像在讀一本極其有益的書。他的談話是那麼具有啟發

性，那麼明白，他是被大家公認的、當代第一流的政治家。」所以，維多利亞才勉強答應與阿爾伯特見上一面。

但當她見到阿爾伯特時，完全驚呆了。她「全部生命的架子，馬上像一所紙牌搭成的房子，倒塌下去。」她被阿爾伯特的英俊和學識征服了。她和他騎馬、跳舞，一切盡善盡美。在那段時光中，她覺得自己是「人間最幸福的人」。

阿爾伯特為人正直，作風正派。在夫妻二人的領導下，英國王室風氣很正，成為一代楷模，至少在某種程度上，為社會各界和中產階級所效仿。

阿爾伯特還非常關心下層人民的生活，並影響了維多利亞女王對社會問題的態度。墨爾本教她不要讀查爾斯‧狄更斯（Charles Dickens）的《孤雛淚》（Oliver Twist），因為書中描寫的盡是貧童、罪犯以及其他不愉快的事，她用不著去管。然而，阿爾伯特卻把阿什利勛爵請到宮中，並告訴他，當他和女王聽到阿什利在議會中，揭露煤礦場中的童工們所受的苦難時，是如何坐立不安。阿什利邀請阿爾伯特主持勞工之友協會的委員會會議。置政府和宮廷的憂慮於不顧，阿爾伯特出席了會議，在會上，他所表現的興趣使委員會的成員情緒高漲。阿爾伯特還非常關心修建模範工人住宅，以及救苦濟貧等一系列社會問題。

但這位出色的親王在婚後初期，並沒有施展才華的機會。政治上，墨爾本首相一手把持了國君的政治生活，而阿爾伯特只是一個無足輕重的人。維多利亞對墨爾本的親近，遠高於他這個丈夫。而在生活上，身為丈夫的阿爾伯特的作用也十分有限。在女王的全部個人生活中，皇室的總管萊純夫人擁有至高無上的權力。凡事只有事先徵得萊純夫人的同意才能去

做，實際就等於阿爾伯特和維多利亞的夫妻生活，他們的一切細節都在一個第三者的監督之下。這樣阿爾伯特在英國王宮裡只是一個覷膩的青年，每天除了騎馬、打獵和下棋外，就再也沒有什麼事可做了。

阿爾伯特是一位有抱負的青年，對這樣無聊的生活實在是膩煩透頂。他認為自己的智力與政治才能遠超妻子。可是令他極為惱火的是，他發覺自己的影響並不能觸及她內心的一切方面。當他試圖和維多利亞討論政治的時候，女王總是顧左右而言他。另外，兩人的性格愛好也不一：阿爾伯特是在禮儀簡樸、早起早睡的斯巴達式生活中長大的，覺得盛大的宮廷宴會令人厭倦；而女王所喜歡的娛樂，則是通宵地跳舞。

在這樣的環境中，女王夫婦的生活極不和諧，以至於經常發生口角。不過這種情況並沒有持續多久，很快他們就相互妥協、相互適應，感情日趨好轉。在 20 餘年的婚姻生活中，他們一共生了九個孩子，其中的長子即為西元 1901 年繼位的愛德華七世（Edward VII）。而阿爾伯特在政治上的影響力，也逐漸顯現出來。

西元 1841 年，政治風暴再起，輝格黨在議會選舉中慘敗，維多利亞不得不再次授命羅伯特‧皮爾組閣。雖說女王一如既往地討厭他們，但是，由於保守黨在下院占據了絕大多數，其地位現在已能使他們堅持其所要達到的願望了。墨爾本是第一個明白，要盡可能不發生摩擦地完成移權之重要性的人，在他的同意下，阿爾伯特與羅伯特‧皮爾爵士進行了談判。

經過一系列的祕密會晤，就困難而複雜的侍女問題，達成完全的諒解。大家同意不再提那憲法條款，不過保守內閣一旦成立，主要的輝格黨臥房侍女將退職，其位置會由羅伯特所提派的人替代。這樣，儘管不是在

形式上，但女王在實際上已經放棄了西元 1839 年的要求，這些要求以後也再未重提。

這是維多利亞在與內閣鬥爭中的第一次重大失利，從此在臥房侍女的問題上，女王必須聽取首相的意見，就成為英國宮廷中的慣例。這次歷時兩年的「臥房侍女危機」寓意深刻，它說明由多數黨總攬行政權力的「虛君政治」已在英國確立。

不僅如此，在阿爾伯特與女王的關係方面，也發生了巨大的變化。以前的齟齬完全過去了，已消融在婚姻生活的絕對和諧中。維多利亞被一種新鮮的、難以想像的啟悟所征服，將她的全部靈魂都獻給了丈夫。夫妻之間幸福和諧的生活，令她感到十分愜意。維多利亞女王在寫給利奧波德的信中說：「我最親愛的丈夫對我確實是一個極大的安慰。他對所進行的事懷有極大的興趣，體諒我、關心我，又恪守本分地不使我有所偏見，儘管我們交談甚多，但正如你所說，他的判斷總是公正而平和的。」

墨爾本走了，維多利亞開始把對他的依賴性，轉移到阿爾伯特身上。將樣樣事情都和阿爾伯特討論，因為在她內心裡，對羅伯特·皮爾還存在著很大的偏見。

阿爾伯特知道，維多利亞若想成為一名成功、優秀的女王，必須與內閣協調好關係，而他來英國王室的目的，不僅僅是作為女王的丈夫那麼簡單，他還有幫助維多利亞治理好英國的重大責任。

於是，阿爾伯特開始了在女王與內閣之間的斡旋工作。在他的努力下，他已成為女王的私人祕書，她的心腹顧問。每逢女王接見大臣們，阿爾伯特總在場。和女王一樣，他對於外交政策特別感興趣，其他的所有公眾事務，也都可以看到他的影響。其後，維多利亞一方面越來越無條件地

接受他的智力優勢；另一方面，阿爾伯特則越來越全神貫注在上層政治事務，再沒有人稱他為「徜徉藝術的清客」。

離職後的墨爾本，一直孤苦伶仃地過著疾病纏身的生活。維多利亞雖然還經常與其保持連繫，但已不再就國事問題與他商討了，更多的時候，只是作為朋友而連繫著。因為她已經開始逐漸信任新首相羅伯特‧皮爾了。

西元 1848 年 11 月，墨爾本辭世。維多利亞雖然傷心，卻又有一種解脫感。她在寫給舅舅利奧波德一世的信中說道：「聽到這個消息您會很難過，我們那位好心的、親愛的老朋友墨爾本死了……人們不會忘記他是多麼好，多麼善良而慈愛，這勾起我心底的許多回憶，但是，上帝知道，我再不想那個時代重新回來了。」

是的，維多利亞不會再懷念過去的那個時代了，因為她的如意郎君阿爾伯特，已成為她最值得依賴的政治家，他們要開闢一個屬於自己的新時代。

隨著新內閣的組建，阿爾伯特在政治上的影響也大大加強。女王和保守黨，特別是和皮爾內閣的關係也大幅度改善。在西元 1845 年與西元 1846 年的內閣危機中，阿爾伯特扮演了決定性的角色。大家都承認，他是談判的真正中心、君王及各種勢力與職權的實際控制者。英國歷史學家斯特拉奇說：「產生這一結果的過程是循序漸進的，以致令人幾乎無所察覺；然而可以肯定地說，到了皮爾內閣終結之際，實際上阿爾伯特已經成了『英國之王』」。

阿爾伯特除了在政治上充當女王的顧問外，他還熱心支持科學、工業、藝術和許多有益的事業，逐漸博得了人民的廣泛愛戴。

西元 1851 年，阿爾伯特在維多利亞的支持下，成功地籌辦了萬國博覽會，對宣傳英國的實力、促進產品交流、擴大對外貿易有著很好的作用。在展覽期間，成交了數以百萬英鎊計的貨物，大大提高了英國在世界上的聲譽。女王多次駕臨，和成千上萬的民眾在一起，喚起他們的民族自尊心，博得他們深深的愛戴。英國國王從未受到人民如此堅決的擁護。儘管各地的繁榮程度不同，但這一景象使英國人產生了自信心，這種自信心比社會立法活動和進一步改革更有價值。在展覽會閉幕時，女王在寫給皮爾首相的、熱情洋溢的信中，表達了自己無限的滿意，大大稱讚阿爾伯特的傑出表現。

她在寫給利奧波德的一封信中，也毫無保留地述說了自己內心的喜悅。她寫道，5 月 1 日是「我們歷史上最偉大的日子，有著最壯麗、最堂皇、最驚心動魄的空前景象，我心愛的阿爾伯特成功了……這是我一生中最快樂、最得意的日子……阿爾伯特這一最親愛的名字，將因此而永垂不朽」。但阿爾伯特卻因這一連串的工作，嚴重損壞了健康，最終導致他英年早逝。

在籌辦萬國博覽會之前，英國政壇出現了一次較大的風波。西元 1846年，輝格黨人再度掌權，然而這一屆內閣與女王的關係卻明顯惡化，尤其是在外交問題上。維多利亞和阿爾伯特與外交大臣巴麥尊（Henry John Temple, 3rd Viscount Palmerston）意見完全相左，矛盾相當尖銳，衝突時起。巴麥尊在處理外交事務時，基本上是獨斷專行，從來不把女王和阿爾伯特放在眼裡。

特別是在西元 1848 年，歐洲形勢嚴峻起來。在那個革命的年代裡，人民運動蓬勃發展，歐洲王室的噩耗頻傳，一頂頂皇冠落地。阿爾伯特和女王驚訝地發現，英國的對外政策，一直是支持歐洲的自由主義運動甚至

是激進派運動，支持造反派去反對歐洲各國王室。女王和阿爾伯特主張，應與歐洲各國君主團結，透過與各國君主的合作來保持和平，避免發生革命。

當聽說奧地利軍事當局在義大利和匈牙利鞭打起義的愛國者時，巴麥尊怒斥「奧地利人不折不扣地是最殘酷的畜牲，簡直不配稱為文明人」。女王和阿爾伯特當然不願苟同這種態度，而且看不出英國政府有什麼權力，去抗議別國鎮壓國內革命，因為別國在英國鎮壓愛爾蘭革命時，從未提過什麼抗議。

女王和阿爾伯特認為，根據憲法賦予的權力，他們有權審閱巴麥尊發給外國政府的所有檔案。他們不僅堅持這樣做，而且還經常隨意改動巴麥尊擬定的文稿，刪去或緩和那些帶挑釁性的段落。

巴麥尊也不甘示弱，他或是擅自發出未經維多利亞過目的外交公文，或是不向她報告重大的外交活動，根本無視女王。女王在阿爾伯特的支持下，於西元 1850 年召見約翰‧羅素（John Russell, 1st Earl Russell）首相，向他傾訴自己的一腔怒火，並透過首相向巴麥尊轉交一封措辭強硬的信函，強調下列兩點內容：第一，外交大臣必須事先明確陳述有關外交事務的方針和策略，以便女王能清楚地了解自己所批准的文件內容；第二，一切方案一旦經批准，大臣便不得擅自更改或修正，若發生這種情況，將認為這是對君王無誠意的表現，女王將理所當然地行使憲法所賦予的權力，罷免這位大臣。

遵照女王旨意，羅素將這封最後通牒式的御函轉交巴麥尊，巴麥尊僅道歉了事，以後他依然我行我素，女王夫婦毫無辦法。

女王和阿爾伯特親王雖在和巴麥尊的鬥爭中遭到失敗，但並不就此罷

休，他們在等待時機。

西元 1851 年 12 月，巴麥尊向路易・拿破崙・波拿巴——未來的拿破崙三世（Napoleon III）——祝賀法國政變。這一行動在大多數英國人中不得人心，特別是在他的那些激進派支持者中。因此，女王和阿爾伯特趁機說服羅素將巴麥尊攆出外交部。

巴麥尊的去職，令維多利亞夫婦欣喜若狂。阿爾伯特希望格蘭維爾勛爵能夠接任巴麥尊的職位，而格蘭維爾勛爵也果真被任命了。只不過，巴麥尊的失敗是短暫的。六個星期後，巴麥尊在下院搞垮了羅素的政府。離開外交部一年後，巴麥尊又進入了阿伯丁勛爵（George Hamilton-Gordon, 4th Earl of Aberdeen）的政府擔任內務大臣。

西元 1854 年克里米亞戰爭爆發，英國支持土耳其對俄國宣戰。宣戰以前，阿伯丁勛爵在近一年中採取息事寧人的政策設法避免戰爭。而巴麥尊在內閣中卻敦促採取強硬政策，他認為那是阻止俄國進攻土耳其的方法。阿爾伯特支持阿伯丁的政策，草擬了一份備忘錄，附有一項他認為可以防止戰爭的計畫。儘管備忘錄是祕密的，可是阿爾伯特親王的綏靖政策和反對巴麥尊的立場，卻是眾所周知的，故而一度搞得自己十分被動。

因為當時是一片對俄開戰的叫囔聲，並要求巴麥尊領導這場戰爭。而恰在此時，巴麥尊宣布辭職。因此，國民鬱積的怒火爆發了，他們把怒氣傾瀉在阿爾伯特頭上，到處怒罵「女王的丈夫是一個賣國賊，是俄國的走狗，聽從了俄國的指使而迫使巴麥尊離開內閣，他還將英國的對外政策，導向有利於英國敵人的方向」。

這場戰爭的一個令人意想不到的結果，是讓女王夫婦和巴麥尊的關係完全改變了，阿爾伯特和這位大臣懷著對俄國的共同仇恨而走到一起。在

大眾輿論的壓力下，維多利亞被迫於西元 1855 年任命巴麥尊為首相。而巴麥尊在這場戰爭中，也對阿爾伯特的能力與見識由衷地佩服，他在西元 1857 年成功地說服議會，最終滿足女王的願望，將「王夫」（Prince Consort）這一頭銜正式授予阿爾伯特親王。

西元 1861 年，又發生了一場嚴重的外交危機。美國爆發南北戰爭，英國政府同情南方。儘管英國的大眾輿論以前支持美國的廢除奴隸運動，但英國政府認為美國對英國全球霸權的威脅越來越大，因而一心一意要利用這個局勢削弱美國，並盡力促進把美國分成兩個國家。美國內戰爆發幾個月後，一艘美國軍艦在加勒比海阻止並登上英國郵船特倫特號，擄走兩名去歐洲執行外交使命的南方特使。倫敦要求釋放這兩名特使，華盛頓則予以拒絕。

英美雙方群情激憤達到頂點，戰爭一觸即發。在危機處於頂點時，約翰·拉塞爾勛爵寫了一份措辭嚴厲的公文呈報女王，維多利亞交給阿爾伯特審閱。親王意識到，如果該公文一字不改地發出去，戰爭將幾乎成為不可避免的結果。西元 1861 年 12 月 1 日，他寫下修改此公文的一系列建議，使其少帶挑釁性的字眼以便美國政府容易接受。結果，美國作出讓步並釋放那兩名特使，避免了一場可能影響歷史進程的英、美戰爭。

早在當年 11 月，阿爾伯特就不幸染上傷寒，他自己並沒在意，仍舊堅持工作。可無情的病魔日益侵蝕著他原本就虛弱的身體。

12 月 14 日，阿爾伯特陷入彌留狀態。不過維多利亞表現得相當堅強。她在日記中寫道：「這是一個可怕的時刻。但是，感謝上帝，我尚能控制自己，並且十分鎮定，一直坐在他的身邊。」黃昏之時，阿爾伯特走完了他 42 年短暫的一生。此時，維多利亞再也無法保持身為一個女王的

尊嚴，她悽慘的尖叫劃破了死一般寂靜的白金漢宮。在給利奧波德的信中，她發出幾近絕望的悲嘆：「出生八個月便失去父親的可憐孤女，在 42 歲時又成為心力交瘁的寡婦，我一生的幸福完了！」

被稱為「走動的百科全書」的阿爾伯特親王，從與維多利亞結婚的第一天開始，直到去世，都將他全部的精力投注給英國。他的謹慎、才智，使其成為維多利亞及英國的無價之寶。可以說，維多利亞之所以成為大英帝國傑出的女王之一，有一半的功勞應歸屬於阿爾伯特。即使在阿爾伯特逝世後，他的施政綱領仍一直為女王所沿用，最終開闢了輝煌的「維多利亞時代。」

輝煌帝國日中天

阿爾伯特去世後的最初幾年，維多利亞一直走不出喪夫的陰影。她乾脆隱居在蘇格蘭高地的別墅中，避免所有的對外活動，她的女兒愛麗絲（Princess Alice of the United Kingdom）公主則成為她和外界接觸的中間人。所幸英國執政大權掌握在內閣手中，在他們的努力以及維多利亞女王的支持下，英國逐漸走上發展的頂峰。

西元 1848 年，英國生產了占世界產量一半的生鐵，在以後的 30 年中，又使產量增加了兩倍；煤產量也增加了一倍，從 4,900 噸增長到 1 億 1 千萬噸，占世界生產總量的一半以上；英國的國民總收入也由西元 1831 年的 3.4 億英鎊，增至西元 1851 年的 5.233 億英鎊。同時，奉行自由貿易政策的英國，依靠整個世界作為產品市場和原料產地，其棉紡織業不斷在印度和東方開拓市場。

除輕工業品外，重工業產品，特別是機器製造業產品也大量向海外輸

出。西元 1842 年，英國政府取消了機器出口的一切限制，英國機器開始遠銷世界各國。西元 1845 ～ 1870 年的 25 年中，英國機器輸出量增加了九倍。西元 1870 年，英國對外貿易量超過法國、德國和義大利的總和。據統計，在西元 1850 年左右，英國控制了世界 20％ 的貿易量，占工業品貿易的 40％。在西元 1860 年左右，英國占了歐洲對外貿易量的 30％、歐洲出口工業品的 43％。具體地說，英國的出口總值從西元 1830 年的 6,900 萬英鎊，增至西元 1850 年的 1.97 億英鎊。

與商品輸出相應的是資本輸出，且輸出範圍已超出歐、美，包括亞洲、非洲地區。在西元 1850 年以前，對海外的資本輸出最多時達到兩億英鎊，英國的投資者每年從中獲利 1,170 萬英鎊；西元 1856 ～ 1875 年，資本輸出每年平均為 7,500 萬英鎊，其利潤甚至超過每年借出的新款項。對外投資又與商品輸出連為一體：如在印度、歐洲和美洲，投資與當地鐵路建設有關，英國就此大量輸出鐵軌和火車頭。

直到 1860 年代末，英國還完全保持著世界市場壟斷者的特殊地位。從 1870 年代開始，情況發生變化。德國、美國以及比利時的商品，開始在世界市場上和英國的商品競爭。1880 ～ 90 年代，英國雖然失去了在工業上首屈一指的地位，不過仍然保持著銀行資本的強大力量，倫敦仍然是全世界最大的金融市場，直至第一次世界大戰之前，依然保持著這種地位。

與此同時，英國還保持著最大商業國地位。它雖然在發展速度上緩慢下來，落後於美國，可它的工業化程度仍然是世界第一，沒有任何一個國家如同英國那樣，具有工業對農業的優勢。巨大的對外貿易額，幫助英國維持其航海業第一的地位。西元 1890 年，英國擁有全世界商船噸位的 48％，倫敦是世界上最大的港口。

　　總之，19 世紀中期，英國經濟的發展，已在世界上居於無可爭議的領先地位，直至西元 1880 年，它始終是世界上最富裕的國家，享有「世界工廠」的盛譽。

　　這一切都是在維多利亞和英國政府的努力下，政策穩定以及工業革命及其技術進步所帶來的成果。因此，從西元 1850 ～ 1873 年這段時間，常被稱作維多利亞中期大繁榮時代，這是在英國資本主義發展史上，一個前所未有的繁榮時期。

　　在國內經濟欣欣向榮時，維多利亞又在海外大展手腳。在她的批准下，英國開始了一輪瘋狂地擴張殖民地行動。

　　西元 1840 年 6 月，英國以「維護鴉片貿易」為藉口發動侵略中國的戰爭，並很快在武力的威脅下，迫使滿清政府簽訂了割讓香港的《穿鼻草約》。但維多利亞並不滿足，她在西元 1841 年 8 月 24 日英國上議院的書面發言中說：「我很遺憾，英國駐中國特命全權大使和中國政府之間的協商，沒有達到令人滿意的結果。因此，讓女王陛下已派到中國的軍事力量採取行動是必要的。」

　　隨後，英軍擴大對中國的戰爭，占領了其東南沿海的主要城鎮。在此情況下，西元 1842 年 8 月，清政府被迫簽署了包括割讓香港在內的《南京條約》。西元 1898 年，英國又以法國租借廣州灣對香港構成威脅為藉口，在 6 月 9 日強迫中國政府簽署《展拓香港界址專條》。根據這一「專條」，「新界」比原界擴大了差不多 100 倍。至此，英國透過西元 1842 年的《南京條約》、西元 1860 年的《北京條約》、西元 1898 年的《拓展香港界址專條》3 個不平等條約，在 50 多年的時間裡，逐步掠奪了香港島、九龍半島和「新界」地區，實現了其蓄謀已久的野心。

在印度，英國先是利用「東印度公司」對其經濟侵略，到了西元 1849 年，則直接或間接地將印度領土，全部淪陷為英國在東方的殖民地 ──「英印帝國」。

西元 1858 年 8 月 2 日，英國議會通過《關於改善治理印度的法案》，維多利亞正式兼任印度女皇。同年 11 月 1 日，維多利亞發表宣言，宣布改變對印度土邦及其王公的政策。她否認有干涉印度各民族的宗教信仰或宗教儀式的意向，並許給「所有各民族以同樣的平等和公正的法律保護」之後，透過詔告進而聲稱：「朕猶有願為詔告者，凡屬朕之臣民，無論其屬何階級或何宗教，均得充分而自由地錄用於任何官職，唯以其得因教育、能力及忠貞而克盡厥職者為合格」。

另外，女王還承認東印度公司與土邦王公簽訂的條約；尊重土邦王公的權利、尊嚴和榮譽；尊重印度傳統的權利、慣例和風格。她還宣布「朕無意於擴張現有之領域；雖然朕絕不聽任朕之領土或權利，受到任何侵犯而不張撻伐，然而朕亦不准許侵犯他人之領土或權利」。

這只是維多利亞與其大英帝國，瘋狂擴張中的兩個較為典型的事例。除此之外，英國在拉美、大洋洲、非洲及亞洲，也同樣展開了殖民地擴張。到了西元 1914 年，英國占有的殖民地面積達 3,350 萬平方公里，占全球面積的 1／4，占各帝國主義侵占的殖民地領土 1／2，相當於其本國領土的 150 倍；其殖民地人口有四億多，等於本國人口的九倍多，成為一個名副其實的「日不落帝國」！

曲終人散餘音在

　　對於維多利亞來說，西元 1861 年阿爾伯特親王的去世，不僅是她私人生活的轉捩點，也是政治生活的分水嶺。因為失去了阿爾伯特的輔助，她倍感力不從心，也逐漸明白立憲君主的真正許可權及其職責所在，所以她的政治立場發生了相當大的變化。從此以後，她堅決要求了解正在發生的國家大事，也會從以往累積的豐富經驗中，找出向例來比較分析，如果她持反對意見，她會抗議；如果大臣們堅持己見，她就停止抗爭。

　　1870 年代後，維多利亞逐漸擺脫中年喪夫的切膚之痛，開始履行國王的正常職責，進入 80 年代後，一度消失的活力似乎又回到維多利亞身上，她精神抖擻地出現在公共場合，像是音樂會、閱兵儀式和各種典禮上，時常能看到她的身影。在利物浦的萬國博覽會期間，她冒雨乘坐敞篷車穿過擠滿歡迎人群的大街。西元 1886 年，倫敦的「印度和殖民地」博覽會開幕時，她坐在一個耀眼奪目的黃金寶座上，親口答謝各地代表的致詞。

　　西元 1897 年 6 月，維多利亞迎來了人生中最輝煌的時刻，倫敦為她舉行了登基 60 週年的慶典儀式。6 月 22 日，被維多利亞稱為「一個永遠不會忘記的日子」。在她的日記中，我們可以看出這一天是多麼輝煌，「我相信，沒有一個人曾經受到過、我所受到的這樣盛大的歡迎……萬人空巷的情形是筆墨無法形容的，他們的熱情確乎實難能可貴，感人至深。歡呼之聲震耳欲聾，人人似乎都是滿面春風，喜形於色。我非常感動，非常欣慰」。

　　西元 1897 年的慶典喧囂剛剛平靜，英國的輝煌就被第二次波耳戰爭（英國與非洲川斯瓦共和國和奧蘭治自由邦之間的侵略與反侵略戰爭）籠

上了一層陰霾。雖然戰爭以英國人勝利告終，它卻也付出了極大的代價。

在波耳戰爭時期，維多利亞始終關注著戰事的發展。在形勢危急的西元 1899 年夏季，她的焦慮特別加劇。當西元 1899 年底，前方不斷傳來關於損失慘重的戰報之時，英國國內腰桿挺得最硬的就是年邁的女王。12 月 18 日，巴爾弗先生被政府派到溫莎去勸慰女王，但他一開始就直接提到倫敦方面危言聳聽的謠傳，和「凶險的一個星期」的種種不幸，女王則堅決地打斷他的話說：「請了解，這所房子裡沒有一個人憂鬱不安；我們並不關心戰敗的可能性，因為根本不存在這種可能性。」

對瀰漫於溫莎的那種氣氛，巴爾弗先生抱著熱烈讚佩之情回到哈特費爾特。「能從俱樂部和新聞報紙吵吵嚷嚷的悲觀論調中去溫莎，站在獨處於臥房侍女中間的那位矮小老婦人面前，聽她以點首之勞把他們的一切預言一掃而空，確是個極好機會」。

當西元 1900 年春，英軍在前線扭轉戰局，波耳人要求德國從中調停之時，維多利亞下旨給她駐柏林的大使道：「請轉告德皇，全英國上下都和我同抱一個堅定的決心，誓將這次戰爭進行到底而不受任何干涉。和談的時間和條件必須聽我們的決定。」女王的強硬態度由此可見一斑。

第二次波耳戰爭爆發之時，維多利亞已年屆八旬，像她那樣年紀的婦女能經受住那樣的緊張日子，確實非同尋常。對於軍隊在南非一再敗北所加諸國家的恥辱，她頗為敏感，可是她從來沒有比在西元 1899～1900 年冬季的不得意日子裡，更真實地顯示出那種母儀本色。雖然身體日衰，但她仍出入於臣民之間，以親自織成的慰勞品和親手送出的聖誕節禮品來鼓勵戰士，慰勞傷員，撫慰陣亡將士的家屬，告誡和激勵各負其責的閣員。

雖然維多利亞依然在政治舞臺上表現得非常活躍，卻抵不上歲月的風

霜，畢竟她已經是一個耄耋之人了。

從西元 1900 年夏天開始，她的健康狀況日趨惡化，記憶力明顯減退。西元 1901 年 1 月 14 日，維多利亞接見從南非戰場勝利歸來的羅伯茲勛爵（Frederick Roberts, 1st Earl Roberts）。雖然她那天精神不錯，詳細詢問了有關戰況，但 1 個小時後她就堅持不住了。1 月 22 日，82 歲的維多利亞女王悄悄地離開了人間。

遵照女王的遺命，她的葬禮採用陸軍儀式。2 月 1 日，穿過鳴放最後一次禮炮的兩長列軍艦後，皇家快艇阿爾伯特號將女王的遺體自考茲運送到樸次茅斯。2 月 4 日，女王的遺體安葬於佛洛哥摩爾皇陵阿爾伯特親王之側。

維多利亞女王在位 64 年，是英國在位時間最長的國家元首，也是政績出色的元首之一。她的主要功績是開創了一個輝煌鼎盛的「維多利亞時代」，讓英國由一個歐洲島國一躍成為世界的政治、經濟中心。這一切舉措，雖說實權掌握在內閣手中，但若沒有維多利亞的首肯，也不能由議論轉變為現實。

維多利亞帶給歷史的影響，不僅僅局限於英國本土，也給整個世界近代史帶來了天翻地覆的鉅變。在她領導下，大英帝國的侵略與擴張，雖然帶去了深重的災難，同時，卻也將先進的資本主義政治制度，及科技文明傳播到各地，加速這些地區由封建社會向資本主義社會的轉化，加快文明發展的腳步，推進了整個世界的前進。許多專制腐朽的封建王朝在這場狂風暴雨中垮臺，而人民也從此覺醒，在與侵略者的抗爭中，逐漸壯大了自己的力量，並在獨立之後，紛紛走上先進的發展道路。這一點，可以為維多利亞黑色的行為稍稍抹上一道亮色。

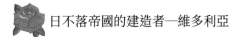

　　遠去了／我們的軍艦消隱／海隅和沙丘上的煙火低沉／啊／我們昨天所有的烜赫與尼尼微和推羅一同消盡／萬國的審判者／還求饒恕我們／恐怕我們忘記——恐怕我們忘記

——《曲終人散》

白衣天使之祖
—— 南丁格爾

　　她毫不謀私，有著一顆純正的心，為了受難的人，奉獻自己的精神和生命。

　　她為臨終者祈禱，她給恐懼的人以平靜。她知道人們有著一個需要拯救的靈魂。

　　傷員們熱愛她，正如我們所見所聞。她是我們的保衛者，她是我們的守護神。

　　祈求上帝賜給她力量，讓她的心永遠不停。

　　南丁格爾小姐 —— 上帝賜給我們的最大福恩。

　　一首讚美南丁格爾的詩，將我們的思緒拉回到 19 世紀。在那個科學與愚昧同在，文明與野蠻同行的時代，誕生了現代護理師的始祖 —— 最偉大的白衣天使 —— 佛蘿倫斯・南丁格爾（Florence Nightingale）。

少女心事向誰訴

　　西元 1820 年 5 月 12 日，佛蘿倫斯・南丁格爾降生在義大利的歷史文化名城佛羅倫斯。她的母親芬妮便以這座城市的名稱為女兒取名，父親威廉也非常喜愛他們的第二個女兒（一年前他們在帕特諾佩有了第一個愛情結晶 —— 帕特諾佩（Frances Parthenope Verney））。

　　南丁格爾擁有一頭濃密的栗色頭髮，一張清秀柔和的臉蛋，優雅出眾。儘管父母和睦，生活祥和、幸福，但幼年的南丁格爾卻顯現出與眾不同的古怪個性。她一向喜歡獨來獨往，很少與朋友們在一起玩遊戲。她倔強而執拗，多愁且善感，常表現出與其年齡不相符的自悲自怨。在 6 歲左右，她就慢慢意識到，這種優裕舒適的生活令她感到孤獨和乏味。她很早

就喜歡寫信給親朋好友，以此排遣小小內心的沉悶。此外，她還熱衷於精心治療養護受傷的小動物，從中獲得無限的樂趣。

父親威廉是南丁格爾童年時代最好的夥伴。他博學多才，愛好廣泛，而且風趣幽默。威廉非常重視女兒的教育，花費了不少心思，為她們的學習做出周密的安排，並依據她們的個性設計不同的發展方向。姊妹兩個都十分聰明，小南丁格爾顯得尤為出色。

西元 1832 年，威廉決定親自教授她們的主要功課。父親的課程安排緊湊而嚴格，帕特諾佩對此相當不習慣，不過南丁格爾卻欣賞父親的風格。她和父親一樣，喜歡嚴謹和精確，熱愛抽象的事物。在父親的教育下，不到 10 歲時，南丁格爾就能自動地用法語來寫日記，堅持了約兩年時間。她還經常寫些筆記，將讀書心得和自己的感想寫下來，這個習慣幾乎貫穿了她一生。

南丁格爾的學習成績十分出色。17 歲前，她就已經讀了英國史、外國史和足夠的小說及詩歌，還研習數學、心理學，對於各門藝術和各國語言，諸如法語、德語、義大利語、拉丁語和希臘語等，都有所了解，這在當時的少女中是十分罕見的。

西元 1837 年，在全家準備到國外旅行的前幾天，南丁格爾坐在恩珀蕾花園兩棵高大的雪松下，突然感受到內心的覺醒。她在日記中寫道：「神召喚我來侍奉祂。」這應該是她長期被心事所困擾而產生的幻覺。然而，在這個神諭中，南丁格爾並沒有聽到上帝叫她具體做哪件事，這使得她既痛苦又迷茫。不過她堅信，自己將成為不平凡的女性，她的命運很可能要與千百萬人的命運連繫在一起。

西元 1837 年 9 月，南丁格爾全家從倫敦出發，坐上由威廉親手設計

的馬車前往義大利。在那裡，南丁格爾不僅感受到了音樂帶給她的愉悅，還感受到義大利奔放自由的熱情。在巴黎，她見到了當時法國上流社交圈中的名人克拉克小姐，並對其與著名學者福里爾的純潔友誼留下極其深刻的印象。南丁格爾由此獲得一種信念，她開始相信，男女之間同樣可以擁有不摻邪念的友情。這後來成為指導她一生的準則之一。

西元 1838 年 4 月，南丁格爾一家回到倫敦。這次旅行讓芬妮看到，自己的兩個女兒都很出色，她準備擬訂更為實用的計畫，將女兒送入上流社會，而各方面都更加突出的南丁格爾，完全可以成為傑出的社交人才。可是南丁格爾心裡逐漸明白，自己首先要克服的誘惑，便是佼佼於社交界的慾望。

母親安排的頻繁社交活動，令她有一種虛擲生命的惆悵與不安。為了讓心靈有所依託，南丁格爾開始認真地研習起數學，並且在其中找到某種寄託和快樂。但由於母親芬妮的堅決反對，南丁格爾不得不中斷數學的學習。

從西元 1839 ～ 1841 年，南丁格爾除了讀書和寫筆記之外，總感覺自己一事無成。她急欲使當前的生活做出改變，卻不知從何著手，只有繼續潛心學習。西元 1842 年，憑著自己的才華和氣質，南丁格爾已經開始進入英國知識界。她秀外慧中，博學多知，並且充滿活力。儘管她對無休止的社交活動不以為然，卻似乎是無心插柳柳成蔭 —— 她不僅在社交方面獲較大的成功，還經常收到愛情的橄欖枝，但南丁格爾對此沒有做出更多的表示。

這一年夏天，英國發生了歷史性的大饑荒，貧民收容所、醫院和監牢中都擠滿了人群。同胞受苦受難的情形讓南丁格爾感同身受，她隱隱地明

白了上帝召喚的含義 —— 為窮人服務，為悲慘的人服務。於是她向母親要來食物、藥品和衣物，去救濟貧民。同時，她將大部分時間都用在幫助貧窮的農家。漸漸地，她感悟到，自己的命運並不在優裕而狹隘的個人天地裡，而是在廣大蒙受苦難的病人當中。不過母親芬妮卻認為，浪費時間去護理那些窮人簡直荒唐無比，她不顧南丁格爾的多次請求，堅決反對南丁格爾的想法。

境遇艱難志自堅

西元 1844 年，南丁格爾在家中與美國慈善家塞繆爾博士交談。她就自己想到醫院去服務一事諮詢博士的意見。博士的鼓勵使南丁格爾豁然開朗。在此之前，她的內心幾度顧慮重重，因為在當時的英國，護理師的工作被認為是低賤的，而且人們認為「醫院」是個可怕的地方。南丁格爾深知，自己所欲從事的工作容易遭到別人的冷眼和非議，尤其是對於像她這樣的貴族少女來說，更需要承受極大的壓力。所以為了慎重起見，她沒有向任何人透露自己的意圖。

她祕密地進行著自己的計畫，希望早日投入到現實工作中去。為此她經常偷偷去醫院調查。透過調查，她相信自己會令目前又髒又亂的醫院得到改變。這期間，南丁格爾照顧祖母和老保母蓋爾太太的經歷也讓她再次相信，自己確實有護理工作的能力，能夠緩解或消除病人的痛苦。

這年秋天，南丁格爾在疾病肆虐的村子裡又照顧了一些病人。這時她意識到，做護理工作不僅應具備態度溫和、富有同情心、耐心等品格，還需要經過訓練才能掌握一定的專業技能，可是周圍沒有人懂得護理方法，於是她開始悄悄地自修護理知識。她做筆記、目錄、比較表，久而久之，

漸漸具備廣泛的衛生知識。這為她以後的工作打下了堅實的基礎。

　　西元 1845 年 12 月，南丁格爾向家人宣布自己的計畫，不料，引起了一場激烈的家庭風波。母親認為她丟盡家人的臉，父親對她感到極度失望。家庭的阻力使南丁格爾心力交瘁，在巨大的精神重壓下，她沒有屈服，而是咬緊牙關，擦乾淚水，繼續自學護理知識。

　　經南丁格爾的請求，本森爵士寄給她有關凱薩偉特婦女牧師訓練班的年報。她很快地意識到，那裡正是能幫她實現夢想的地方。但是她心有餘悸，不敢向母親提出要去凱薩偉特的事。西元 1847 年，家庭的壓力和內心的憂慮使南丁格爾病倒了。南丁格爾的好友塞林娜說服了芬妮，准許由她帶著南丁格爾去羅馬療養。

　　離開家，南丁格爾恢復了心中的熱情。她不僅很快就康復，還在那裡意外地遇到了一位影響她一生的人 ── 錫德尼‧赫伯特。這位英國貴族儘管地位顯赫，家資殷實，卻不喜歡繁華喧囂的社交生活，他把一生都奉獻給了慈善事業。他的夫人麗莎也投入所有的心力去協助他。當時赫伯特正在建設一所療養院，以便使窮人能夠得到救護和治療。

　　南丁格爾和赫伯特一見如故。透過他，南丁格爾還結識了一些有影響力並熱衷於改良醫療事業的人士。同時，赫伯特等人驚奇地看到，除了藝術、哲學等方面的知識以外，南丁格爾尤其對醫療護理方面的知識瞭如指掌，她簡直就是一部活的專業百科全書！她逐漸被業界視為醫院管理和公共衛生事業的專家。赫伯特還表示會全力支持南丁格爾去凱薩偉特學習的想法，並安慰她說，家庭的阻力遲早會化為烏有。

　　回到家鄉後，南丁格爾仍舊在自己的使命感與家人反對的夾縫中痛苦地掙扎著。那些漫長的日子裡，只有在為附近村莊裡那些貧病交加的農民

做義務護理的短暫時間裡，她才能體會到生命的樂趣，才能從痛苦的世界中稍得解脫。由於個人計畫屢屢受阻，她變得魂不守舍，常常茶飯不思，度日如年。

而就在此時，一直愛慕南丁格爾的理查，在苦苦追求南丁格爾七年之後，決定不再等下去了，他要求南丁格爾給他一個明確的答覆，這是一個極為艱難的抉擇。理查曾經給予她很大的安慰，並且令她崇拜，是個可以託付終身的人。然而，在考慮良久之後，南丁格爾還是拒絕了他。強大的信念主宰了一切，她寧可把全部精力放在護理上，而不是按部就班地去當一名貴婦人。南丁格爾以極大的勇氣放棄婚姻，放棄了深愛她的理查。雖然她意識到，他可能是自己此生唯一所愛的男人，雖然她也曾孤獨徬徨，但始終沒有屈服。

那年秋天，深受打擊的南丁格爾精神進入恍惚狀態。好友塞林娜再次說服芬妮，要帶南丁格爾去埃及和希臘散心。但這一次，埃及的優美風光並沒有舒緩南丁格爾的鬱結心情。塞林娜覺察到事態的嚴重，自作主張改變行程，取道柏林，帶南丁格爾前往凱薩偉特。在柏林，剛一接觸到醫院和各種慈善機關，南丁格爾的精神就為之一振，她的心靈開始復甦了。到達凱薩偉特時，她更是以朝聖的心情，重新感受豐富的人生。兩週後離開時，南丁格爾認為自己更有資格當一名合格的護理人員，她覺得，不管是什麼力量也不能再把她壓倒了。

當芬妮知道南丁格爾去過凱薩偉特後大發脾氣，開始禁止南丁格爾出門。南丁格爾陷入了更困難的境地。整整半年時間，南丁格爾被母親軟禁在家中。幾番掙扎與思索之後，她終於意識到，在多年無休止的矛盾與衝突中，自己是被害者而不是加害者，先前那種愧疚於心的感覺逐漸消失了。她決定先去凱薩偉特，在那裡學習兩個星期，然後去法蘭克福做更

系統的學習。家人的阻撓絲毫沒有令南丁格爾退卻，第二天，她便離開了家。

在凱薩偉特，南丁格爾白天在醫院工作，晚上就睡在育幼院。那裡的生活相當艱苦，然而，南丁格爾卻感到無比的快樂，因為她第一次了解到生活的意義。南丁格爾還參加了當時認為「婦女不宜」的開刀手術，對於協助手術的工作，她感到興致勃勃。

就在南丁格爾準備接受更正規的護理訓練時，不幸的事又發生了。父親威廉突患眼疾，要求南丁格爾陪同治療。基於對父親的愛，她只得將自己的計畫全部擱置。在接受治療的過程中，威廉逐漸對家人給南丁格爾的精神桎梏感到不安，最後他已經暗中站在南丁格爾這一邊了。

不久，南丁格爾又尋找機會去法蘭克福，接受更為嚴格的護理訓練。她的行動也得到有識之士的理解和認可，不再是孤軍奮戰了。她決心擺脫家庭的控制，朝自己的理想前進，不再浪費時光。此時，南丁格爾已經32歲，從認定自己的天職是照顧病人到現在，她被家人束縛了將近九年。

戰地聖女美名揚

南丁格爾先是在巴黎修女會醫院擔任志願護理師，不久又在倫敦找到了重建協助貧窮病婦委員會的工作。在那裡，她完全是一位自費的義工。但生活在自己嚮往的世界裡，她感覺十分快樂。她將自己的護理心得寫成一份具有革命性的建議，可惜沒有得到真正的採納。

雖然委員會沒有提供南丁格爾足夠的支持，不過她仍然處處展現出自己的真實才幹。她極力奉獻自己，照顧病人從不落人後；她事必躬親，參

加大量的實地臨床護理工作。她清楚地了解到，一些日常管理工作，像保持醫院收支平衡、改善廚房設施、給病人清潔的病床和良好的飲食等，要比徹夜守在垂死者身邊去安慰他們，來得有用和有效得多。漸漸地，委員會的成員們開始察覺到南丁格爾的無私奉獻精神，她仁愛善良的名聲傳揚開來。到年底時，醫院的面貌已發生非常大的轉變。

從西元 1854 年春天開始，南丁格爾訪問了許多醫院，大量地實地調查，為改善醫院護理師處境蒐集數據；同時，她開始考慮籌建一所學校，用以專門培養合格的、受人尊重的護理師。

這年夏天，英國霍亂大流行，各地醫院都住滿了病人。許多護理師染病死亡，倖存者中的大部分逃離醫院。此時，南丁格爾自告奮勇，前往英格蘭去指導那裡的病人護理工作。她一刻不停地忙著救治患者，辛苦萬分。直到霍亂被遏制住，她的工作量才稍稍減輕。

三個月後，著名作家蓋斯凱爾夫人（Elizabeth Gaskell）來南丁格爾家做客。正逢南丁格爾回家看望父母，兩人一見如故。女作家發現，在南丁格爾優雅風度的背後，還蘊藏著鋼鐵般堅強的個性，她彷彿充滿了力量，高高屹立在上帝締造的萬物之間。

西元 1854 年 3 月，英法聯軍在克里米亞參戰。3 個月後，霍亂開始流行，加上負傷的傷員，登陸的英軍成了傷病大軍。但戰地醫院的裝置十分簡陋，藥品極度缺乏，加上床位和醫生的不足，成千上萬的傷員因得不到治療和照顧而死去。《泰晤士報》的記者報導了此事，並呼籲組織醫護姊妹團以救護戰場上的傷兵。

在南丁格爾看來，34 年來她所經歷的漫長歲月，以及她所做的點點滴滴，似乎都是為了等待這一天的來臨。她迫不及待地寫了一封毛遂自薦

的長信給現任陸軍財政大臣赫伯特，談了組織自願醫護隊的計畫。與此同時，赫伯特也執筆請求南丁格爾能夠勇敢挑起領導遠征護理師隊的工作。因為他明白，在一個紛擾雜亂的戰地醫院工作，必須由具備豐富知識、強烈同情心，並且身體強健、勇氣十足的女性擔任領導職位。而只有南丁格爾才符合這一近乎苛刻的條件。這是一次有趣的巧合，雙方都吐露了自己的心願，並同時得到滿意的答案。而一向站在反對立場的母親，知道這是國家大事，便不再堅持己見。

佛蘿倫斯・南丁格爾被任命為「英國駐土耳其野戰醫院婦女護理師隊」隊長，護理師隊的人數定為 40 人。在當時保守的英國民風中，國家授予大權和重任給一位女子，並派遣她前往戰場，是一項重大的決定和改變。

西元 1854 年 10 月 21 日，護理師隊從倫敦橋出發。她們準備經過巴黎、馬賽，然後坐船前往君士坦丁堡。而此時全國人民都在談論著南丁格爾小姐，上流社會的婦女們開始把學習護理當做一種時髦。

一到馬賽，南丁格爾就趕緊訂購物資。沿途她們受到了熱烈的歡迎。11 月 4 日上午，南丁格爾一行安全抵達克里米亞。工作的地方才是她真正的家，現在她來到這裡，投入了屬於她的世界。

她們所到的醫院，是戰區英屬醫院中裝置最簡陋、建築最古老的一所。院中約有 2,000 多位病人，救護工作全都落在她們肩上。而且，醫院中的悲慘情況，遠遠超出南丁格爾的想像：下水道堵塞、汙水散發著惡臭、地板千瘡百孔、老鼠遍地橫行⋯⋯簡直比地獄還要悽慘！病房內擁擠不堪，但床位仍然不夠，每張床上必須容納四名傷員，危在旦夕的各種傷病員擠滿醫院的每一寸土地；醫療用品、基本生活物資嚴重匱乏。

當南丁格爾步入野戰醫院時，她意識到自己所選擇的事業是多麼地艱難——死神正盤旋在醫院的上空！統計表明：西元 1855 年 2 月，傷病士兵死亡率已高達 50%。而一批又一批的傷病員仍在不斷被送到這裡。

護理師隊住在軍醫院一角骯髒、潮溼的 6 個房間裡。沒有床鋪、被褥，甚至連打掃的工具都沒有。她們只能睡在長凳上。最初，軍醫們有意冷落南丁格爾，因為他們認為像她這樣一位上流社會婦女，對消除戰爭中的慘狀幫不上什麼大忙。南丁格爾並沒有表示不滿，她只派護理師們做些縫補和改善伙食的工作。

臨時醫院的伙食極差，廚房用具也極其缺乏，在南丁格爾到來之前，沒有一餐食物是像樣的。這種惡劣情況，直到南丁格爾開設了小灶才有所改變。後來的五個多月裡，南丁格爾的小廚房成了唯一能夠為傷病員提供合格醫院伙食的地方。而且南丁格爾嚴格遵守管理規定，除非軍醫答應，否則她從不自作主張發放任何食品。

在第一批赤痢及壞血病患者到來之後，各種病患的病員源源不斷地湧向野戰醫院，整整一個冬天都沒有中斷過。在克里米亞地區，由於村莊環境未經任何衛生處理，進駐的英軍全部染上了霍亂。軍醫們手忙腳亂，不得不向南丁格爾小姐求援。

南丁格爾馬上組織護理師隊，迅速用乾草塞滿了一個個口袋鋪在病房裡、走廊中，供病員們躺臥。當時由於條件簡陋，截肢手術就在眾目睽睽之下進行。她最早的幾項改革之一，就是用簾幕遮蔽手術操作，使傷員們不致目睹他們自己遲早也逃避不了的痛苦。

那之後，又有幾船病人接連運抵。新來的病員狼狽不堪，他們個個滿身蝨蚤，連他們自己都向護理師擺手叫她們別靠近。然而當這些傷兵經過

南丁格爾身旁時，她毫無憎厭之色。她把食品送到傷兵面前，並且向政府為無上衣的傷兵申請了近 30,000 件襯衫。每天，她都要仔細了解軍需部門缺乏哪些必需物品，然後再派人買來，按規定發放下去。在態度冷漠的官員們面前，南丁格爾毫不猶豫地用自己的錢買了許多衣服、鞋襪及其他必需品。寒冷的夜裡，南丁格爾堅持一遍遍地巡視病房。當她發現病人們冷得發抖時，甚至會把自己房中僅存的柴火搬來。

後來，南丁格爾又想辦法敦促上級擴建病房。在建築工人因得不到薪資中途罷工後，她又再次動用私款僱用工人加緊趕工，如期完成了工程。同時，她還引進不少醫療裝置。她的做法在醫院中引起相當大的震撼，南丁格爾的能力首次在這裡獲得肯定與尊敬。漸漸地，她的業績轟動了遠近視聽。但就南丁格爾而言，這點成就微不足道。因為她始終認為，她的使命在於向人們，尤其是向當時的英國社會證明，婦女可以在護理工作中發揮重大作用。

在工作中，南丁格爾還要應付護理師們對她的抱怨和刁難。可她毫不動搖，堅持按醫療衛生的規定辦事，毫不放鬆對護理師的要求。

南丁格爾面臨的困難還不止這些。由於赫伯特的一次小疏忽，由瑪麗·史坦利率領的護理師隊來到這裡，增加了南丁格爾開展工作的難度。在此之前，南丁格爾在野戰醫院的殘酷環境中節節勝利，而在史坦利一行到來之後，儘管她仍獲得一些個人的成功，但個人的威信卻大受影響，直到此次使命將要結束時，才重新建立起來。

史坦利一行中有 15 名愛爾蘭修女，她們拒絕服從南丁格爾的領導。而史坦利本人的管理方法完全是貴族式的，凡體力工作都要分給「雜役女工」去做，她的人員只負責發號施令，而且都未按規定穿統一的制服。幸

運的是，史坦利本人經受不了工作的艱辛，後來竟歇斯底里地大叫起來。第二年三月，她再也承受不了，悄悄地回國了。南丁格爾的威信因在史坦利回國前夕，收到維多利亞女王表示讚揚和關切的親筆信，而得到了實質性的恢復。

西元 1855 年 1 月，救援物資仍然未送到前線。南丁格爾在這個時刻成為眾人倚靠的人，同時也是供應物資的調配官，而正如她所說，照顧病人的工作反而是其許多非做不可的工作中最輕鬆的。南丁格爾遇事沉著冷靜、果斷又有才幹，所有人都對她抱以對女神般的尊敬，稱之為「克里米亞的天使」。一位女性能受到軍人如此推崇，實為戰爭史上的奇蹟。

南丁格爾還不停地思考，如何改善醫院中的組織和編製，也不斷地構想具體的提案，以充實醫院內部的一切措施。提案中，有關於醫療看護部隊的創設、士兵食物的調理及分配方式的反思與改善等建議和方案，還計劃設立醫護學校等，同時也強調了醫學上臨床統計的重要性。南丁格爾的這些提案，後來被赫伯特及其他內閣成員在克里米亞戰爭期間，用來作為改善陸軍組織的依據。

西元 1855 年 2 月下旬，新繼任的陸軍大臣潘穆爾勛爵聽取了南丁格爾小姐的意見，派出一個衛生考察團，調查前方醫院和戰地營房的衛生狀況。「這個代表團拯救了英國軍隊」，南丁格爾後來這樣評價。

考察團發現的問題令人忧目驚心，他們在報告中描述野戰醫院的衛生條件之差，用了「簡直是謀殺」這樣的句子。軍方立即組織人手清理醫院的環境。不久，這些措施見效了，死亡率開始下降，一度降低到只有2.2%。士兵們心中充滿了對南丁格爾小姐的感激之情。

西元 1855 年初春，由於過度的操勞加上飲食不良和生活條件極差，

南丁格爾的體力開始走下坡。當病人大批湧進醫院的那段時期，她曾一天24小時站著照顧傷兵，也曾經跪著為傷員包紮傷口達8小時。她甚至規定自己：在自己仔細照顧的傷病員中，絕不可以有因無人照料而死亡的。

每天晚上8點後，南丁格爾便去處理文件或寫信，直到夜深人靜。當人們都已熟睡的時候，她便拉著一位護理師，提著油燈去巡視病房。她常常把手上的油燈輕放在地上，再悄悄地走到傷兵的病床邊，彎著身子觀察，她的臉上充滿著慈愛與祥和。只不過醫院太大，傷兵太多，她不能停留在同一張病床前太久，於是傷兵們只好望著映在牆上的影子送一個飛吻，以示心中的愛意與感激。後來，美國詩人朗費羅（Henry Wadsworth Longfellow）稱譽南丁格爾為「提燈女士」。

南丁格爾不讓病員們喝酒，並鼓勵他們多寫信給在故鄉的妻子。當士兵們意志消沉的時候，南丁格爾不斷地為他們打氣。外科醫生都認為她了不起，因為她能鼓勵將要動手術的士兵，讓他們變得樂觀、勇敢。彷彿只要她在身邊，他們就能得到無比強大的力量，任何痛苦都可以忍受。而且，士兵們也因為南丁格爾而不再口出穢言，言詞方面改善了許多。

南丁格爾的工作室位於醫院一角的一座塔裡，她在那裡用各種語言和各國來訪者交談，而這些來訪者都會帶著感謝和敬佩的心情離去。護理師們便將南丁格爾所住的塔樓稱為「巴比倫高塔」。南丁格爾用布簾把工作室隔開，裡面放著她的臥床，辦公桌周圍堆積著大量的文件和數據。室內十分寒冷，連墨水都幾乎凍結，老鼠在天花板裡跑來跑去。而南丁格爾卻不斷地埋頭寫字，據醫院的職員說，南丁格爾房間中的燈火從未熄滅過。

南丁格爾還幫助傷病員寫信，或為她手下的護理師寫信給遠方的孩子，給陸軍長官赫伯特的信和報告更是從未間斷過。她因為太疲倦，時常

和衣而睡。

由於南丁格爾的努力，醫院裡藥品充足，器械、裝置齊全，還有了洗浴設施，醫療條件大有改觀。醫院的膳食也在她請來的廚師指導下，發生了奇蹟般的變化。於是她決定前往另外兩所野戰醫院。

西元 1855 年 5 月 1 日，南丁格爾渡海到了巴拉克拉瓦。在廢棄的炮臺上，她受到士兵們熱情的歡迎 —— 他們向她獻上由百合與野花編成的花束。長久疲倦的身心被幸福的感覺填滿，南丁格爾哭了。第二天一早，她便開始醫務巡察。看到醫院髒亂的環境、營運的困難及護理師訓練的不足之後，南丁格爾鼓起勇氣，準備向它們發出挑戰。但是，一切尚未開始，她就病倒了。醫生診斷她患了「克里米亞熱病」。她一直昏迷不醒，病情十分嚴重。

整個巴拉克拉瓦都騷動了。所有的士兵都為此悲傷，大家不斷祈禱，願她早日康復。兩個星期中，南丁格爾一直在死亡線上徘徊，直到 5 月 20 日，她才脫離險境，但仍舊十分虛弱，就連靠自己進食都相當困難。經過一個多月的靜養，南丁格爾逐漸康復並基本痊癒。醫生認為，這場熱病恰恰救了她的命，因為她為此被迫休息一段時間，否則她的健康真讓人萬分擔心。

正當南丁格爾準備振作精神重返克里米亞時，新的打擊又降臨了：軍隊的醫務當局不歡迎她。他們感到現在一切就緒，用不著重視南丁格爾的意見了。衛生檢查團交託的工作遲遲未辦，護理師之間也不斷發生摩擦，一些護理師還陸續結了婚以致不能安心工作，她甚至還被誣陷扣壓禮品。南丁格爾的工作範圍又大又吃力，還要應付那些自私自利、無能又惡劣的軍方官員，沒有人比她更辛苦。她常常為了顧全大局而忍氣吞聲，頑強地

工作著。在她看來，重要的是自己必須對病人們負責到底。

在戰爭即將結束時，陸軍醫院內部對護理師隊的工作，出現了各種難聽的批評，不過南丁格爾都默不作聲。一些人說她是貪求名利的女人，就連一些低階軍官也對她冷嘲熱諷，調配處的人對她更是冷眼相待。這些，南丁格爾都一一忍受下來了，在她堅挺的身軀之中，始終蘊蓄著自己的信仰。

儘管戰區的某些人物頻頻向南丁格爾發難，但她的事蹟卻逐漸在國內流傳開來。從前線返回的士兵們，紛紛把南丁格爾的事蹟帶回到英國大眾之中。聽過她的事蹟的人們，將它改編成小曲和詩歌四處傳唱。當時，新聞雜誌上時常可以看到南丁格爾的大名以及歌頌她的詩篇。人們想像南丁格爾的樣子，並把她的肖像製作成信紙的畫面、瓷器上的花樣等等。許多道路、輪船、賽馬和狗，都以弗羅倫斯或南丁格爾來命名。舉國上下，出現了一股「南丁格爾」熱潮。

人們還用募捐的錢成立了「南丁格爾基金會」。基金會成立後，維多利亞女王為了表示由衷感謝之情，特地致信給南丁格爾，稱讚她的功勞「比起勇敢的將士們，有過之而無不及」，並贈送給南丁格爾一枚特別製作的胸針，和一枚鑲有鑽石皇冠的紅琺瑯聖喬治十字勳章。南丁格爾的名氣幾乎達到了巔峰。

戰爭即將結束時，人們都勸南丁格爾回國長期療養，她卻一再堅拒。她說：「除非戰亂平息，除非這裡沒有任何一位傷病員，否則我絕不能離開這裡。」她的個性及純樸的愛心，是她堅持不肯回國的主要原因。在她的一生中，沒有半途而廢的事，而且她不願因為自己的離去，而使得護理師、士兵以及在戰場上所有需要她的人，因失去依靠而變得散漫、無組織

以致前功盡棄。

此時的南丁格爾，又開始計劃爭取改善英軍下級士兵的待遇。她克服了重重激烈的阻力，為他們開闢一間小型的圖書館，還請來老師為士兵講課。截至西元 1856 年春，南丁格爾共創辦了四所軍人學校。每週，南丁格爾還抽出一個下午，勻一點時間為那些想寄錢回鄉的士兵服務，結果每個月大約有 1,000 英鎊被寄回英國本土。後來經南丁格爾的提議，在女王的幫助下，前線的郵局創辦了匯款服務。不到 6 個月，有 7.6 萬英鎊被寄回了家鄉。南丁格爾說：「這些錢全部是在酒店裡節省下來的。」經過她一個冬天的努力，英軍士兵那種酒氣熏天的野蠻形象一去不復返了。

西元 1856 年 3 月，克里米亞戰爭結束了。7 月，南丁格爾小姐終於準備回國。英國各地都計劃著想給南丁格爾一個隆重盛大的歡迎儀式，但都被她一一謝絕。她不希冀個人榮耀，甚至有些害怕。7 月 28 日，她隱姓埋名，隻身回到英國，幾天後，悄悄回到了故鄉。

克里米亞戰爭在英國民眾心中，重新塑造了兩種英雄形象：士兵、護理師。而這兩種形象的評價，之所以產生與以前截然不同的改變，完全是由於南丁格爾的努力造就的。南丁格爾用自己的行動替護理工作這個職業，樹立一個光輝的典範，也為人們帶來了一場重要的變革。

不辭辛勞忘死生

戰爭雖然結束了，可是縈繞在南丁格爾腦子裡的那些嚴酷的現實，那些本來可以預防的疾病、可以避免的災禍仍然揮之不去。克里米亞戰爭中驚人的死傷率，是英國軍隊中不合理軍醫制度的必然惡果，而這樣一個制度卻仍然在運轉著，仍然在謀殺士兵們。拯救英國下級軍人命運的責任，

歷史性地落到了她的頭上。

南丁格爾利用維多利亞女王拜訪她的機會，向女王建議成立一個皇家委員會，調查分析軍隊的醫療衛生狀況。建議被採納後，南丁格爾便一心操持著皇家調查委員會的工作，朋友們戲稱她的住所是英國陸軍的「小陸軍部」，並親切地稱呼南丁格爾小姐為「總司令」。

南丁格爾夜以繼日地工作，她要求同事細緻審慎，一切要從士兵們的利益出發。兩個月後，她寫成了長達 30 頁的《英國軍醫部門的效率及醫院管理 —— 以及影響士兵健康的各種因素調查報告》。這份報告所涉及的範圍極廣，全部論述熱情激昂，至今讀起來仍感人至深。

繁重的工作嚴重影響了南丁格爾的健康，使她常常感到疲倦，但她仍然積極地辛勞著。西元 1857 年 8 月，她又經歷了一次健康危機，不得不躺在軟椅裡，可只要稍有好轉，她就又開始工作。這期間，南丁格爾寫成了厚達 567 頁的《軍醫行政的效率》和《1854 年以來三年間，英國陸軍醫院之帳目明細報告》。她的報告書引起了統計專家的注意；她制定的帳目明細表，成為了西元 1858 年統計學會討論研究的專題。

西元 1859 年，南丁格爾出版了一本論述醫院建設的書 ——《醫院札記》。該書提出的一些觀點 —— 如降低一間醫院的病員死亡率，主要靠改善通風、排水和較好的清潔衛生等。直到今天，這些對於受過專業教育培訓的人，也是有啟發性的。南丁格爾還倡導實行統一登記醫院病人和疾病分類統計的制度，並特地為此設計一些示範性表格。倫敦絕大多數醫院後來都採用了這種登記表。

隨著醫療衛生事業的改進和發展，護理逐漸退居次要地位了。但南丁格爾對這一事業的熱忱絲毫未曾減退。西元 1859 年起，南丁格爾開始籌

備創辦一所護理師學校。籌辦之初，她嘔心瀝血，寫了一本專供一般婦女使用的《家庭護理手冊》，這本書後來成為她最著名、行銷最廣的著作。在當時，它可以說是一部劃時代的著作。它一出版就空前暢銷，增印數版，後來又被人翻譯成法文、德文、義大利文等，影響十分深遠。

西元 1860 年 6 月，在一片嘲諷聲和懷疑的眼光中，南丁格爾護理師學校正式開學，辦學的宗旨是培訓護理師資力量，讓她們能為大醫院和公共醫療機構訓練出合格的人才。每一名學員都是南丁格爾親自挑選的，學校的管理和訓練十分嚴格。數月後，南丁格爾護理師學校的學生以清潔、溫柔、操守良好、行為端正的面貌，出現在病房中實習。學校的形象翻轉，南丁格爾成功地改變了一般世俗的眼光。

西元 1861 年底，南丁格爾又開始另一項新的嘗試，她創立了「助產士培訓學校」。

在此之前，南丁格爾曾經受一次毀滅性的打擊：她的合作夥伴、摯友赫伯特終因勞累不堪去世，這樣一來，本應由赫伯特負責的、關於印度衛生調查團工作的重擔，就移交給她了。南丁格爾親自動手蒐集有關印度的第一手資料，寫成一本 1,000 多頁的調查報告書。西元 1862 年 8 月，她完成了總題為《南丁格爾小姐的意見》的編者按語。儘管南丁格爾本人一生都未曾去過印度，但她在印度事務中所占地位的重要性，遠遠超出她在陸軍部的影響。多年後，她倡導的改革計畫，一項一項地都在印度實現了。

西元 1861 年，南丁格爾結識了一位名叫威廉·班傑明的慈善家，兩人結為好友。受他的影響，此後南丁格爾又開始致力於貧民問題。西元 1865 年 5 月，南丁格爾派遣阿格妮斯護理師長，進入利物浦貧民醫院展開

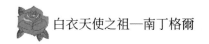

工作。她們的工作取得實質性的突破，贏得了貧民的無限感激。

　　西元 1887 年是英國維多利亞女王登基 50 週年大慶。這一年，英國國內至少有 16 所醫院的院長，都是南丁格爾護理師學校的畢業生。其他一些國家也以南丁格爾創辦的學校為模範，建立了四所護理師學校。至此，可以說南丁格爾已經成功地把護理工作，從社會底層地位提高到了它應有的高度。

　　西元 1880 年 2 月，母親芬妮平靜地離開了人世，這時南丁格爾已經 60 歲了。她的一生中，有超過 40 年的時間都在痛苦的煎熬中掙扎，此時她才終於獲得身心的自由。南丁格爾珍惜每一寸光陰，經常工作到夜深時分。

　　一年又一年的時光流逝，許多親人和朋友都離開了人世，南丁格爾經受了多重生離死別之苦。自西元 1896 年後，她就沒有離開過倫敦的家，剩餘時光都在自己的臥房中度過，不過她不曾離開過自己熱愛的工作。西元 1901 年她完全失明後，仍然請人每天讀報給她聽，做些力所能及的批示。

　　西元 1907 年，英國國王授予南丁格爾榮譽勳章 —— 這種勳章還是第一次授予婦女。

　　不久，南丁格爾陷入了半昏迷狀態。西元 1910 年 8 月 13 日，她沒有留下隻言片語，悄然離開了人世。遵照她的遺囑，棺木被安放在自己家族的墓地中。這位偉大的白衣天使享年 90 歲。

　　佛蘿倫斯‧南丁格爾，她是人間的第一位白衣天使。她賦予了「護理師」這個職業更多的責任，同時也為天下所有的護理師贏得了尊重。

　　但她並不僅僅是改變了護理師們的命運。她慈愛的思想直接挽救了成

千上萬的英國傷病士兵，而被她間接挽救的全世界生命，恐怕是無法計數的。

「紅十字會」，一個在今天幾乎是唯一受絕大多數人認同的組織，它的創始人杜南（Jean Henri Dunant）曾經說：「大家都認為我是紅十字會與《日內瓦公約》的創始人，可是，有關這個公約的產生，是因為受到英國一位女性的強烈震撼，那就是曾經在克里米亞奮戰的南丁格爾……」

是的，南丁格爾不僅在用行動改變著歷史，也在用她的精神改變著歷史。而且深信，如果今天世界上所有的醫護人員都能再次向南丁格爾虛心、認真地學習，那麼未來將會再次被改變 —— 當然，會變得更加完美。

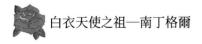 白衣天使之祖—南丁格爾

以色列國母

—— 高塔·梅爾

高塔．梅爾（Golda Meir），一個女人，一個猶太女人。她是猶太人國家以色列的締造者之一，也是歷史上的第一位女總理。

是什麼樣的生活造就了這樣一個女人？是什麼樣的環境催生了這樣一個女人？

這一切的疑問，也許我們可以從她的童年生活中、從她的愛情生活中、從她的婚姻生活中，得到答案。

淒風冷雨少年時

西元 1898 年 5 月，高塔．梅爾出生在俄國的一個猶太人家庭。當時的俄國也是一個反猶太人國家，梅爾的童年因此充滿了她是以色列人的憂鬱和恐懼，心情壓抑，沒有歡樂。

梅爾的家裡很窮，生活艱苦，吃不飽、穿不暖，過著飢寒交迫的日子。她經常在廚房裡淚眼汪汪地看著母親，將本屬於她的一份燕麥粥餵一些給她妹妹。

在當時，俄國有許多反猶法律條約，大多數猶太人只允許住在沙皇政權准許居留的移民區，只有少數猶太人被批准在移民區外居住。然而，不論是住在移民區或區外，同樣備受歧視和迫害，做工得不到工錢，甚至還經常面臨著大屠殺的危險。梅爾的父親是一名木匠，經過考試獲得特權，全家可以住在移民區之外的基輔，可是生存狀況並沒有什麼改善。

後來，她的父親因為找不到工作，決定隻身去美國賺錢。由於父親不在，梅爾她們失去了住在基輔的權利，只好前往沙俄准許猶太人居住的移民區 —— 平斯克。那時生活更加艱辛，只有依賴母親烤製麵包、挨家挨

戶叫賣賺錢餬口，同時靠外祖父接濟，才能勉強度日。

西元 1903 年冬，在俄國的另一座城市基希涅夫，發生了一件震驚世界的、針對猶太人的大屠殺事件。事先有人造謠說，一位猶太人殺害了他信仰基督教的女僕，煽動許多人出來「血腥懲罰」猶太人。復活節那天中午，當教堂鐘聲響起時，一大群城市人就闖入猶太人的住宅和店鋪，搶劫或搗毀一切看得見的東西。警察在旁觀望，視而不見。

黃昏時，搶劫轉為屠殺，那群人用刀子、棍棒拷打和殺害猶太人。直到傍晚 6 時，軍隊開到，大屠殺才停止，但當時已有 45 位猶太人遇害。全世界猶太人得知消息後絕食數日，以示抗議。在平斯克，所有猶太成年人都在教堂裡絕食，還不滿五歲的梅爾也參加了絕食行動。

西元 1906 年，梅爾和母親、姊姊、妹妹終於得以離開俄國，前往美國和父親團聚，結束了充滿恐懼的生活。

到達美國後，她們安家在威斯康辛州的密爾沃基。14 歲時，由於梅爾成績甚佳，希望繼續上學，但父母不同意，認為無此必要。更令她難以忍受的是，父母逼她嫁給一位已過而立之年、經濟富裕的男人。因此，15 歲那年，她在一個深夜偷偷離家出走，乘火車前往丹佛，投奔姊姊。

為了生活，梅爾在丹佛一面上學，一面辛勤工作。夜晚，在姊姊家經常有一批青年聚在一起談論政治，引起她相當大的興趣。其中，有一位名叫莫里斯·梅爾森（Morris Meyerson）的青年，尤其引起她的注意。莫里斯舉止文雅，談吐溫柔，比她大幾歲，喜愛詩、藝術和音樂，是一位沒有固定工作的廣告畫家。他們的交往越來越多，一起前往公園聽免費的音樂演奏會，聽文學、歷史和哲學的演講。日久生情，兩人不知不覺間便墜入了愛河，並私自訂下婚約。

17歲時，梅爾接到父親來信，要她回家，答應她可以讀完高中，然後上師範學院。她同與莫里斯商量後，決定返回密爾沃基的父母家繼續讀書。從此兩人分處異地，只能鴻雁傳情。

可是，雖然梅爾與莫里斯真心相愛，他們之間卻存在著分歧。梅爾參加了猶太復國主義黨，熱衷於回到故國。而莫里斯不以為然，甚至覺得梅爾的夢想荒謬可笑。

西元1916年，莫里斯來到密爾沃基。梅爾表示，自己非常想嫁給他，可是她一定要去巴勒斯坦，懇求他一起前往。莫里斯根本沒打算去巴勒斯坦，他沒有決心能夠面對在巴勒斯坦生活，可能會遇到的困難、危險。結果，雙方均沒有讓步的意思，只好解除婚約。帶著遺憾，梅爾去芝加哥工作。

在芝加哥，梅爾一點也不愉快，想到要在莫里斯和巴勒斯坦之間作出抉擇，就感到非常痛苦。最終還是工作繁忙轉移了她的憂慮，這種投身於繁重工作以轉移注意力的狀況，在她以後的60年人生裡，從未有過多大改變。

西元1917年11月2日，英國發表《貝爾福宣言》，宣布英國「贊成在巴勒斯坦建立一個猶太人的民族之家，並將盡最大努力促其實現」。這個宣言給了一些猶太人極大的鼓舞。

西元1917年年底，梅爾回到密爾沃基。莫里斯來看她，在巴勒斯坦問題上他雖然仍持保留態度，但表示：現在他清楚地知道，他非常愛她，不能與她分離，因此準備和她在世界上任何地方生活，甚至去巴勒斯坦。他態度的轉變，可能是受到《貝爾福宣言》的影響。

西元1917年12月，莫里斯和梅爾結婚。婚後的梅爾忙於復國主義勞

工黨的工作，經常外出旅行，這對莫里斯很不公平，但他表現出了強大的耐心和諒解。出於愧疚，梅爾向他保證，當他們到達巴勒斯坦，她就不再連續外出。不過後來事實表明，她並沒有信守承諾。

西元 1921 年 5 月 23 日，兩人乘船離開美國，於夏天到達巴勒斯坦，9 月底參加默哈維亞基布茲勞動。頭幾天，梅爾的工作是摘杏子，在岩石的夾縫中栽小樹。莫里斯的工作是從岩石山上挖去石頭，開闢土地。這種工作，對一個手持畫筆的畫家來說顯得非常吃力，於是，莫里斯就不常說話。以後，他的話越來越少，對基布茲的生活也越來越不滿。本來他來巴勒斯坦，只是為了深愛的梅爾，猶太復國主義對他來說沒有什麼吸引力。梅爾的想法則不一樣，她對基布茲的一切都感到滿意，這裡有她志同道合的朋友，而且集體生活也很符合她的個性。

轉眼兩年多過去了，梅爾非常愉快，莫里斯則每況愈下，不僅感到不舒服，而且身體也確實有病。熱帶地中海式的氣候、週期性發生的瘧疾、粗糙的食物以及累極的野外勞動，讓他覺得十分辛苦。雖然為了梅爾，他盡了最大的努力，可是情況卻越來越糟。

一天下午，醫生鄭重地告訴梅爾，他們應當盡快離開，除非她想讓莫里斯的病拖成慢性瘧疾。此後多少年裡她一直在內疚，如果當時多照顧莫里斯，多花點時間跟他在一起，莫里斯無論在精神還是身體上，都會好得多；如果她多考慮一下他們的婚姻、他們的家庭，莫里斯就不會一個人孤軍奮鬥，去適應這種對他來說非常困難的生活方式。

西元 1924 年春，他們離開默哈維亞到達耶路撒冷，梅爾開始了家庭主婦的生活。四年當中，她努力成為莫里斯心目中的那種妻子，斷絕與外界接觸，專心於家庭。不過這種生活令她喪氣，她感到違背當初來巴勒斯

坦的目標，沒有盡力幫助建立猶太人的國家，而是關在一棟小公寓內，精心計算如何支配莫里斯微薄的薪水。唯一的成就只有生了一男一女。能不能在當個好妻子、好媽媽的同時，又為自己的事業工作？她決心改變一下。

西元 1928 年，她帶著兒女前往特拉維夫的猶太工人總聯盟工作，莫里斯仍留在耶路撒冷，這實際上代表著她和莫里斯婚姻的失敗。後來，在她回憶往事時，常為這一決定感到後悔，承認她做錯了，這種做法不能使他們的婚姻獲得成功。

祕密會談摧心肝

西元 1947 年 11 月，為了順利實現以色列建國目標，梅爾以猶太人協會政治部首腦身分，要求會見約旦的國王阿布杜拉（Abdullah I of Jordan）。阿布杜拉毫不猶豫地答應，在約旦邊境的納哈雷因一幢民房內與她祕密會面。梅爾帶著猶太人的阿拉伯專家伊利亞胡・沙遜同去赴約。

雙方見面後，一邊喝咖啡，一邊親切地會談。阿布杜拉承諾，他不會參加阿拉伯人對猶太人的任何進攻，他始終是猶太人的朋友。他聲稱自己跟猶太人一樣，認為和平高於一切。最後雙方同意在聯合國投票後，再會談一次。

阿布杜拉承諾不參戰，對猶太人來說當然是夢寐以求的，可是，好夢未能成真。

幾個星期之後，一些消息越來越令梅爾擔憂。這些消息說，阿布杜拉儘管許下諾言，但仍想參加阿拉伯聯盟。這就意味著，約旦很可能會和其

他阿拉伯國家站在一起，反對猶太人國家以色列。

梅爾立即就此事質問阿布杜拉，阿布杜拉對此矢口否認，對梅爾的查問表示吃驚和傷心，並要她記住三件事：他是一位貝都因人，因而是一位君子；他是國王，因而他是君子中的君子；他從來不對女人食言。他抱怨梅爾的擔心毫無道理。然而事實並非像這位國王信誓旦旦說的那樣。西元1948 年 5 月的第一週，約旦加入了阿拉伯聯盟。

梅爾對阿布杜拉的食言感到非常氣憤，她要求與其舉行另一次會談，希望說服他改變主意。倘若約旦不參加戰爭，猶太人不僅免受約旦從東邊的進攻，而且伊拉克軍隊也就難以進入巴勒斯坦參戰。

第二次會談商定在 5 月 11 日舉行。這次，阿布杜拉不願在納哈雷因會晤，認為距離王宮太遠，對他太不安全。若是梅爾要參加會見，她必須去約旦首都安曼。這就等於讓梅爾單獨冒險，而且，他不負責她的旅途安全。

這個條件，在當時阿拉伯人仇視猶太人的背景下，可謂非常苛刻，從這一點就可以看出，阿布杜拉對會談毫無誠意。但梅爾為了國家的獨立，猶太民族的解放，毅然決定前往。

5 月 11 日，埃茲拉・丹林隨同梅爾前往。丹林化裝成阿拉伯人，戴著阿拉伯頭巾。因為他會說流利的阿拉伯語，熟悉阿拉伯風俗，化裝為阿拉伯人不成問題。梅爾則穿上傳統的黑色寬大服裝並戴上面紗，扮成跟隨丈夫的阿拉伯婦女。為了避免有人跟蹤，在到達納哈雷因前，他們換了 3 輛汽車。一路上有好幾次差點暴露身分，都被機智的丹林應付過去，歷盡艱險，終於安全抵達安曼。國王指派了一位親信駕車來接，出於對阿布杜拉本人和梅爾個人等各方面的考慮，車窗拉上黑色布簾，把梅爾和丹林接到他自己家中。

　　稍後，阿布杜拉走了進來。會談開始，丹林擔任譯員。梅爾直言不諱地質問國王，是否背棄了他的諾言。阿布杜拉說，當他許下諾言時，他是單獨一人，可以掌握自己的命運，能做他認為正確的事情。現在，情況變了，他是 5 人中的一人，在這類事上不能由他一人說了算。他的意思是指埃及、敘利亞、黎巴嫩和伊拉克也有發言權。不過，他仍然認為戰爭可以避免。他問梅爾，猶太人為什麼要如此急於宣布成立國家？何必這麼倉促又缺乏耐心。

　　梅爾反駁道，猶太民族等了兩千年，怎能說太倉促？並不是缺乏耐心，而是太耐心了。並問國王，他是否了解，在這一地區，猶太人是他的唯一盟友，其餘都是他的敵人，並警告他，如若把戰爭強加於猶太人，猶太人將奮勇還擊，並贏得勝利。

　　阿布杜拉嘆了一口氣，說他知道猶太人會還擊，但為什麼不能再等待幾年，並在幾年內放棄自由移民的要求呢？幾年後，他將接管整個國家，猶太人會在議會裡占有席位，他會優待猶太人，戰爭也不會發生。

　　梅爾向他解釋，猶太人不會接受他的意見，他們所要求和期望的，並非要在外國議會內占有議席。假若國王不能再次肯定上次會晤的承諾，戰爭必定發生，猶太人終將取得勝利，並建立國家。

　　阿布杜拉毫不在乎地答道，他知道戰爭中的交戰雙方，都將盡其所能來戰勝對方，可萬物有它所依循的發展規律，結局如何，最後才會知道。

　　由於會談雙方無法達到一致意見，只好不歡而散。阿布杜拉起身告辭。

　　女主人在房間的另一頭已擺好一大桌酒菜，邀請兩人進餐。滿懷心事的梅爾一點也感覺不到飢餓，但還是接受丹林的意見，不讓主人難堪。為

了對主人阿拉伯式的親切款待表示領情，她將盤子裝得滿滿的，並撥弄著食物，假裝在用餐。飯後，又參觀了女主人的藏書樓。這時已近午夜，梅爾一想到帶回特拉維夫的消息是約旦將參戰，心情非常沮喪。她雖然竭盡全力，甘冒生命危險，想為自己的民族做點事，卻天不遂人願。她想不通，為什麼猶太人建立自己的國家就這麼困難？

西元 1948 年 5 月 14 日，以色列頂住各方面的壓力，宣布以色列國成立。第二天，約旦、埃及、伊拉克、敘利亞和黎巴嫩等國便大舉進攻，第一次中東戰爭爆發。

在這場戰爭中，約旦軍隊占領了約旦河西岸和耶路撒冷舊城區。戰後，以色列與阿布杜拉進行了長期的談判，但梅爾從未再與這個食言而肥的國王見面。有人告訴她，阿布杜拉曾談到她，說如果有人要對這次戰爭負責，那就是梅爾，因為她太傲慢，不願接受他的建議。梅爾則認為，那晚，當她聽到阿布杜拉要把猶太人作為約旦的少數民族時，她對他十分失望。是的，她的夢想是重建猶太人的國家，而不是像以前那樣，在別人的國家裡看別人臉色。阿布杜拉的想法只是一廂情願，梅爾絕不會同意。

西元 1951 年 7 月，阿布杜拉因中東戰爭失利，被阿拉伯人暗殺。

總理生涯坎坷路

從西元 1965 年起，以色列和周邊的阿拉伯國家時常發生武裝衝突，矛盾日趨激化，戰爭不可避免。

西元 1967 年 6 月 5 日，以色列向埃及、敘利亞、約旦發動突襲，第三次中東戰爭（又稱「六日戰爭」）爆發。戰爭以阿拉伯人慘遭敗北、以色

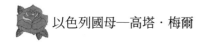

列大獲全勝而告終。

　　透過這場戰爭，以色列占領了耶路撒冷城、約旦管轄區和約旦河西岸、加薩地帶和埃及的西奈半島，及敘利亞的戈蘭高地。這不能不說，是猶太人血腥報復了發動第一次中東戰爭的五國。

　　11 月 22 日，聯合國安理會通過 242 號決議，要求以色列撤出「最近衝突所占領的領土」、「承認該地區每一國家的主權、領土完整及政治獨立」、「在安全及公認的疆界內和平生存」。埃及、約旦和以色列接受了該決議。

　　根據決議，聯合國祕書長任命瑞典駐蘇聯大使貢納爾‧雅林為特派代表，前往中東與有關各國接觸，商討實施決議中各項規定的辦法，以實現和平。

　　雅林前往中東與各方頻繁磋商，但並未產生令人滿意的結果。因為阿、以雙方分歧太大，即使國際上進行各項調解，也未能找到雙方都能接受的解決辦法。阿拉伯方面要求「消除侵略痕跡」，收復戰爭中所有被以色列侵占的土地，先收復失地，再談判實施 242 號決議中的其他條款，不與以色列直接談判。

　　以色列則堅決要求與阿拉伯國家面對面談判，在不放棄這次戰爭中所占領的大部分土地的基礎上，劃定「安全和公認的邊界」。它力求既得到阿拉伯土地，又得到阿拉伯承認。這個想法太過痴人說夢，不是任何一個有自尊的國家所能答應的。阿拉伯國家憤怒了，決心教訓一下以色列。

　　西元 1973 年 10 月 6 日，埃及和敘利亞等阿拉伯國家向以色列發動攻擊，第四次中東戰爭（又稱「十月戰爭」或「贖罪日戰爭」）爆發。在這次戰爭中，阿拉伯國家在政治上取得了勝利，軍事上先勝後敗，打破了以色

列不可戰勝的神話；以色列雖在軍事上先敗後勝，但已不能像以前那樣信心十足，國內出現了悲觀失望情緒。

在這段對以色列來說意義重大的期間內，梅爾一直是以色列的首腦。從西元 1966～1969 年，梅爾擔任以色列執政黨總書記。第三次中東戰爭正是在她的授意下，由以色列的進攻挑起的。在她與助手的協調策劃下，以色列奪取了更廣闊的土地。生存空間是猶太人最需要的，梅爾別無選擇，她決意要為以色列劃定一個足夠的版圖。「六日戰爭」，以色列取得勝利。戰後，梅爾跟許多以色列人一樣，帶著全家「得意洋洋和無憂無慮」地玩了幾天，在新占領的地區內「縱情」旅遊，並宣布不管要失去多少輿論上的同情和金錢，也不管承擔多大壓力，以色列絕不從停火線上撤退。

梅爾的這種做法，令以色列與其周邊國家的關係迅速惡化。以戰爭侵略的手段來鞏固自己國家的地位，是世界上絕大多數，包括猶太民族在內的、熱愛和平的民族所難以接受的。戰爭勝利，傷害的是其他國家的尊嚴；戰爭失敗，則會使猶太民族陷入悲觀的情緒。無論從哪一點上說，都不是個明智之舉，它讓整個以色列，陷入了深深的戰爭泥沼。

在以色列於西元 1948 年 5 月建國後，西元 1969～1974 年，梅爾擔任以色列總理。在她擔任總理之初，一方面對阿拉伯國家的「消耗戰」（小規模的襲擊）「重重地還擊」，另一方面雖表示希望實現和平，但又「拒絕任何有關中東的解決方案」，認為以色列的阿拉伯鄰國一個也不能信任。西元 1973 年 3 月 1 日，她前往美國要求軍事援助，在與美國總統尼克森（Richard Nixon）會談時聲稱：「我們的日子從來沒有這麼好過。」她認為，以色列在軍事上非常強大，並且有美國當後援，阿拉伯人就不會採取軍事行動，僵局對以色列十分安全。保持現狀的時間越長，以色列就越能鞏固它所占據的土地。

「遠親不如近鄰」，梅爾可能不知道這句古語。美國再怎樣支持以色列，在國際輿論的壓力下，也不能輕易地派軍救援。更何況，美國看中的是中東地區豐富的石油資源，而不是一個以色列國。

在西元 1973 年「十月戰爭」臨戰前的一段時間裡，梅爾曾多次召集軍事、情報首腦，研究埃及、敘利亞等阿拉伯國家的軍事動態。與會者一致認定，以色列建國後，與阿拉伯國家多次交戰，每戰皆勝，阿拉伯軍隊不堪一擊。阿拉伯人不會進攻，「戰爭極不可能發生」。阿拉伯人在邊境增加兵力、集結軍隊，只是例行的軍事演習或防範以色列的攻擊。

對時局的錯誤分析，是梅爾的又一次敗筆。以色列到處放火，勢必會引起公憤。以色列軍事實力強於周邊各國，這是事實；阿拉伯國家稍弱，這也是事實；可是，好虎抵不上群狼，這是另一個事實。一個阿拉伯國家難以對抗以色列，但各個國家聯軍征戰，實力絕不可小視。梅爾忽略這一點，便造成了戰爭極其被動的局面，也最終導致了她政治生涯的結束。

10 月 6 日凌晨 4 時，梅爾得到可靠情報，埃及和敘利亞要在下午聯合進攻。她立即召集國防部長在內的 3 位部長、參謀總長開會。經過研討，只決定動員全部空軍和 4 個師的陸軍，而不是總動員。接著梅爾又緊急召見美國駐以色列大使，要他通知美國政府，既然阿拉伯人肯定會被打敗，那麼這場危機一定是由於他們誤解了以色列的意圖而引起的，要求美國緊急轉告蘇聯和以色列的阿拉伯鄰國，以色列無意進攻埃及和敘利亞。

為了證明誠意，以色列決定不進行總動員，梅爾認為這樣戰爭也許可以避免。到此時，以色列對埃、敘有預謀的聯合進攻，還沒有作出正確的判斷。結果，戰事一起，以色列丟失了大片土地，人員傷亡慘重，3 天之內，就損失 49 架飛機、500 輛坦克。

戰爭第七天，梅爾感到武器的極度匱乏。她不分晝夜地打電話給以色列駐美國大使，甚至在美國午夜3時打電話給他，要他立即向美國催詢，並說：「我不管現在是什麼時候，今天我們急需武器，明天可能太遲。」最後，她已無計可施，甚至準備親自去華盛頓，與尼克森總統當面交涉。

幸好在戰爭第九天，美國軍援大批運到，梅爾才免除了一次奔波之苦。

梅爾非常高興，致函尼克森說：「空運真是雪中送炭，它不僅給我們鼓了氣，而且也向蘇聯表明美國的立場。毫無疑問，空運幫助我們取得了勝利。當我聽說運輸機在利達機場降落後，自戰爭開始以來，我第一次流了淚。」也多虧梅爾的再三催促，要是那批軍援無法及時送到，以色列的版圖與今天相比，肯定會有很大差異。

「十月戰爭」對以色列人產生了深遠的影響，以色列不可戰勝的神話如泡沫般頃刻破滅，舉國上下充滿著悲觀失望、暴躁不安的情緒。人民渴望和平，希望這是最後一次戰爭。遊行抗議不斷，其中包括軍人。他們指責軍隊缺乏準備，是由於領導人的錯誤和自滿，要求梅爾和國防部長達揚辭職，並清除所有可能對所發生事件負有責任的領導人，反對黨更是把梅爾攻擊得體無完膚。統治集團內部爭吵不休，互相埋怨和推諉責任。

面對群眾強烈的憤懣、批評和要求，身為政府主要領導人和決策者，梅爾泰然處之，並未引咎辭職。她表示，對大多數批評她都不接受，認為有一部分出於惡意，有些是蠱惑人心。梅爾覺得，她之所以認為不會發生戰爭，沒有在軍事上採取預防措施，是因為受到經驗豐富、在情報工作上有著卓越成就的職業軍人，和最傑出的軍事專家影響，他們都判斷戰爭不會爆發。

但她承認，這場戰爭是她親身經歷的、永遠不會忘記的一場災難和噩夢。戰後，她顯得身心俱疲，非常沮喪，與戰前相比，簡直判若兩人。戰爭把她弄得狼狽不堪，她不僅為以色列受到的慘重損失傷心，而且為以色列的前途擔憂。

最後，梅爾終因在「十月戰爭」中，由於領導不力，判斷失誤，事後又不勇於承擔責任，諉過於下級，以致被人民要求辭職。她試圖組織新內閣，但得不到支持，聲望明顯下降，最後終於在西元 1974 年辭職。

20 世紀中葉以前的猶太人，就如同吉普賽人一樣，是一個世界民族，沒有自己的國家，沒有一個為維護他們的合法權益而努力的政府。第二次世界大戰期間，德國法西斯對猶太人的大肆屠殺行為，幾乎讓這個民族陷入了滅頂之災。雖然西元 1947 年的聯合國會議通過了巴勒斯坦分治的決議，讓猶太人在中東建立起猶太人國家；可是阿拉伯人並不願意在原本屬於自己的土地上，見到猶太人的政權，導致以色列建國的路極其崎嶇。

我們很難想像，若沒有高塔·梅爾，以色列的復國之路還要走多久？國家雖然會建，不過在錯綜複雜的中東，以色列能走多遠？梅爾就像是一位清教徒，為了猶太人復國之夢東奔西走。為了猶太民族能有一個自己的家，梅爾付出了所有的心血。

只不過梅爾自幼便嘗盡猶太人被歧視的辛酸，想為猶太人爭取更大、更多利益的思想，在她心裡扎下了深深的根。正是這種因素，讓她幾乎將中東地區推入數十年的戰火硝煙之中，給中東地區的和平與穩定帶來了變數，也給她的政治生命畫上了一個不完美的句號。

西元 1978 年 12 月 8 日，80 歲的高塔·梅爾離開了這個世界，留給後人的是談論不盡的功過是非。

爲愛而活的聖母

—— 德蕾莎修女

德蕾莎修女（Mother Teresa），一個比上帝更偉大的女人。

上帝在遙遠的天堂，看著被他視為玩具的人類，演出一幕幕悲歡離合的劇目時，一面接受著人類的頂禮膜拜，一面打瞌睡。

只有德蕾莎修女，她不像其他神父、修女那樣，住在教堂裡吟唱無用的讚美詩，她握住各種病人的手，讓他們在生命的盡頭感受到真正的愛；她拉起絕望者的手，讓走投無路的他們燃起活下去的希望。

她創辦的「仁愛傳教修女會」具有近萬人的規模和四億多美金的資產，她的照片曾上過美國《時代週刊》的封面，她曾頭戴諸如劍橋大學、新德里大學、賓夕法尼亞大學和華盛頓天主教大學……這些高等學府頒授的 20 多頂榮譽博士四方帽。但這些所謂的榮耀，比起她那顆慈母的心靈，又有幾分光芒呢？

不落塵埃天使心

西元 1910 年 8 月 26 日，德蕾莎修女出生於馬其頓斯科普里一個富裕的阿爾巴尼亞族家庭，原名阿格尼絲・岡莎・波哈索。後來，她因敬仰法國聖嬰會修女德蕾莎為窮人獻身的精神，改名為德蕾莎。18 歲時，德蕾莎進入愛爾蘭勞萊德修女會學習，其後到印度大吉嶺受訓，從此愛上了這個古老而貧窮的國家。27 歲時，德蕾莎發終生願成為修女，任加爾各答聖瑪麗亞女校的地理和歷史老師。

德蕾莎修女認為，關心最窮苦、最悲慘者，才是上帝的意願。她放棄了清靜舒適的學院生活，甚至退出勞萊德修女會，將自己變成身無分文、一貧如洗的窮人，搬到了加爾各答聲名最為狼藉的貧民區緹亞那，去照顧

那些乞丐、孤兒、病人和流浪者。她深知，只有與他們平等相處，而不是採取居高臨下的施捨態度，才不致傷害他們的自尊，才能拆除他們心中戒備的藩籬。

但是，德蕾莎修女很快就感到了迷茫和絕望，她反覆自問：「在這道以無情和冷酷築就的城牆上，鑿出一兩個缺口，有什麼意義和作用呢？」「為這個地獄裝修一個比較舒適的小角落，而其餘眼見之處都是悽慘之地，又能造福於誰？」

起初，德蕾莎修女的仁愛之舉屢次碰壁。有一回，她送一位垂危的窮人進醫院救治，因為沒有醫療費用，而遭到院方拒絕，待她取來藥物，病人已經成了一具冰冷的屍體。德蕾莎修女憤怒地譴責道：「他們對貓對狗都比對自己的同類兄弟好，如果是他們自己心愛的寵物，絕對不會讓牠就這樣死去！」

不過，這只是短期的絕望和迷茫。德蕾莎修女的學生蘇巴西尼，竟然放棄富家千金的優裕生活，毅然決然地來支持老師的慈善事業。德蕾莎修女因此大受啟發，立刻籌資成立了一個專門無償服務受苦人的「仁愛傳教修女會」。加入此會的修女要遵守天主教常規的三大絕願 —— 絕財（不置私人財產）、絕色（不嫁人）、絕意（不持個人意見，遵從修會之命）。而除此之外，還要向天主許下大願：一生一世、專心一志地為最貧窮的人服務，絕不半途而廢。

仁愛傳教修女會又被人稱為「飛奔的修會」，修女總是面帶微笑，迅速地小跑，目光炯炯地留意周圍。曾有一位印度教徒對她們說：「我知道妳們在這裡幹什麼，妳們從街頭撿來快死的人，然後背著他們到天堂去！」這句話是對她們最好的評價與讚揚。

一次，德蕾莎修女從火車上看見一位流浪漢，坐在鐵路邊的大樹下，面色如灰，垂著頭奄奄一息，她心急如焚，卻無法立刻下車去照顧他；待她從下一個停靠站換乘火車回來，發現他已經嚥氣有一段時間了。她心想，在這位流浪漢臨終前，要是有人肯陪伴他，與他談一談，告訴他生命的終止並非靈魂的盡頭，只是踏上通往天國的回鄉之路，緩解和消除他內心深處的恐懼和孤獨，一定能讓他比較安心地離世。

於是，德蕾莎修女立即又成立了「瀕死之家」，收留那些將死的窮苦人。在「瀕死之家」，修女或修士精心護理那些孤苦無依的瀕死者，握著他們的手，多方撫慰，給他們送去意想不到的臨終關懷。

點滴慈愛匯成海

一生中，德蕾莎修女聽得最多、也是最溫馨的一句話，只有短短的三個字，那就是臨終的窮苦人發自肺腑的感激之詞：

「謝謝妳！」

「即使一位母親遺棄了她的孩子，我也不能遺棄你們。我要將你們握在掌心裡保護你們。」早年曾被耶穌基督的這句話深深撼動心靈的德蕾莎修女，決意將自己的愛和善，送達最黑暗的角落和最悲慘的底層，讓看不到出路的迷途羔羊擺脫被遺棄的痛苦，獲得精神的援救。

痲瘋病在民間又稱蠟燭病，這種病的患者身體的某部分會如同燒熔的蠟燭，完全潰爛，最後導致痛苦地死亡。這種惡疾是貧窮國家的天敵，因為衛生和醫療設施的落後，這種傳染性疾病很容易大面積蔓延。德蕾莎修女卻毫無畏懼地走向那些被社會遺棄的悲慘人群。她從病人潰爛的傷口

中，小心翼翼地撿出蛆蟲，親切地撫摸他們受損的殘肢。她說：「我會向貧窮的人提供愛心的服侍，那是富有的人在別處可用金錢買到的。然而，我絕對不會為了一千英鎊而接觸癩瘋病人，卻會為了神的愛，甘願免費醫治他們。」

德蕾莎修女曾多次去美國照護愛滋病人，在紐約成立了第一家「愛之禮物」收容所，專門收治愛滋病成年患者，由仁愛傳教修女會的修女們提供最人性化的護理服務。

她還為失學兒童創辦流動的露天小學，一邊教育那些淪為文盲的流浪兒童，一邊為他們尋找合適的收養人家。

她甚至把收容所建到緊鄰梵蒂岡的羅馬郊區，為教宗腳下的病弱無依者提供住宿，這對教宗來說無疑是個巨大的諷刺。

當得知蘇聯車諾比核電廠發生核洩漏的消息後，德蕾莎修女立即派人前往該汙染區建立工作站，救助受害者。當時蘇聯政府本來明令禁止任何宗教團體在本國境內興辦慈善事業，但唯獨被德蕾莎修女的誠意所打動，兩年後開了綠燈。

甚至後來德蕾莎修女雖然年過古稀，仍不顧疾病纏身，奔赴飽經戰火摧殘的伊拉克首都巴格達，為殘障和營養不良的兒童創辦收容所……

每當有人問起德蕾莎修女這麼做的原因時，她總是說：「假如我是這位絕望者、這位被遺棄者，我也會渴求他人的愛。」因此她總能這樣設身處地為窮苦無助的人著想，那麼自然而然，那麼誠心誠意。

德蕾莎修女的偉大之處，既在於她無數次的義舉，也在於她純真的理念。

她認為貧苦的人是了不起的。當初，耶穌基督便是窮人，他也曾衣不

蔽體、飢腸轆轆、無家可歸、被人鄙棄、遭人唾罵、受人冷落。因此，她覺得生活在窮人的身邊，便是生活在上帝的身邊；熱愛窮人，便是熱愛上帝。德蕾莎修女說：「能夠彼此相愛的人，是世界上最幸福的人，而我在最窮苦者的身上看到了這份愛。他們愛自己的子女，愛自己的家庭，雖然物質貧窮匱，甚至一無所有，但他們生活過得快樂。」

　　一次，她送去一些稻米給一個斷炊多日的印度教家庭，卻見那個家庭中的母親，毫不猶豫地將稻米一分為二，將其中一份送給隔壁的伊斯蘭教家庭，因為他們也已挨餓多日。德蕾莎修女覺得這種鄰人間相濡以沫的友愛就是偉大！窮苦的家庭可以其樂融融地分吃最後一塊薄餅，不爭不搶，不吵不鬧，而在那些富裕的家庭裡，為財產的分配不均鬧得父子翻臉、兄弟拔刀、姊妹成仇的現象卻屢見不鮮。

　　德蕾莎修女認為，基督的信仰就是愛，金錢並不能使一切問題迎刃而解。因此她更希望人們肯做義工，把自己的愛心面對面地送給窮苦人，而不是捐錢讓她代勞。雖然也有許多慈善家提供衣食給凍餒者，提供住處給流浪者，提供醫藥給傷病者，可是這種居高臨下的施捨，只不過是生存層面上最簡單的援助，治標而不能治本，救命而不能救心。哀莫大於心死，心靈的苦痛才是最可怕的痛苦。

　　德蕾莎修女一生都在送去溫暖如春的愛意、送去親如家人的慰撫，給那些淪落在社會最底層的人，讓他們強烈地感覺到世界上還有人在珍愛他們，從而恢復做人的自尊，這才是生命層面上最真、最好、最徹底的關懷。德蕾莎修女所做的救助工作，也許不能讓那些窮苦人擺脫生活的困境，卻能讓他們從精神的絕境中突圍出來，重新鼓足生活的勇氣。

　　德蕾莎修女從不主動募捐的做法，提供了極大的精神自由給行善的修

女，她們不會攤上仰人鼻息的汙名，也不必看那些施主的眼色行事。德蕾莎修女曾笑著告訴記者：「我從不為錢憂愁，錢卻源源不絕地由天主送來。我們做祂的工作，祂供應物資。如果祂不供給，就表示這工作不是祂想的，又有什麼值得大驚小怪呢？」

從容行善坎坷間

在這個世界上，真心行善也是非常危險的，不知為什麼總有一些流氓要滋事，要撒野，要欺負行善的德蕾莎修女。他們或試圖燒掉康復中心的房子；或劫持幾位修女，將她們推入河中；或找上門來挑釁，矛頭直指德蕾莎修女。面對凶悍的歹徒，德蕾莎修女毫不退縮，而是迎頭喝斥道：「上吧！殺死我，如果你們想這樣的話，就趕緊動手！但不要再干擾我的工作！」那些平時不可一世的流氓，反倒被她的凜然正氣給震懾住了。

一開始，在天主教會內部，即使是苦修的神父也對德蕾莎修女這種全力以赴的仁愛實踐不以為然，甚至認為她是走火入魔了。不過堅定的信仰支撐著她毫不猶豫、義無反顧地走下去。她的成就有目共睹，終於使那些質疑的聲音徹底消失。

這世界總有些奇怪之處，行善者常被懷疑為偽善者，救人者常被指控為害人者。德蕾莎修女一生所受誤解極多，常被流言所包圍：她救治印度教徒和穆斯林，有人便造謠說她想改變他們的信仰；她遊說西方家庭收養南亞孤兒，有人便造謠說她想拐賣兒童。

德蕾莎修女的愛心，自一開始就並非輕而易舉。她的修女們曾被越南、北愛爾蘭、斯里蘭卡政府驅逐出境，在德國柏林，也有流氓跟在她們身後尖聲怪叫：「滾回印度去！」可德蕾莎修女總是愈挫愈勇。

在衣索比亞首都阿迪斯阿貝巴，皇家司法部長曾懷疑她愛護窮苦人的行為，背後隱藏著不可告人的深層動機，總是警惕她的所作所為，還問了她一些尖銳的問題。德蕾莎修女的回答有力地反擊了他的無端懷疑：

「妳期望從我們的政府得到些什麼？」

「我來的目的，只為派遣修女幫助一些受苦的窮人。」

「妳們修女具體會做些什麼？」

「我們會全心全意為那些貧困者中的最貧困者，提供免費服務。」

「妳們有些什麼資歷？」

「我們只是將愛心和憐憫帶給那些沒有愛、被人棄絕的人。」

「妳會不會向那些人傳道，試圖改變他們的信仰？」

「我們的愛心工作，會向那些受苦的窮人見證神的仁愛。」

在這個價值多元化的世界，人們對同一個人、同一件事的評論可能截然相反，這完全正常。以措辭尖酸刻薄著稱於世的美國記者克里斯多福‧希鈞斯（Christopher Hitchens）曾酷評德蕾莎修女為「人民的麻醉師、啟蒙的敵人、霸權的女奴」。

還有人指責德蕾莎修女只致力於改造幾個狹小的角落，對更大的黑暗地帶則視而不見，對窮人的疾苦知其然，不知其所以然，卻從不譴責和抗議如狼似虎的政治體制、殺人不眨眼的權勢集團和不平等的財富分配。這些人認為上述這些事，都比握著垂死者的手重要得多。他們還一口咬定，仁愛傳教修女會善良的修女，幫了那些應該為社會貧困負責的人一個大忙，有了她們卓有成效的工作，剝削集團和地方上的貪官汙吏比以前更加高枕無憂，他們搖身一變，成為一群為修女們奉獻愛心提供「原材料」的功臣！

這些批評和指責太荒唐、幼稚了。以德蕾莎修女的愛心，當然認為大奸大惡也可以得到感化，她也很想這麼做。但是感化幾個這樣的人，對那些窮苦人能有多大意義呢？她不肯介入複雜的政治，只是為了給自己保留有限的工作空間，能使一些窮人得到愛護，能使幾處角落變得光明，總比讓他們得不到愛護，到處一團漆黑要好。

而且，愛不能解決所有的問題，愛不能感化所有的人，對暴政和強權者而言，尤其如此。波斯灣戰爭期間，德蕾莎修女曾致信交戰雙方的領導人 —— 美國的布希總統（George Herbert Walker Bush）和伊拉克的薩達姆・海珊總統（Saddam Hussein），呼籲他們理智一些，珍視人類得之不易的生命與和平。然而這兩人根本不聽她的勸解。槍炮一響，多少生命頃刻間就灰飛煙滅了，稍微幸運的也變成了殘廢。

愛的呼聲在強權政治堅厚冷酷的鐵壁面前，根本無能為力，不過愛的呼聲對於窮苦人而言，則是他們祈求的最高福音。德蕾莎修女曾說：「如果我們不讓這滴甘露掉進苦海裡，苦海裡就會少了這一滴。」只要愛心在，希望便不會滅絕。

愛有許多種，它可能是無言的，是沉著的，是不做反抗的，是逆來順受的。這樣的愛同樣珍貴，它的建設性同樣不可低估。

富有愛心的德蕾莎修女並不呆板，她個性鮮明，談吐風趣，言行常出人意料。

英國資深記者麥高理曾專訪過德蕾莎修女。一開始，麥高理以為自己的嘉賓是一位怕生的、笨拙的受訪對象。在直播現場，她並不像其他名流那樣正襟危坐，面帶微笑，侃侃而談，而是縮成一團陷在沙發裡，嘴裡唸唸有詞，懵然不知全英國的電視觀眾，正目不轉睛地盯著她。

　　但麥高理的提問只維持了短短的幾分鐘，然後德蕾莎修女便一舉廢黜了麥高理主持人的角色，將他變成一位普通的聽眾。她在鏡頭前的演說，思路清晰，言語流暢。若單純從電視製作的角度看，這個完全失控的訪談節目無疑搞砸了，可是它的效果卻出奇地好，簡直可以用轟動兩字去形容。節目播出後，信件和捐款猶如漫天的雪片一樣飛入英國廣播公司。人們都在問：「這個女人很感動我，我該怎樣去幫助她呢？」

　　德蕾莎修女絕不會故作姿態，讓自己在攝影機面前光彩照人，也不會讓自己陷入被動狀態，成為記者和主持人手中任意擺弄的棋子。她面對新聞界，曾用半嘲諷、半調侃的語氣說：「我和耶穌訂了一份合約，記者每幫我拍一張照片，就會有一個靈魂從煉獄中釋放出來。近來喀嚓聲之多，已經把煉獄騰空了。」

　　仁愛傳教修女會的工作重點，除了要讓瀕臨絕境的肉體得救，也要讓瀕臨絕境的精神得救，最終將他們匯入天堂。有一次，身著白衣白袍的仁愛傳教修女會的修女，路經紐約的一座公園，有個睡眼惺忪的流浪漢看見她們向他匆匆走來，不禁大吃一驚，以為是從天而降的使者來迎接他到天堂去，他立刻大聲喊叫道：「我還沒準備好，我還沒準備好！」然後一溜煙逃得無影無蹤。德蕾莎修女每次講完這段趣事，都會強調一句：「這說明了人們究竟對我們有什麼期望！」

　　德蕾莎修女雖然常勸人做善事，可是她的箴言點到為止，猶如春風拂面，總能讓人們欣然接受。西元 1976 年，「聯合國人類居住會議」在加拿大溫哥華召開，德蕾莎修女對衣著考究的加拿大總理杜魯道（Pierre Trudeau）說：「身為一國總理的人，如果穿著更簡樸的衣服，食用更簡單的食物，則全國上行下效，也都過著樸素的生活，那麼就能幫助更多貧困的人。」杜魯道從諫如流，第二天就換掉禮服，穿上普通的運動套裝，

他此舉博得了與會人士的一致好評，這當然多虧了德蕾莎修女技巧性的勸誡。

德蕾莎修女是無畏而慈祥的，她曾在狹窄的小巷中攔住一頭狂奔的瘋牛；她也經常長久地握著一位垂危的癲瘋病人的手，直到他安然逝去。

「將來不在我們手上，我們只能應付今天，要是月球上有窮人，我們也會想去！」這就是德蕾莎修女的浪漫。

聖母愛撒貧民窟

德蕾莎修女被人譽為「貧民窟的聖母」。

她的物質需求非常低，所有的衣物只是三套衣服，從不穿襪子，只穿涼鞋。她的住處除了電燈之外，唯一的電器就是電話，在大熱天，她也不用風扇，因為它是窮人用不起的奢侈品。儘管仁愛傳教修女會所擁有的資產多達四億美金，可是她不設公關部門，所有的信件都親自回覆。她甚至沒有一間像樣的會客室，就那麼赤著腳站在教堂外的長廊上，依次跟每一位來訪的客人談話。德蕾莎修女凡事親力親為，她渾身是病，雙腳因為嚴重的風溼病而變形，但她一生中從未想到過放棄或退休，甚至都未考慮過充足的睡眠。

西元 1969 年，受德蕾莎精神感召的志工，成立了「德蕾莎修女合作者國際協會」，迄今已有近千個機構，數十萬志工。該組織充分展現了仁愛傳教修女會「祈禱、克己和為窮苦人服務」的宗旨，既不要求會員繳納會費，也不挖空心思募集資金，因此被稱為「世界上最無組織的慈善組織」，但它的凝聚力和感召力，絲毫不弱於任何同一性質的慈善協會。

西元 1979 年秋，德蕾莎修女以其偉大的人格，獲得了該年度的諾貝爾和平獎。當年的諾貝爾和平獎授獎公報如是說：

她的事業有一個重要的特點：尊重人的個性，尊重人的天賦價值。那些最孤獨的人，處境最悲慘的人，得到了她真誠的關懷和照料。這種情操發自她對人的尊重，完全沒有居高施捨的姿態……她個人成功地彌補縫合富國與窮國之間的鴻溝，她以尊重人類尊嚴的觀念，在兩者之間搭建了一座橋梁。

可敬的是，德蕾莎修女從不把所獲得的獎章、獎品擺在家中炫耀，而是一拿到獎章、獎品，就想辦法將它們拍賣。她一生獲得過諾貝爾和平獎、印度尼赫魯獎、美國總統自由勳章、卡內基獎、史懷澤獎等 80 餘個崇高的榮譽獎項，她將它們全部拍賣，然後將所得的義款全部用於幫助窮苦無助的人。西元 1964 年，羅馬教宗為表彰德蕾莎修女的仁愛精神，特意贈給她一輛白色林肯轎車，她卻將這件禮品當作抽彩義賣的獎品，用所得的款項在加爾各答建造一所癲瘋病康復中心。

西元 1979 年，德蕾莎修女榮獲諾貝爾和平獎後，她隨即將自己的獎金全額捐出，用於建造醫院，她還建議諾貝爾委員會取消授獎宴會，將節省的 7100 美元贈予仁愛傳教修女會。西元 1992 年，德蕾莎修女剛獲得美國哥倫布騎士團的「喜樂與希望」獎牌，就四處打聽買主，急於脫手，她想讓自己救助的痛苦者和絕望者，早一點看到喜樂和希望的真實存在。這一史無前例的事蹟，更是廣為世人稱讚。

西元 1997 年 9 月 5 日，正當英國王妃戴安娜的葬禮，成為全球各大媒體熱門時，突然傳來德蕾莎修女去世的不幸消息。她的去世好似一位天使的凋零，如同一位慈母的逝世，善良的人們無不為她的逝去掩面而泣。

在印度各地，千千萬萬的普通民眾走上街頭，冒著傾盆大雨慟哭著呼喚他們心中最崇敬的「德蕾莎嬤嬤」，如同迷失在茫茫森林中的孩子呼喚他們的母親。印度政府決定遵從民意，為德蕾莎修女舉行最隆重的國葬。

羅馬教宗若望保祿二世（Pope John Paul II）也決定順應人心，專門為她辦一場私人追思彌撒，還啟動了冊封她為「聖德蘭修女」的程序。各國元首更是爭先恐後地發表電視談話，紛紛表達他們的哀思和敬意。菲律賓紅衣主教梅辛稱德蕾莎修女是「代表和平，代表犧牲，代表歡樂」的象徵。印度最大的一所清真寺的伊斯蘭教長布哈里，也由衷地讚美德蕾莎修女是一位「永生的偉大聖人」……

德蕾莎修女的一生是平凡的，平凡得許多人都不知道世界上曾經有這樣一個人。不過德蕾莎修女更是偉大的，她把愛帶給了窮苦人，她讓許多人記起人間還有「真情」。

雨果（Victor Hugo）說：「生命就是給予。」但德蕾莎修女給予別人的實在是太多太多了，而且不要任何回報，她比任何神明更應該受到人們的尊敬。

她並未改變政治格局，也沒有發明過什麼可以讓社會生產力飛躍的東西，可是她改變了許多人的一生。許多人的一生可以構成一段歷史，改變了許多人一生的德蕾莎修女，何嘗不是在改變人類的歷史呢？

而且，德蕾莎修女改變了公認的慈善觀念。是的，「嗟來食」的態度並不是慈善，只有德蕾莎修女那樣的方式，才是真正對處於弱勢地位的同類的關懷。

在物欲橫流的現代，這位聖母一樣的修女早已被人們忘記。但相信若有一天，全人類都想起了她的時候，我們的世界將會比伊甸園更讓人感到

幸福。就讓我們以一篇讚美詩，來表達對德蕾莎修女的敬佩吧 —— 儘管它不是為德蕾莎修女所做，卻沒有人比德蕾莎修女更適合它：

在這山谷，我們將建立一個家

我們將建立一個家為這全世界

在這山谷，沒有人是孤單的

沒有人是孤單的，因為這山谷是我們的家

告訴孩子們，沒有人是孤單的

沒有人是孤單的，因為這山谷是我們的家

告訴所有的生物，我們將建立一個家

我們將建立一個家，為這全世界

告訴所有的生物，沒有誰是孤單的

沒有誰是孤單的，因為這山谷是我們的家。

托起印度的女人

—— 英迪拉·甘地

　　她生於充滿著神祕色彩的歡喜宮，她長於神奇的恆河水澆灌的土地。

　　她生長於充滿著夢幻般傳說的國度，注定要有著不平凡的一生。她有一位傑出的父親，她受過良好的教育。她在執政生涯中起起落落，她在生活中也是歷盡坎坷。

　　她帶來了多少歡樂與痛苦，喜悅與憤怒給印度人民，也許只有奔流不息的恆河水，才能夠清楚地訴說……

　　她是印度第一位女總理，名字叫做英迪拉·甘地（Indira Gandhi）。

歡喜宮中鳳凰兒

　　西元 1917 年 11 月 19 日，印度北方邦阿拉哈巴德市的歡喜宮主人莫逖拉爾（Motilal Nehru）的長子，潘迪特·賈瓦哈拉爾·尼赫魯（Jawaharlal Nehru）和兒媳卡麥拉要為人父母了。尼赫魯一家盼望著家裡生個男孩，以便傳宗接代。

　　尼赫魯家族不僅是印度一個威鎮四方的大家族，在世界近代史上也算是名聲顯赫。在印度這樣一個多民族、多宗教、文化多元、種姓複雜的國家中，尼赫魯家族屬於高文化層次、高種姓的上等門戶。他們經濟富有，社會地位高貴，家族中多數成員受過良好教育，精通梵文及法律等，學識淵博，志向遠大，爭強好勝。

　　伴隨著一聲響亮的啼哭，一個小生命來到了人間。奶奶第一個從產房走出，她對嬰兒的到來大失所望。

　　莫逖拉爾一眼就讀懂了她的面部表情，隨即扯開嗓門說：「哈拉爾的這個女兒可能勝過 1,000 個兒子！」儘管這麼說，但莫逖拉爾對自己的獨

生子生了個女孩，內心還是有幾分失落。尼赫魯比他父親更開明些，他聽說妻子生了個女兒，還是很高興的。尼赫魯在家人為他的女兒取名「英迪拉」的前面加上「普里雅達希尼」，意思是「美麗的」，可見他對自己的寶貝女兒非常喜愛。家人都親暱地稱英迪拉為「英杜」。

小英杜在歡喜宮裡受到呵護備至的寵愛，特別是爺爺莫逖拉爾，他雖竭力倡導對孩子教育必須嚴格，卻對英杜十分遷就；奶奶對這個小孫女更是偏心袒護。英迪拉自幼聰明伶俐，嫵媚動人，被視為家中一顆掌上明珠。

但隨著歲月流逝，她幼小的心靈上開始留下了不悅和傷痛。姑姑們不太喜歡英迪拉母女，她們常在私下說英迪拉母親卡麥拉的壞話，還嫌英迪拉長得乾瘦瘦小不好看。這使幼小的英迪拉自尊心大傷，為媽媽在這個大家庭中受氣而深感不平，性格慢慢地變得沉默內向起來。從此，英迪拉與姑姑在感情上結下疙瘩，直到她離開人世，這個疙瘩都沒得到徹底解開。

後來，由於英迪拉的爺爺和父親因投身於印度民族解放運動中，先後被捕入獄，小英迪拉就與政治結下了不解之緣。她從小就接觸到不少赫赫有名的民族解放先驅人物，培養了她的愛國心。因此她兒時便脫下了華美的巴黎繡花洋裝，與媽媽一樣穿上自家紡織的、十分粗糙的印度土布，以表示她的愛國熱情，這不是一個尋常孩子所能做到的。英迪拉在童年時期就充滿幻想，想成為法蘭西的巾幗英雄貞德那樣的人物。長大成人後，她曾對記者說過，她一生崇拜兩個人，即聖雄甘地（Mahatma Gandhi）和聖女貞德。她說聖雄甘地給了她身為一個政治家的思想和才智，而貞德則給了她人生的意義與力量。

隨著年齡的增長，英迪拉表現出更強的個性，利用一切機會充分展現

自我。西元 1930 年，聖雄甘地的「第二次不合作運動」在印度如火如荼地展開，當時年僅 13 歲的英迪拉就提出要加入國大黨，因為年齡不足 18 歲，沒有被接納。不過她並不氣餒，自己組織了有上千名兒童參加的「猴子隊」。這在許多大人眼裡不過是個兒戲，但英迪拉可把這當做正事。她說，「猴子隊」功不可沒，在反對英國殖民者的鬥爭中做了許多工作，發揮了成年人無法發揮的作用，而事實也的確如此。

尼赫魯對於自己的獨生女兒寵愛備至，在教育問題上也毫不含糊。無論他在什麼樣的環境中，對英迪拉的學習總是抓得很緊，對她的文化知識、性格與政治意識的培養，更是十分重視。在英迪拉 5 歲時，尼赫魯就從監獄裡寫信給他的父親莫逖拉爾，希望家人抓緊安排她做功課，從小養成她愛學習的習慣。在為英迪拉選擇學校的問題上，這對父女之間還發生過激烈的爭吵。最後父女倆達成妥協：英迪拉不去上學，請家庭教師上門授課。

英迪拉的啟蒙教育問題，經過一場家庭爭執後，剛安排妥當，不料，母親卡麥拉就得了肺結核病，印度國內治不了，只好到歐洲去檢查治療。英迪拉隨父母一起到日內瓦，開始接觸西方世界，接受西方教育，先後進入日內瓦國際學校和貝克斯新聞學校。她很喜歡這兩所學校，並在那裡學習了一段時間。她學習認真，遵規守紀，尼赫魯對英迪拉的在校表現非常滿意。這一段時間，母親接受治療，父親幾乎每天接送女兒上學，寒假帶她去滑雪。英迪拉把這一段時光看成是她一生中最可貴、最快樂，也是最難忘的經歷。

西元 1927 年 12 月，尼赫魯一家三口回到印度，英迪拉又被送進一所教會學校。這裡的學生多是英印混血兒，擔任教師的修女們又多為德國人，以至於整個學校的氣氛比較親英，甚至反對學生舉行印度傳統節日的

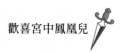

慶祝活動，這樣的學校令愛國情深的英迪拉非常討厭。

後來，英迪拉又被尼赫魯送進浦那學生自立學校，這所學校條件一般，校舍年久失修，學生伙食也較差。來到這裡的英迪拉舉目無親，特別懷念剛剛過世、十分疼愛自己的爺爺，想念久臥病榻的媽媽，更牽掛再次入獄的父親。但她是個堅強的女孩，強忍著悲痛與傷感，努力適應學校生活。不久，她的大姑姑也被捕入獄，姑姑的三個女兒也送到浦那學校，英迪拉不得不擔當起「家長」的角色，照顧三個堂妹的生活與學習。經過這一番磨練，英迪拉變得更堅強和能幹了。

西元 1934 年，英迪拉進入位於孟加拉省桑蒂尼克坦的印度國際大學，這所大學是由印度詩人泰戈爾（Rabindranath Tagore）創辦的。她十分喜歡這所大學，這裡是她離開日內瓦返回印度後，最讓人滿意的地方。英迪拉每天的生活相當有規律，除了系統的文化學習外，還有充足的時間專修印度的音樂、舞蹈、繪畫等古典藝術。泰戈爾當時已有 73 歲高齡，他是一位熱愛祖國，又具有世界胸懷的偉人，大膽地提出「天下一家人，四海皆兄弟」的口號。他辦學的宗旨，是將本校的學生培養成世界公民。因此，英迪拉到印度國際大學後，把泰戈爾當做自己心目中最偉大的人物。

可惜沒過多久，為了陪母親去歐洲治療，英迪拉不得不離開只待了一年的大學。西元 1936 年，母親離開人世，英迪拉悲痛欲絕。每當她回憶失去母愛那種傷痛時，總說這是永遠也難以彌補的。

後來，英迪拉按照自己的意願，於西元 1939 年 2 月考取牛津大學，4月進入該校的薩默維爾學院攻讀歷史和人類學，也學習行政管理和法語，閱讀大量藝術、考古、建築和宗教方面的書籍。

英迪拉在牛津大學學習時，成績一般，有兩次考試不及格，而且她還

沒拿到學位就回印度了。當時仍在獄中的尼赫魯，以為女兒是為了他而中途輟學的，對此感到有些失望。可是英迪拉認為，學校教育不是衡量一個人能力的唯一標準。家庭、社會對人都有潛移默化的影響，她說邱吉爾（Winston Churchill）（英國首相）在學校時成績也很差，最後卻成為英國的偉大人物，也是世界上的偉大人物之一。

的確，就拿英迪拉來說，她從家庭所受的教育，對她的成長與成功，以及日後登上一國權力頂峰所產生的作用，是任何學校都不能替代的。拿身陷囹圄中的尼赫魯寫給英迪拉的 200 多封家書來說，就是一部極全面的教科書。英迪拉也稱這些信件，讓她對真實世界有更多的了解，對她的人生觀形成大有裨益，是其他任何教育都不能比擬的。

尼赫魯在獄外時，更不惜時間對女兒言傳身教，注意培養她的政治悟性，一有機會就以通俗易懂的語言，向她講述世界奇聞、各國概況、人生哲學，帶她參觀各地名勝古蹟，並親自講解，還鼓勵她充分利用歡喜宮內的大量藏書。這些書籍對她認識世界、了解世界大有幫助，極大地影響了她的人生軌跡。而且，由於尼赫魯家族的社會地位，讓英迪拉從小就見多識廣，有機會接觸印度各界人物，甚至是世界名流。除了聖雄甘地和泰戈爾外，在歐洲她還會晤過羅曼‧羅蘭（Romain Rolland）、蕭伯納（George Bernard Shaw）、愛因斯坦（Albert Einstein）和英國工黨的許多要員。

門戶之別誤婚姻

印度是一個多宗教的國家，絕大多數印度人信印度教，其次是伊斯蘭教，還有為數極少的祆教徒。祆教也叫拜火教，這個教派的信徒不贊成與非祆教徒通婚。但偏偏有一個叫費羅茲‧甘地（Feroze Gandhi）的祆教

徒，自從認識了英迪拉後，就深深地愛上她。在第一次寫信求婚失敗後，他又在巴黎蒙馬特大教堂的臺階上，向英迪拉射出邱比特神箭，英迪拉最後終於接受了費羅茲的求婚。

英迪拉和費羅茲的婚事，在印度引起了一場軒然大波，尼赫魯及英迪拉本人都受到了眾多印度教徒的抨擊。不過英迪拉頂住了來自各方面的壓力，堅持與費羅茲於西元 1942 年 3 月 26 日在歡喜宮舉行婚禮。令人驚喜的是，尼赫魯在此前幾個月獲釋，並為這對新人主持婚禮。

那天英迪拉的穿著簡單素雅，沒有華麗的紗麗（印度傳統禮服），沒戴金銀珠寶首飾，她穿的那件紅色棉布紗麗，是尼赫魯在獄中自己紡紗織成的。但素雅的穿著卻突出了英迪拉那種特有的端莊與高貴，兩隻烏黑的大眼睛炯炯有神。費羅茲·甘地更是樸素大方，他穿著一種叫阿其康服的印度傳統白土布長衫，高挺的鼻梁，濃黑的雙眉，顯得與身旁的英迪拉是天生的一對。

正當英迪拉與費羅茲沉浸在新婚燕爾的甜蜜，和喀什米爾的湖光山色、鮮花遍野之時，由於聖雄甘地發起了要英國人「退出印度」的運動，甘地、尼赫魯和國大黨工作委員會全體成員一起被捕，連新婚不到半年的英迪拉和費羅茲夫婦也結束了幸福的生活，在同一天入獄。

在印度政界，坐牢是件光榮的事，人們往往從某某人坐過幾次牢，來判斷他的資歷。這是英迪拉第一次坐牢，她在獄中生活了八九個月，感觸良多。事後，她深感在獄外的見聞與獄內的經歷有著雲泥之別，獄中的生活真是度日如年。不過這場牢獄之災，卻令她的信念更加堅強。

因健康狀況不佳，英迪拉提前獲釋，費羅茲一年後刑滿出獄。兩人買了一棟房子，組建屬於自己的小家庭。這對於費羅茲來說是件好事，因為

結婚後住在尼赫魯家，他心裡總覺得彆扭；可是對於英迪拉來說，這卻是一種失落，她一直懷念著生於斯、長於斯的歡喜宮，於是提出搬回去住。費羅茲雖是個有主見、有個性的人，表面上還是相當隨和，「一如既往」地尊重愛妻的意見，住進了歡喜宮。

西元 1946 年 9 月，尼赫魯結束長達 10 年的監獄生活後，出任臨時政府實際首腦，費羅茲被任命為由尼赫魯主辦、在北方邦勒克瑙出版的《國民先驅報》執行經理。為工作方便，英迪拉也隨費羅茲搬到勒克瑙安家，一家人生活得倒也其樂融融。但英迪拉心中還牽掛著在新德里的父親，經常去看他，並在那裡生活一段時間，再回勒克瑙。

可這樣日子終究不是長遠之策，特別是西元 1947 年 8 月 15 日印度獨立後，尼赫魯出任政府首腦，總理府裡卻沒有女主人。英迪拉有時為了趕回總理府當女主人，就得經常穿梭於勒克瑙與新德里之間。因此，英迪拉決定帶著兩個孩子搬到新德里與父親同住，不時再帶著孩子前往勒克瑙與費羅茲小聚。直到費羅茲在印度第一屆人民院選舉中當選人民院議員，這種兩地分居狀況才告結束。

不過費羅茲搬到新德里後，人雖住進了總理府，心裡並不舒暢，總感到寄人籬下，行動頗受約束。最後他藉口身為議員需要接觸更多的人，住總理府不方便，便搬到政府分配給議員的小平房。搬出總理府後，費羅茲與尼赫魯之間的格格不入更加公開化了，為了維護自己的議員尊嚴，他不止一次頂撞尼赫魯。西元 1957 年，他曾帶頭揭露一起人壽保險公司的貪汙案，導致財政部長辭職。而這位部長是尼赫魯身邊的紅人，此事更增加了岳丈對女婿的不滿。以後，費羅茲雖仍出入總理府，卻已成為不太受歡迎的人了。

隨父從政漸掌權

　　英迪拉搬入總理府後，經過一段時間的見習與磨練，從家庭婦女一躍成為總理府的女主人和女管家。除了照顧父親尼赫魯的生活起居外，還要操持總理府的禮賓行政事務。英迪拉在總理府得到了全面鍛鍊，見習如何當一國總理的各方面。尼赫魯出國訪問時，因為夫人已故，總要帶著英迪拉，讓她充當國家「第一夫人」和總理政治助手的角色。她隨父親走訪了許多國家，參加一些重要的國際會議，使她了解世界形勢，諳熟國際事務。在總理府，她還以女主人的身分接待並結識不少國家的領導人。

　　西元 1949 年 10 月，英迪拉隨同尼赫魯訪問美國，在美國走訪了不少地方，對該國印象深刻，但對東道主的做法非常不滿意。她當時就覺察美國有意軟硬兼施拉印度結盟，要印度支持美國反蘇反共的全球冷戰策略。以後英迪拉又多次去美國，得出一個結論：對美國，在外交上要謹慎從事。

　　西元 1953 年，英迪拉在隨尼赫魯出席英國女王伊莉莎白（Elizabeth II）的加冕典禮後，繞道蘇聯旅行了一個月，走訪不少地方。英迪拉的這次訪問，在她走過的幾個城市掀起一陣「英迪拉熱」，當時在那些地方出生的一些嬰兒，有的甚至取名為「英迪拉」。

　　英迪拉在這樣的家庭，經受的鍛鍊是多方面的。身為尼赫魯的女兒，她隨時可以與尼赫魯討論任何事情，經常與父親交流對政務的看法，她還不時代表尼赫魯出席一些會議，或跟隨尼赫魯參加競選活動。有時一些議員或國大黨黨員要求會見尼赫魯，因故未能如願時，便由她出面接待，了解對方的想法，把他們的意見整理後轉告尼赫魯。

　　在印度第一屆大選前夕，為幫助尼赫魯競選，也為幫助自己的丈夫費

羅茲競選，她不畏艱難險阻，足跡遍及全印度的窮鄉僻壤，有時甚至冒著生命危險。一次，英迪拉乘著一輛簡陋的吉普車，行程 15,200 英哩，共作了 160 次公開演講，當她在一個偏遠小村莊臨時搭起的講臺上發表演講時，反對派組織的群眾在騷亂中向她扔磚頭石子，一顆鵝卵石擊中了她的太陽穴，鮮血直流。英迪拉面不改色，她撩起紗麗的一角，捂住傷處，繼續演講，那慷慨激昂的言詞以及臨危不懼的氣魄，令在場的群眾為之深深折服。

西元 1958 年，英迪拉當選為國大黨議會局成員，次年在那加浦爾國大黨年會上當選為國大黨主席，成為印度舉國公認的、僅次於尼赫魯的二號領導人。英迪拉擔任國大黨主席是她政治生涯中的第一件大事，也是她以後擔任印度總理的一次重要實踐。

就在英迪拉政治地位節節攀升時，西元 1960 年 9 月 8 日，費羅茲因心臟病猝死。英迪拉安葬完丈夫後，強忍悲痛恢復了一切公務。隨著費羅茲的逝世，她和父親更加相依為命了。可是尼赫魯的健康也每況愈下，最終在西元 1964 年 5 月逝世。這是英迪拉遭遇的又一次重大打擊，她悲痛欲絕。

印度政壇中，尼赫魯一死，誰將是他的繼承人問題，被提上議事日程。最後尼赫魯末屆政府的不管部部長夏斯特里（Lal Bahadur Shastri）當上了議會黨團領袖，正式成為尼赫魯的繼承人。

在新政府裡，英迪拉是唯一的新部長，按照她自己的選擇，任新聞廣播部部長，在內閣成員中排名第四，還參加了內閣緊急委員會，年僅 47 歲。

英迪拉擔任部長後搬出總理府，在沙夫達爾瓊路安頓了新家。之後她立即宣布，將像她父親一樣，每天上午 8 ～ 9 點接待來訪者，這顯然也是她為日後當總理的一種熱身操，因為尼赫魯當總理時也是這樣做的。任新

聞廣播部部長的英迪拉，控制著國家宣傳機器，也做了一些改革，人們認為實際上她的政績平平，但她習慣張揚與炒作，加之宣傳機構在手，露面機會遠超過其他閣員。

西元 1964 年 10 月，蘇聯領導人赫魯雪夫 (Nikita Khrushchev) 下臺。英迪拉得知消息後，決定去一趟莫斯科，了解蘇聯人事變動對印蘇關係的影響。英迪拉成了赫魯雪夫倒臺後，第一個到達莫斯科的外國政治家，她得到蘇聯部長會議主席柯西金的當面承諾：蘇聯對印度政策不會改變，而且蘇聯將繼續向印度提供經濟和軍事援助。次年 2 月，她代表夏斯特里去莫斯科，向蘇聯保證印度不會脫離不結盟運動。此外，英迪拉還訪問了美國、法國、南斯拉夫、蒙古、緬甸等國，透過這些活動，提高了她在國內外的知名度。

此外，英迪拉對純屬內政部職能範圍的一些事務也頗為關心。當印度南部地區出現抗議中央語言政策的暴力行動時，她在未受中央委派的情況下親自出馬，和地方當局和鬧事者頭目分別談話，平息騷亂，顯示了她高超的調解能力。在西元 1965 年 9 月爆發的第二次印度和巴基斯坦戰爭中，英迪拉親赴前線斯利那加。當時傳說印巴兩國軍隊已在該地區交火，有人勸她立即返回新德里，不過她執意出席正在舉行的「喀什米爾邦內閣會議」，要求中央政府盡快採取行動。

可圈可點治河山

西元 1966 年 1 月 10 日，印巴塔什干宣言簽訂剛幾個小時，夏斯特里就猝發心臟病，命喪異鄉。夏斯特里的死訊傳到新德里後不到一小時，英迪拉的心腹和好友就匆匆趕到她的住所，鼓動她立刻奪權。但成竹在胸的

英迪拉不動聲色，沒有採取任何行動。到了第五天，國大黨主席登門造訪，告訴她已有 10 個邦的首席部長公開表示，支持提名英迪拉為國大黨議會黨團領袖，英迪拉毫不猶豫地表示同意競選。

西元 1966 年 1 月 19 日清晨，英迪拉先去聖雄甘地和父親尼赫魯的墓地瞻仰，接著前往尼赫魯時代的總理府「三象府」，在她父親的遺像前站立良久。之後，她趕到議會大廈，出席國大黨議會黨團會議。選舉結果很快就公布了，英迪拉以 355 票對 169 票擊敗競爭對手德賽，以 67% 的選票當選議會黨團領袖，成為印度的第三任總理，同時也是印度歷史上首位女總理。

選舉結束後，英迪拉趕到總統府拜會拉達克里希南（Sarvepalli Radhakrishnan）總統，總統邀請她出面組閣。當晚，她在官邸舉行記者招待會，避而不談自己的施政綱領，也沒有做任何口頭承諾，當有人要她談談以婦女身分擔任總理的感受時，她頗為不悅地說：「我並沒有從我是個婦女的角度，來看待總理的工作，如果一個婦女具備了從事某項工作的品格，那就應該讓她去從事那項事業。」

1 月 24 日，英迪拉・甘地在總理就職儀式上莊嚴宣誓。從此，印度的歷史篇章翻開了嶄新的一頁。

英迪拉上臺之初雖然缺乏威望和經驗，不過她很快就適應身為一位領袖的生活。

她能迅速地作出重大決策，甚至比她父親在權力鼎盛時期還更加果斷。英迪拉是個工作狂，她身為總理的生活是嚴格而有序的，從早到晚時間排得滿滿。她每天黎明即起床，先進行一番晨練，然後瀏覽當天的報紙，了解國內外大事；接著處理她的首席祕書送來的急件；並且沿襲父親

的慣例，每天早上 8 點至 9 點接見來訪的群眾，然後到內閣所在地正式上班。

一般情況下，她到辦公室後就與高級官員討論重要的政務問題。倘若是議會開會期間，則每天要花兩三個小時坐在議會大廈裡聽會。晚上她一般要到七八點鐘才回家，而且到家後，還要跟閣員們以及黨務工作者通話，直到晚上 9 時才用餐。晚餐前她才有時間與家人在一起短暫地休息、聊天，飯後又把自己關在書房裡，看書報和閱讀檔案。她訂閱了大量的報紙雜誌，包括美國的《星期六評論》、《新聞週刊》；英國的《星期日泰晤士報》、《觀察家報》；法國的《費加洛報》等等。由於生活有規律，英迪拉在執政期間，始終能保持旺盛的精力，這使她輕鬆地承擔了治理國家的重擔。

英迪拉在政治上沒有什麼固定的信條和理論，執政中的她只是視情況對尼赫魯的思想作些闡述而已，例如對「社會主義」一詞，她也常說社會主義是印度「唯一出路」之類的話，但又說「社會主義不過是一種工具」，要是有其他更有效的工具，也會加以利用。她基本上遵循尼赫魯制定的大政方針，也結合自己的想法做了許多調整。如經濟上，她堅持「混合經濟」政策，發展公營部分，對私營部分則逐漸放鬆控制。

在談到印度奉行不結盟的對外政策時，英迪拉認為，一個國家的外交政策必須以它的歷史和地理背景為基礎，印度的外交政策是不結盟的，可是又不拘泥於「不結盟」這個詞的含義。這就令印度有了極大的靈活性，為印度創造有利的外交條件。根據印度不結盟的外交政策宗旨，英迪拉接任總理後，積極開展對外交往。

她會見的第一個外國人是美國駐印度大使，他帶來了詹森總統（Lyndon Baines Johnson）邀請她訪美的信件。英迪拉上臺後第一次出訪就前往美國，受到詹森總統的熱情接待。詹森總統在白宮主持歡迎宴會時，稱她為「一位善良而又文雅的朋友」，並讚揚尼赫魯也是「我們的朋友」。英迪拉在訪美期間並沒有嚴厲批評美國的越南政策，這主要受印度國內經濟形勢所制約。當時印度嚴重缺糧，急需美國的糧食援助，而且英迪拉剛剛上臺，各方面都想得到美國支持。為了印度的利益，英迪拉可謂是委曲求全。

訪問結束時，美國答應馬上援助印度 350 萬噸糧食和 9 億美元非指定用途援助。作為交換條件，印度同意給予美國投資者與印度本國資本家「同等待遇」，並接受了印度歷屆政府都拒絕接受的印美教育基金，這可說是開創了印美外交的新局面。

英迪拉上臺以來，在一系列重大的內政外交問題上的決策，充分顯示出她是一位精明又講究實際的政治家。她博覽群書，廣泛接觸各種流行思潮，這讓她沒有一些領導者頑固的毛病。她的治國之道是在尼赫魯建國方略的基礎上，根據實際需求進行或左或右的調整，是對尼赫魯執政風格的一種仿效和發揚光大。

和尼赫魯一樣，英迪拉時刻注意保持自己的公眾形象，只要有空，她就微服私訪，會見民眾，特別重視那些社會最底層的平民，如穆斯林、賤民、城鄉貧民等。哪裡出現重大災情，她就會出現在哪裡，慰問災民，幫助解決困難。在攝影記者拍下的眾多珍貴照片中，人們經常會看到她乘坐普通的吉普車，奔波在塵土飛揚、崎嶇不平的鄉間小路上的形象；或者看到她身穿白布紗麗、和藹可親地穿行在人群之中，後面跟隨著大批支持者的場面。

西元 1972 年，印度出現全國性的旱災。天災人禍，疫情蔓延，貪汙盛行，老百姓怨聲載道。人們視線轉向兩件事，而這兩件事都與在內（選舉）外（印巴戰爭）春風得意的英迪拉有關：一是英迪拉派國大黨，為第五次大選所募集的競選資金下落；二是英迪拉‧甘地的小兒子桑賈伊‧甘地（Sanjay Gandhi）的以權謀私問題。英迪拉這名女強人，從此開始走下坡路。

印度開國總理尼赫魯在為政黨募集競選資金上，要比女兒清廉得多，他曾諄諄告誡女兒：「永遠不要在為政黨募集資金時，玷汙自己的手指頭。」可是，英迪拉沒把慈父的教導記在心上，她直接插手這筆資金的募集與分配。人們不能不疑惑「裝滿現金的提包」怎麼被直接帶進總理的家裡。加上英迪拉的小兒子桑賈伊，他一無資金，二不懂技術，居然在短時間內開起了一家造價數百億盧比的轎車工廠，一時成為印度上下議論的焦點。

英迪拉政府的不廉潔內幕暴露了。一時間各派力量開始攻擊英迪拉，在這種不利的形勢下，她曾考慮過辭職，但在其次子的鼓動下，頂了一陣子。在一片反對聲中，她於西元 1975 年 6 月 25 日，宣布在印度實施「緊急狀態法」。英迪拉對這一行動解釋說，這就好像「要治好一個病人的病，有時要多給他吃點苦藥……」

為了平息國內外輿論，她宣布了「二十點經濟綱領」，桑賈伊則弄了個「五點綱領」。這「五點綱領」從內容上無可指責，確實適合印度的國情，如真付諸實行，對印度、對英迪拉都是件好事。但問題是，桑賈伊打著這「五點綱領」的旗號，從中撈取政治資本，伸手抓權。

桑賈伊的行為引起全國上下的指責，各黨派更是群起攻之。西元 1977

年 3 月的第六次大選中，國大黨（英迪拉派）慘敗，英迪拉母子雙雙落選。英迪拉害怕新上臺的人民黨制裁她，連夜召開內閣會議宣布取消「緊急狀態法」，並於 3 月 23 日在最後一次內閣會議上，宣讀她的辭職宣告。

經過 3 年的臥薪嘗膽，西元 1980 年 1 月的大選中，英迪拉終於東山再起，又一次以 2 ／ 3 的多數獲得壓倒性優勢的勝利，再次就任總理。當時印度國內及執政黨內問題成堆，國大黨（英迪拉派）江河日下，她本人也已年過花甲，體力每況愈下，換班與接班問題勢在必行。英迪拉早就有意傳子接班，對比兩兄弟，英迪拉還是先扶植次子桑賈伊接班。為適應桑賈伊接班的需求，她特別組建了一個年輕化、新面孔居多的領導團隊。

此時由桑賈伊領頭的國大黨青年組織也力量猛增，英迪拉傳子接班的步伐隨之加快。不幸的是，西元 1980 年 6 月 23 日，桑賈伊突然墜機身亡。這一突如其來的打擊使英迪拉心如刀絞。桑賈伊的死對她是最大、最殘酷的打擊，她的精神支柱幾乎徹底崩潰，尼赫魯全家幾代人為之奮鬥的事業幾乎失傳了。儘管長子拉吉夫（Rajiv Gandhi）沒有桑賈伊那種橫衝亂闖勁，英迪拉擔心他頂不住政治舞臺上殘酷的鬥爭，但此時別無選擇，只能由拉吉夫來填補這個空缺了。

英迪拉最後一屆任期內，印度的民族、教派矛盾嚴重，騷亂迭起。鄰近巴基斯坦的旁遮普邦是錫克教徒和印度教徒聚居的地方，相互之間的經濟利益與宗教衝突日甚。為制止錫克教徒的騷亂，西元 1984 年五、六月間，英迪拉冒天下之大不韙，下令進行「藍星行動」，派西部軍區司令率兵掃蕩「金廟」，也就是令她備受抨擊的血洗「金廟」軍事行動。這次行動中，錫克教頭目飲彈身亡，成千上萬的人倒在血泊中。此舉立刻激起印度國內外錫克教徒的憤怒，教派敵視與對立達到白熱化程度。錫克教的教徒開始策劃刺殺英迪拉行動作為報復。

西元 1984 年 10 月 31 日，英迪拉生命的終點到來了。這一天，在寓所和辦公室之間，她被信仰錫克教的衛兵連擊 31 槍，被送抵醫院後，終因搶救無效，於當天下午 2 時 35 分死亡。

身為印度的第一位女總理，英迪拉‧甘地對印度的影響力，可以說從登上總理寶座之前就開始了。自從當上總理後，她施展了巧妙的外交手腕，竟使美、蘇兩大霸主被玩弄於股掌之間，對她又愛又恨。這確實給印度的自由發展，創造了難得的好機會。

英迪拉‧甘地實質上從她父親尼赫魯執政時期，就一直左右著印度的命運。如果沒有英迪拉‧甘地，脾氣暴躁的尼赫魯不知會鬧出多大的麻煩。

雖然在晚年時期英迪拉‧甘地爆出了種種醜聞，以致晚節不保，但相信印度人民仍然會愛戴、尊敬她。因為她畢竟在一生中的大部分時間裡，都在將印度推上正確的、能夠穩定發展的道路上。

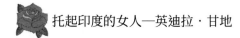

阿根廷，別爲我哭泣

　　── 伊娃・裴隆夫人

「別為我哭泣，阿根廷啊！真相是我從未放棄，我曾受過的傷，我曾遇到的艱難，走上那條荊棘路，永不回返⋯⋯

別為我哭泣，阿根廷啊，我是阿根廷人，我屬於你們，永遠，永遠⋯⋯」

瑪丹娜（Madonna Louise Ciccone）的一曲〈阿根廷，別為我哭泣〉，讓所有阿根廷人禁不住潸然淚下。每當響起這首歌，即使歌曲的主角已經辭世，「無衫者」（這本是反對派對裴隆主義者的蔑稱，但被裴隆主義者欣然接受。在裴隆主義黨的詞彙中，「無衫者」這個詞泛指勞工階層和人民群眾）們，依然會懷念起她的音容笑貌，為她在天堂上的靈魂默默地祈禱。究竟是誰能有如此的魅力，穿梭了半個多世紀的時空，仍舊在人們心目中熠熠生輝？她就是被譽為「國家靈魂、民族的精神領袖」的伊娃‧裴隆夫人。

風霜坎坷愁煞人

西元 1919 年 5 月 7 日，阿根廷的潘帕斯草原降生了一名神奇的女嬰 —— 瑪麗亞‧伊娃‧杜亞爾特（Eva Perón）。伊娃是私生女。母親胡安娜的祖先是西班牙冒險家，身上還融合著印第安勇士的熱血。胡安娜美麗、聰明、勤勞、能幹，熱情似火，心高氣傲，野性難馴。但這樣一位類似於卡門的天生尤物，卻未能嫁得如意郎君。

由於家境貧寒，父母無力為她置辦像樣的嫁妝，媒人都不肯邁進她家的門檻。最終，富裕的小地主於連‧杜亞爾特，僅用一匹馬和一輛舊車的代價，便將她納為外室 —— 在那個移民如潮的時代，和遷徙頻仍的地區，這種現象是普遍存在的。

杜亞爾特與胡安娜生育了 5 個孩子，1 男 4 女，瑪利亞·伊娃是他們最小的女兒。他們住在鎮中心一幢有院子的平房裡，僱了一個保母照顧他們的日常生活。有時杜亞爾特的正室格里索利雅太太，也到洛斯托爾多斯鎮來看望她的丈夫。由於這種微妙婚姻的有關各方處置謹慎，一時倒也相安無事。

可惜好景不長。在瑪利亞·伊娃不滿週歲時，杜亞爾特先生回到了奇維科依鎮他的正室夫人那裡。從那以後，胡安娜和她的孩子們就開始過上清苦的生活。她們一家不得不遷出原居，搬到簡陋的住房棲身。為了貼補家計，胡安娜整天幫別人做縫紉活。最使她們難堪的還不是貧窮，而是鄰里街坊有人當著她們的面，對她們冷嘲熱諷。

伊娃 6 歲時，父親在一次車禍中喪生。胡安娜得知消息後，急忙帶著孩子們去奇維科依鎮奔喪，卻被拒之門外。經過雙方一番據理爭辯，最後在鎮長的調解下，才允許胡安娜和孩子們進去看一眼杜亞爾特先生的遺容。在出殯的時候，她們也被安排在隊伍的最後方。伊娃當時雖然少不更事，但對這一幕肯定難以忘卻。

即使在如此艱難的條件下，倔強的胡安娜仍舊沒有沉淪。她是剛強的，是那種捶不扁、煮不熟、嚼不爛的銅豌豆。她把所有的希望都寄託在幾個孩子身上，不僅要做一位慈母，而且要做一位了不起的母親。她咬緊牙關，無論怎樣受苦受累，被人侮辱，只一心一意賺錢養家，供 6 個孩子上學。她決心不讓他們重複自己的悲劇命運。

在胡安娜的兒女中，唯獨伊娃的性格酷似母親，一樣的意志堅強，一樣的志存高遠。「我們是比別人貧窮，卻比大多數人更高貴。貧窮並不等於自甘下賤，只要挺得過一道道難關，總會有出頭之日。」伊娃小小年

紀，就把母親的這句教導牢記心間，無論同學怎樣欺負她，罵她野種賤貨也好，朝她吐唾沫也罷，或是更過火地使出猥褻手段；也不管遭到老師怎樣的歧視和虐待，她都能忍，把流出的淚水再吞回肚裡去。

貧窮的生活，屈辱的日子，在伊娃幼小的心靈中種下了仇恨的種子，她恨自己貧窮的家鄉，恨那些恃強凌弱的無恥之徒，她暗暗發誓，有朝一日，定要出人頭地，為貧苦之人謀求公平的待遇。

伊娃在小學唸書的時候，在老師的印象中，是一個「黑頭髮，皮膚白得像瓷器，自我專注、內向、敏感，身體單薄」的小女孩。伊娃一度幻想成為藝術家，一個自由自在的創作者，有自己的舞臺，有自己的作品，有自己的觀眾群，更重要的是，有自己的領地。在那裡，她是公主，是女王，一切由她說了算。此時，她的偶像是國際電影明星瑙瑪・希拉（Norma Shearer）和葛麗泰・嘉寶（Greta Garbo），在她眼中，她們無異於夢幻王國超凡脫俗的兩位女神。

也許上天嫉妒伊娃的才貌，也許是要讓她在深深的挫折與痛苦中學會堅強。對伊娃來說，接踵而來的災禍，無疑是她心中永遠也抹不去的陰影。

西元 1934 年夏天的某日，伊娃和姊姊去小鎮上買東西，途中，一輛豪華轎車突然在姊妹倆身旁停了下來，兩個衣冠楚楚、頗具上流社會高貴氣派的男士下了車，彬彬有禮地向她們問路。伊娃指明了方向，那兩位男士顯得非常感激，表示樂意載她們一程。看上去，他們頗有誠意，不像是壞人，再說，坐豪華轎車她們還是打出娘胎頭一遭，兩姊妹欣然同意了。

結果，她們很快就發現自己上了賊車，車子飛快地開進一片偏僻的樹林，那兩個傢伙剝下全副偽裝，露出淫邪的真面目，兩姊妹見此陣仗，又驚又怕。由於勢單力薄，結果慘遭蹂躪。世間有幾人真正同情受害的弱

者？到頭來，不僅討不回公道，洗刷不了恥辱，反而遭到全鎮人的唾棄，那話可是極刺耳、極難聽的：「胡安娜和她的女兒個個都是婊子！」「臭肉才有蒼蠅叮！」伊娃天性孤潔，現在身受奇恥大辱，自然是痛不欲生。她發誓要報復那些上流社會的衣冠禽獸。

「塞翁失馬，焉知非福」，這次恥辱的遭遇更堅定了伊娃的決心，讓她決定放棄平淡而又清貧的生活，去開拓一個屬於自己的時代。

15 歲的伊娃，毅然乘火車離開家鄉，到了阿根廷的首都布宜諾斯艾利斯。那時的布宜諾斯艾利斯沒有幾個像樣的劇團，伊娃又沒有熟人相助，只能在巡迴劇團中偶爾找到幾個小角色演演。在她到達布宜諾斯艾利斯的頭幾年，收入低，而且不穩定，一個月才一二百比索，還要寄點錢給家裡。因為囊中羞澀，只能住簡陋的客棧，有時還要忍飢挨餓。

幾年之後，伊娃開始在廣播劇中嶄露頭角。在那個年代，廣播是十分重要的傳播媒體，聽眾非常多。而阿根廷的廣播事業很十分發達，在美洲僅次於美國，居第二位。伊娃善於扮演經歷無數磨難最後得到幸福的、窮苦家庭出身的女孩角色。可能是因為與自己身世相仿的緣故，她可以把這類角色表演得唯妙唯肖。之後她又自組廣播劇團，在布宜諾斯艾利斯著名的電臺演出，聲名鵲起，月收入增加到 5,000 多比索。她終於獲得成功，成為一名電臺演員。

對伊娃來說，她的少年時代是苦澀的，隻身在布宜諾斯艾利斯戲劇界的 10 年闖蕩，也充滿艱辛坎坷。所以伊娃成名後，不太願意談她的過去。可是揮之不去的苦難歲月，在伊娃心中留下難以磨滅的痕跡，培養了她對窮苦人深刻同情，和對社會不公現象強烈憎恨的秉性。這是她在未來的道路中，邁出的堅實的一步。

「女神」情感阿根廷

近百年間，阿根廷政局一直動盪不寧，政權更迭有時甚至比季節更替還快。政權交替太快，高官不安其位，因此加重了對老百姓的搜刮與盤剝。苛政猛於虎，生活在底層的勞工階級艱於喘息，難於生存，無不對狠如蟊賊的統治者深惡痛絕。

動盪的政壇，對伊娃產生深重的影響，她似乎感到，從前的夢想就要實現了，她要抓住這個機遇。她厭倦了肥皂劇沒完沒了的噱頭和懸念，轉而主持時政批評節目「阿根廷時間」。她的政治立場十分鮮明，抨擊國內寡頭政治恃強凌弱，揭露政府貪汙腐敗，鼓動勞工階層爭取公正的待遇。

伊娃尖銳的語言，異常偏激的政治觀點，很快引起了政界及民眾的關注。她代表著全民覺醒的良知，令獨裁者又恨又怕，只想將她置之於死地。

但拜早年的遭遇所賜，年輕的伊娃有著常人所沒有的剛毅，她代表了勞苦大眾的心聲，也得到深懷民族情感和改革志願的軍官支持，所以她勇於和強大的國家機器公開對抗。

西元 1944 年 1 月，阿根廷聖胡安市發生了大地震，損失慘重。阿根廷全國為災民舉行募捐。時任軍政府勞動和社會福利部部長兼陸軍國務祕書的裴隆（Juan Perón），負責募捐活動，而伊娃身為演員，也積極地參與。兩人相見恨晚，很快就墜入愛河。伊娃那年 24 歲，年輕貌美，光彩照人；裴隆 48 歲，但他的外表要顯得年輕得多：行伍出身的他，上校軍銜，高個寬臉，粗眉大眼，白齒黑髮，性格開朗，雄心勃勃，有軍人陽剛之美。自從他的第一任夫人奧萊麗亞‧裴隆，5 年前因患卵巢癌去世之後，他一直鰥居。

　　不過當時的伊娃並沒有隨裴隆上校一起直接參與政治，而是繼續在電臺工作。由於在廣播界的聲望，加上與裴隆的關係，她得以出任新成立的廣播業工會主席。不久之後，伊娃增加了一個電臺節目「走向更美好的明天」，為軍政府和裴隆作宣傳。

　　西元 1945 年 1 月，裴隆出任副總統，同時仍兼任陸軍部長和勞動部長兩大要職。裴隆在勞動部推行親近勞工的政策，這使他名聲大振。雖然如此，他的地位並不穩固。當時的政治鬥爭逐漸圍繞著支持還是反對裴隆而展開。在裴隆與各界人士接觸談話時，伊娃經常旁聽。這樣的經歷，更使得伊娃對政治有進一步的了解。

　　軍政府在執政兩年後，招致各方不滿。人們要求早日舉行大選。裴隆大權獨攬以及他親近工會的政策，引起部分軍官的擔憂。裴隆公開與伊娃非婚同居，並帶著她去軍營和出席公眾活動，不符合傳統的行為規範，也引起這些軍官的不滿。

　　正是這種危急形勢，才使得伊娃真正地開始親身涉足政治。

　　在一批思想守舊的軍官們的壓力下，法雷利總統（Edelmiro Julián Farrell）要求裴隆辭職。西元 1945 年 10 月 13 日，被迫辭去副總統職務的裴隆上校在家中遭叛軍逮捕，被送往拉普拉塔河中的馬丁・加西亞島，關押在海軍監獄裡。伊娃擔心裴隆的安全，多方奔走求助。10 月 17 日，從清晨開始，數十萬人自發地從四面八方湧集到總統府前的廣場上，要求釋放裴隆。許多警察也加入遊行隊伍。在群眾的強大壓力下，法雷利總統出於無奈，只好派人把裴隆請到總統府，並請他向大家講話，以平息公眾的激憤情緒。

　　這一天，在阿根廷的現代歷史上占有空前重要的地位。從此以後，阿

根廷的勞工階級登上了政治舞臺。這一天也是裴裴隆主義黨誕生的日子。對於伊娃來說，這一天開始了她政治上的新生。她感謝勞工大眾挽救了裴隆，同時她也承擔義務，決心把自己的命運與勞工連繫在一起。

正是由於這場「十月事件」，不僅使裴隆上校深得民心，也讓伊娃的形象深深地印在民眾的心裡。她那堅強與永不服輸的精神，贏得了阿根廷的尊重。

17 日深夜，裴隆上校獲釋，4 天後，裴隆與伊娃舉行了婚禮。從此，阿根廷政壇上的這對「雙子星」，掀開了歷史上嶄新的一頁。

西元 1946 年 2 月 24 日，阿根廷數十年來首次民選總統選舉結束，裴隆上校以 52％ 的選票當選，並於同年 6 月 4 日宣誓就職。年僅 27 歲的伊娃，成為了阿根廷的第一夫人 —— 裴隆夫人。

西元 1946 年 9 月間，裴隆夫人遷到新建的勞動部大樓辦公。她開始關心工會的各種問題，並著手處理過去由裴隆在勞動部處理的那些問題。隨著時間流逝，裴隆夫人還開始調解勞工糾紛，出席總工會書記處的會議。她的活動越來越多，影響也慢慢地從象徵性的變為實質性的。有一天，她一共接見了 26 個來自各地的工會代表團。阿根廷政府是這樣解釋和界定她在工會中的活動：她是政府社會的積極貢獻者，是政府向「無衫者」派出的大使。

那時，布宜諾斯艾利斯的大多數報紙都是反對裴隆的。西元 1947 年初，裴隆夫人向國有的中央銀行貸款收購了《民主報》，主要登載政府的消息和裴隆的言論內容，發行量從 6,000 份增加到 40,000 份。「無衫者」們像崇拜足球、探戈和電影明星那樣崇拜裴隆夫人，以購買她的報紙來表示好感。《民生報》成為裴隆政府的主要喉舌，並對其他新聞媒體產生了

重要影響。

反對派的目光也開始緊緊盯著裴隆夫人，對她的批評紛至沓來。有一個反對黨議員專門在議會提出提案，規定公職人員的夫人不能享受其丈夫的特權，也不能代表其丈夫參加公眾活動。這明顯是針對裴隆夫人的。當時的《新聞週刊》稱裴隆夫人為「女總統」，認為她是「拉丁美洲王座後面聽政的最重要的女人」。對於反對派的批評與限制，經歷過許多磨難的裴隆夫人早已司空見慣。她現在所做的這些，不過是鋒芒初露，真正影響到阿根廷未來的「重頭戲」還在後面。

西元 1947 年 6 月至 8 月，裴隆夫人訪問歐洲六國，歷時兩個多月。裴隆親率全體內閣成員及大批群眾到機場為她送行。旅途中，裴隆夫人召集隨從人員，告誡他們說：「全世界都看著我們，國內的報紙和反對派也在盯著我們，等著我們犯錯、看笑話。我們一定要有最上乘的表現，不能做傻事。」這番話明白地表示出她清醒的政治頭腦，她的此次出行，也絕不會是在玩總統夫人的外交遊戲那麼簡單。

當裴隆夫人的包機抵達馬德里時，西班牙空軍出動 41 架戰機為她護航。西班牙元首佛朗哥（Francisco Franco）帶著他的夫人、女兒和內閣成員到停機坪迎接，並陪同她檢閱儀仗隊，鳴禮炮 21 響，又親自陪她乘敞篷車進城。裴隆夫人受到馬德里 30 萬居民的熱烈歡迎。為了迎接她的到來，西班牙政府特地讓馬德里的學校和工廠放假一天。

在訪問西班牙的 15 天裡，裴隆夫人表現得雍容華貴、儀態萬千、傾國傾城。經過佛朗哥多年枯燥乏味的統治，裴隆夫人的到訪給西班牙人民帶來了意外的驚喜。他們中許多人有親戚移民到阿根廷，並在那裡經商、開工廠發了財。他們對阿根廷這個國家普遍懷有好感，都發自內心地歡迎

年輕漂亮的裴隆夫人。《紐約時報》在報導她的訪問時，使用了這樣的標題：「伊娃征服馬德里兩星期」。

裴隆夫人訪問西班牙訪問，產生了轟動效應。新聞媒體關於此次訪問的大量報導，提高了她在歐洲的名望。她在 21 響禮炮聲中離開西班牙後，接著到義大利、梵蒂岡、葡萄牙、法國、摩納哥、瑞士等國訪問，都受到很高禮遇。

結束歐洲的訪問後，她經里斯本飛往達卡爾，在那裡登上阿根廷商船「布宜諾斯艾利斯」號駛向里約熱內盧，參加在里約熱內盧舉行的泛美和平與安全會議；然後飛往烏拉圭首都蒙得維的亞，搭乘「蒙得維的亞市」號回國。當船抵達布宜諾斯艾利斯的港口時，四周的汽輪齊聲鳴笛；機翼上漆著「歡迎」字樣的飛機在上空盤旋；從碼頭到甲板鋪上了紅地毯；裴隆等大批要員在碼頭上迎候。她受到了迎接英雄凱旋般的歡迎。

裴隆夫人的此次出行，獲得極大的成功，不僅改變了各國對阿根廷局勢曾動盪不安的偏見，更令她自己為歐洲所接受。英國一位議員對裴隆夫人歐洲之行的評價可謂恰如其分：「並不是阿根廷的政權方式打動了我，而是這位年輕夫人的勇氣和自信，還有那傑出的口才令我驚訝。」

回國之後的幾年，裴隆夫人全心全意撲在整頓工會、幫助婦女和窮人的工作上。3 年中，她建立起幾個規模龐大、效率極高的機構。

長期以來，阿根廷婦女沒有選舉權與被選舉權。從西元 1911 ～ 1946 年裴隆上臺執政，先後共 15 次有人在議會中提出給予婦女選舉權的提案，但不是遭到反對，就是被擱置。裴隆夫人寫文章，發表演講，呼籲裴隆主義者摒棄對婦女的偏見，大力推動歸還婦女選舉權的提案。由於裴隆主義者在議會掌握絕對多數，終於在西元 1947 年通過給予婦女選舉權的

13010 號法令，裴隆當眾簽署了這項法令，並象徵性地交給裴隆夫人。這一法令結束了阿根廷只有一半人口享有選舉權的歷史。

西元 1949 年 7 月，在裴隆夫人的倡議下，裴隆主義黨婦女部成立了，裴隆夫人自任主席，這是裴隆夫人擔任的第一個政治職務。當時從事婦女工作困難頗大，除了反對黨的牽制和缺乏經驗之外，還要克服社會上對婦女的各種傳統偏見。不過，裴隆夫人是一位傑出的組織者，她孜孜不倦地派人到全國各地，建立基層組織，宣傳裴隆的主張，為裴隆主義黨發展大量婦女黨員，培養大批婦女幹部，其中有一些後來還躋身於議員行列。

到了西元 1952 年，裴隆主義黨婦女部麾下的黨員增加到 50 萬人，地區組織增加到 3,600 個，讓阿根廷婦女的社會地位得到了顯著的提高。雖說是歷史的大勢所趨，但這個局面從開創到成功，也飽含了裴隆夫人的心血。

裴隆主義黨婦女部的成立，象徵著阿根廷婦女登上政治舞臺，調動了廣大婦女的積極性，使真正的民主深入人心，並且不可逆轉。裴隆夫人又一次用她積極的行動，將名字深深地刻在阿根廷的歷史之碑上。

裴隆夫人除了在政壇上大顯身手，還積極地投身於慈善事業之中。她利用自己的地位與名氣，很快地就籌集了大量的資金，並於西元 1948 年 6 月成立伊娃‧裴隆基金會。基金會的章程規定，它的目標是為貧困者提供貨幣和實物幫助，為貧困者建造學校、醫院、住房和其他福利設施，資助他們上學，或為他們創造就業機會。基金會的工作由裴隆夫人全權負責。

裴隆夫人每天在勞動部接見大量來訪者，或者寫回信給來信者。勞動部接見廳擠滿了人，廳外的走廊排起了長隊。他們是來自全國城鄉各地的窮苦人，向裴隆夫人提出各種救助要求。她對這些窮苦人的態度始終和藹

可親，彬彬有禮。她不是一個在應付差事的官僚，她自己選擇了這項工作，而且非常投入，樂此不疲，好像是一種享受。在他們面前，她從不擺總統夫人的架子，而是把自己當做他們中的一員。

隨著裴隆夫人與窮人打交道越多，對社會不公現象越感忿忿不平。在談話和演講中，她鞭笞貧困現象和寡頭勢力的用詞越來越激烈。同時，她也更義無反顧地日夜狂熱工作。她的工作量之大是常人難以承受的，她知道這樣做將有損自己的健康，卻矢志不渝。她在後來的一次演說中這樣說過：「就讓我的軀體成為一座讓人們通向幸福的橋梁，請從橋上通過吧！」

在裴隆夫人的推動下，基金會在全國最貧窮的鄉村建立了 1,000 所學校，18 所育幼院。西元 1948 年 8 月，裴隆夫人宣布「老年權」，並將它列入憲法修正案。基金會設立了普及的養老金制度，並建立 4 所養老院。西元 1949 年，基金會在布宜諾斯艾利斯市的北郊，以創紀錄的速度，建起教育與娛樂相結合的兒童城。

兒童城內有 450 個床位，用以接待來自全國最貧窮和最困難家庭的兒童。基金會為他們提供衣服和玩具，培養他們的生活自理能力，使他們日後能進入普通公立學校學習而不致留級。裴隆夫人常常半夜三更事先不打招呼地到兒童城宿舍巡視，看看是否一切妥當。

裴隆夫人及她所領導的基金會，極大地推動了阿根廷的發展，也使得裴隆夫人深受廣大群眾的擁戴，他們親切地稱呼她為「艾薇塔」（伊娃的暱稱）。

西元 1951 年是阿根廷大選年，裴隆的總統任期將滿。裴隆主義黨和裴隆夫人早就在為裴隆的連選連任而忙碌。關於副總統的人選，是一個微妙的問題。裴隆夫人的影響力強大，這是史無前例的，但是她在政府內卻沒有

正式職務。有好多人提議由裴隆夫人當副總統候選人，街上也貼出了許多支持裴隆夫人當副總統候選人的宣傳畫。可是，按照阿根廷憲法，當總統缺位時，由副總統繼任。暫且不說裴隆夫人，由任何一個婦女擔任國家元首、從而成為三軍總司令的前景，對當時的許多阿根廷軍官來說，都是難以接受的。裴隆知道如果讓自己的夫人出來競選，可能會遇到強大的阻力。

總工會決定於 8 月 22 日舉行一次大規模的群眾集會，支持裴隆和裴隆夫人分別作為正副總統候選人參加大選。這一天，100 多萬來自全國各地的「無衫者」乘汽車或火車彙集到「七・二九」大街。大街上掛滿了旗幟，像過節一般；主席臺上，懸掛著兩幅 60 英呎高的裴隆和裴隆夫人巨型畫像；拖著寫有「裴隆 —— 伊娃 —— 總工會」字樣巨型標語的飛機，在萬里無雲的藍天上盤旋。

下午 5 點，裴隆在部長、議員、裴隆主義黨和工會領導人的陪同下，登上主席臺，但是沒有裴隆夫人。總工會主席埃斯貝霍開始講話，卻沒辦法繼續講下去，因為群眾不斷高呼著裴隆夫人的名字。埃斯貝霍對大家解釋說，裴隆夫人出於謙虛，所以沒有來參加大會。他隨即走下主席臺，專門去請裴隆夫人與會。當裴隆夫人抵達會場時，全場一片歡呼聲。她在言談中抨擊寡頭勢力，表達了對阿根廷、「無衫者」和裴隆總統的強烈的愛。

她的談話不斷被「支持伊娃」、「伊娃與裴隆」等響亮的口號聲所打斷。關於自己是否會當副總統候選人，她並沒有直接談到，只是說：「我將永遠按人民的願望行事，如果『艾薇塔』能為減輕我們國家的痛苦做點事，我寧願當『艾薇塔』，甚於當總統夫人。現在，我仍然要說，我寧願當『埃維塔』……」

出席大會的群眾聽了這些話，意識到他們的「艾薇塔」不接受副總統

候選人的提名，於是不停地用口號聲打斷下一個演說 ── 裴隆的演說。埃斯貝霍拿過麥克風，與群眾一起，要求裴隆夫人接受提名。

無衫者們群情激動，要裴隆夫人馬上給出令他們滿意的答覆，「否則就舉行總罷工」。夜幕降臨，群眾仍在狂熱地喊叫，大會陷入了令裴隆及其政黨都沒有預料到的僵局。為了避免事態進一步惡化，裴隆夫人說了一句模稜兩可的話：「各位，正如裴隆將軍所說，我將按人民的意志行事。」方使大會勉強得以結束。

9 天後，裴隆夫人透過廣播向全國發表談話，宣布了自己最後的決定，她說，西元 1945 年 10 月 17 日是她政治生命的開始。她當時沒有、現在也沒有其他野心，只希望有朝一日在編寫裴隆將軍光輝歷史的時候，能這樣寫她：「在裴隆身旁，有這樣一位女性，她獻身於將人民的願望轉達給總統。人民習慣於親切地稱呼她為『艾薇塔』，僅此而已。」

西元 1951 年 8 月 22 日由總工會舉行的群眾集會，被稱作「第二次全民大會」，與第一次宣布阿根廷獨立的全民大會相提並論。可見，這次因裴隆夫人而起的群眾集會，帶給整個阿根廷多麼深刻的影響。裴隆夫人雖沒有如群眾所願，接受副總統的提名，卻使得她在阿根廷國內及國際上的聲望如日中天。

裴隆夫人拒絕副總統的提名，除了她在全民大會上所講的那些原因外，還有更深層的原因。裴隆總統親眼目睹了妻子廣受人民的敬仰與愛戴的一幕幕，這使他產生了戒備與牴觸的心理，深怕妻子威脅到他的聲望及地位；而軍方也不願由一個女人來領導他們，暗中對裴隆施加了壓力。內外因素的結合作用，使得裴隆夫人最終做出放棄參選的決定。否則，以她的能力及聲望，加之堅韌不拔的毅力，完全可以勝任這一職位。

天上人間共斷腸

繁忙而又沉重的工作，使裴隆夫人的健康受到了嚴重的損害。早在西元 1950 年 1 月上旬，裴隆夫人出席計程車司機工會新辦公大樓剪綵儀式時，就昏厥過一次，被送到醫院急救。1 月 13 日，官方宣布一天前已為裴隆夫人動了盲腸炎手術，大家才鬆了一口氣。部長們、外國使節們、神父們紛紛到她的病榻前慰問，全國教堂都為祈求她早日康復而禱告。出院後，裴隆夫人在總統官邸休息了一段時間，接著她開始上半天班，稍後不久，她就恢復在基金會、工會、裴隆主義黨婦女部的全部工作。

可是，這次昏厥僅僅只是個先兆，她忘我的工作所累積下來的疾病，終於不可避免地發作了。

西元 1951 年 8 月，在全民大會發表談話後的那天晚上，裴隆夫人因疼痛和精疲力盡而昏厥。此後幾星期，她的腹部疼痛劇烈，以致無法工作，有時甚至無法起床。在裴隆和醫生們的反覆勸說下，她於 9 月中旬終於同意做一系列檢查。

9 月 24 日，星期一，一個令阿根廷心碎的日子 —— 子宮頸癌！末期！並伴有嚴重的併發症！

裴隆夫人並不知道自己得了什麼病，醫生及周圍的人都在用善意的謊言來隱瞞病情，同時祈禱她能轉危為安。

然而就在這樣艱難的日子裡，一件令她更加身心憔悴的事情發生了。

9 月 28 日，曼嫩德斯將軍領導的部分海陸空軍部隊，發動了企圖推翻裴隆的政變。這是針對裴隆政權的第一次政變，組織得非常糟糕。大部分軍人還是忠於裴隆的。為了支持裴隆，總工會宣布 24 小時總罷工。「無

衫者」擠滿了總統府前面的廣場，裴隆在總統府陽臺發表了措辭激烈的演講。參加叛亂的幾架空軍飛機本來應該在裴隆演講時飛過廣場，轟炸玫瑰宮。但為首的軍官覺得不能對廣場上這麼多群眾進行「無謂的屠殺」，便駕著飛機到烏拉圭去了。政變以慘敗結束。

裴隆夫人一直擔心有人在策劃針對裴隆的陰謀詭計。這次政變雖然有驚無險，但這證明裴隆夫人的擔心並非杞人憂天。次日，她把總工會的三名執委，和仍忠於裴隆的武裝部隊司令請到病榻前，對他們說：「若是軍隊不保衛裴隆，那麼人民將保衛裴隆」。她下令用基金會的錢向荷蘭訂購5,000枝手槍，1,500挺機關槍，存放在政府的軍火庫。倘若再次發生軍事政變，馬上把這些槍分發給工人，「以便進行自衛」。

同一天，總統府釋出了關於裴隆夫人病情的第二個新聞公報，稱她「相當虛弱，因昨晚的事態而激動，加重了她的病情」。在全國各地，在阿根廷的鄰國，許多人為她的早日康復舉行大小規模不等的各種彌撒。距布宜諾斯艾利斯市30英哩的盧漢，有一座哥德式大教堂，在得知裴隆夫人病倒後，成千上萬的人專程到那裡去求上帝保佑她。在街頭，在家中，到處可見聖母和裴隆夫人像，前面點著蠟燭，放著鮮花。卡車司機公會出動1,000多輛卡車圍繞總統官邸附近的帕萊爾莫公園緩緩行駛，進行「沉默遊行」，最後把大批鮮花及慰問信放在總統官邸門口。

天妒紅顏，阿根廷真誠的祈禱並沒有打動上帝的心。裴隆夫人的病情一天天地惡化。不過她仍舊強撐著病體，堅持工作，並發表演講，請求人民維護裴隆總統，直到她癌細胞徹底擴散，陷入昏迷之中。

在裴隆夫人生命的最後幾週，她留下了由她簽名的遺囑。遺囑的開頭一段是這樣寫的：「我要永遠與裴隆和人民生活在一起，這是我絕對不可

更改的願望，也是我的最後遺願。無論裴隆和無衫者們在哪裡，我的心都會在，用我的全身力量和燃燒靈魂的熱情去鍾愛他們。」除了給她母親每月 3,000 比索養老、給她的姊妹每人一件首飾作為紀念外，她要求用其餘遺產成立一個基金會，資助有難處的窮人。「上帝將會寬恕我總是情願與窮人們在一起，因為裴隆也是這樣。我始終認為，上帝要我關愛每一個無衫者，對此我從來沒有逃避過」。

西元 1952 年 7 月 26 日，星期六。這是南半球一個陰冷潮溼的冬日。上午 11 點，裴隆夫人再次昏迷過去。裴隆、裴隆夫人的母親和兄弟姊妹，政府部長們和裴隆主義黨的領導人等，都守在病床周圍。下午 3 點，貝尼特斯神父為她施最後的聖禮。從此刻起，總統府透過電臺不斷發布關於她的病情公報。晚上 8 點 25 分，裴隆夫人停止了呼吸，享年 33 歲。一代名花在風中凋零，一顆剛剛升起的政壇新星就此隕落。

用不著等政府下令，整個阿根廷頓時陷於深沉的、發自內心的悲痛之中。布宜諾斯艾利斯市的電影院、劇院、飯店、咖啡店、酒吧等立即自動關門。全市一片肅靜，街頭燈光昏暗。

阿根廷政府決定，全國政府機關停止正式活動 2 天，下半旗致哀 10 天；裴隆夫人的遺體陳放在勞動部大樓接受公眾悼念。總工會宣布除不能停頓的公用事業外，全國總罷工 2 天，工會會員服喪 30 天，繫黑領帶，穿白襯衫、黑西服。對於一位並非國家元首的逝者來說，這樣規格的悼念活動，已經是十分破格的了。

但當裴隆夫人遺體的靈柩，用救護車從總統官邸運往勞動部的時候，可以明顯地看出這些措施，還遠遠不能反映大眾的悲痛心情。通向勞動部大樓的各條馬路，在以勞動部為中心的方圓十條街區範圍內，人群擠得水

洩不通，勞動部大樓的高大門廳，堆滿了白色花圈。大樓兩側牆邊，花圈也堆積如山。後到的花圈只好擺放到街上。那一天，布宜諾斯艾利斯市各個花店的鮮花全告售罄。

裴隆夫人去世的次日是星期天，雨落不止，人群撐著雨傘或用報紙擋雨排隊，等候數小時才能進入勞動部瞻仰裴隆夫人的遺容。進樓瞻仰的人們有的輕撫靈柩，有的彎腰親吻玻璃蓋，有的在自己身上畫十字，很多人失聲痛哭倒地。原計畫瞻仰遺容 3 天，可是還有不少人等著進去，於是政府決定延長時間。在 10 多天時間裡，有多少人瞻仰了裴隆夫人的遺容沒有準確統計，但等候瞻仰的隊伍全長達 35 條街區。

在那些哀悼的日子裡，餐廳、商店、劇院、電影院等繼續關門，高音喇叭裡播放著哀樂。每天晚上，都有舉著火炬、抬著裴隆夫人肖像遊行的隊伍。在每個社群，有成千上萬個小祭壇，上面擺著裴隆夫人的像，點著蠟燭，擺放著鮮花。

8 月 9 日，裴隆夫人的遺體被運到議會，在那裡，她受到國家元首級的禮遇。當天晚上，在議會大廈外面，有大規模的民眾持火炬遊行。晚上 8 點 25 分（裴隆夫人逝世的時刻），數十萬個火炬同時熄滅，象徵裴隆夫人靈魂昇天。次日出殯時，天仍灰濛濛的。軍樂隊演奏蕭邦（Frédéric Chopin）的《送葬進行曲》，街上路燈被披上了黑紗，200 萬人在街道兩旁等候送別靈柩。蕭蕭寒風中，許多人淚流滿面，馬路兩旁的陽臺和窗戶後面擠滿了人，他們從上面向下拋撒鮮花，整個阿根廷都沉浸在深深的悲痛之中。

裴隆夫人傳奇的一生雖然短暫，但她留下的卻是穿越時空的不朽佳話。她一生奔波，致力於阿根廷窮苦的弱勢團體，她不顧身體，利用自己

的聲望來維護裴隆政府。「衣帶漸寬終不悔，為伊消得人憔悴」。而她，裴隆夫人，又何止是憔悴，她把自己的生命都獻給了阿根廷。當西元 2002 年 7 月 26 日，裴隆夫人逝世 50 週年的時候，整個國家仍然在懷念這位讓阿根廷人民享受到公平待遇的第一夫人。可以說，如果沒有她，阿根廷不可能在短短的幾十年中，一躍成為拉美強國，這一切都是她的餘蔭在庇護。

裴隆夫人仍舊活在阿根廷人民的心中，直到永遠。

Don't cry for me Argentina. The truth is I never left you.

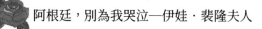阿根廷，別為我哭泣—伊娃・裴隆夫人

重振帝國昔日風

—— 柴契爾夫人

第二次世界大戰後的歷任英國首相，都致力於重振大英帝國昔日的雄風。然而，他們卻擺脫不了腐朽的帝國主義守舊派的盤根錯節。最終，是一位女性，完成了這個連男人都做不好的事情。

她曾三次出任英國首相，政績卓然；她以強硬的手腕大力推行改革，讓英國的經濟有一定的提升；她憑藉遠見卓識，一舉取得了馬島戰爭的勝利，讓英國的國際地位，在戰後有了顯著的提高；她施展外交才華，與中國簽訂《中英聯合宣告》，讓香港在近百年之後回歸中國。她就是 20 世紀的「鐵娘子」瑪格麗特·柴契爾夫人（Margaret Thatcher）。

少女心事當浮雲

西元 1925 年 10 月 13 日，瑪格麗特·希爾達·柴契爾（婚前姓羅勃茲）出生於英國林肯郡的格蘭森市。說起來，她所出身的家庭背景並沒有多少驚人之處。祖父是鞋匠出身，外祖父當過鐵路路警，父母全力經營著一家雜貨店，過著克勤克儉、聊以餬口的生活。她的家裡既沒有房前花園、浴室和室內廁所，也沒有熱自來水，家具都是從舊貨市場上買來的、過時的東西。總之，在門第觀念很強的英國，這是一個普通得不能再普通的家庭。

瑪格麗特·柴契爾之所以能有 50 年後叱吒世界政壇的風光時刻，要歸功於父親的影響和關愛。

身為雜貨店老闆的阿爾弗雷德·羅勃茲（Alfred Roberts），在瑪格麗特兩歲時當選為格蘭森市鎮自治議會的議員，於西元 1943 年又成為該市的市長。

阿爾弗雷德本人沒有受過良好的教育，但他對教育極為熱心，他認為教育是使人生充實而有意義的關鍵。他不僅靠個人奮鬥起家，而且靠自學成名。當他看到二女兒（瑪格麗特）學業突出時，便下決心要讓她受到自己兒時從未受到過的各種教育，所以女兒幼小時就為她安排了鋼琴課，帶她去圖書館，後來又送她上小學。

他沒有讓她上附近的小學，而是送她到上流階級居住區的學校讀書，這是一所教學效果好，學生大都來自地位差不多家庭的學校。瑪格麗特在這裡受到了良好的教育。除此之外，她每週還要去上三次鋼琴課，以陶冶情操。當她 11 歲時，通過了獎學金考試，正式升入凱蒂文女子學校。

在努力學習並積極參與校內各項活動的同時，瑪格麗特是同學中最關心時事、最喜歡參加社會活動的一個。她經常跟父親一起探討一些問題，隨著年齡和知識的不斷增長，她與父親交流的層次也越來越高，所涉獵的方面也越來越廣。從某種意義上說，阿爾弗雷德先生不但是這位英國歷史上第一位女首相的父親，同時也是她思想和品德上的導師。

西元 1943 年，阿爾弗雷德出任格蘭森市的市長。雖然家裡的經濟來源全靠雜貨店的生意，但阿爾弗雷德先生卻異乎尋常地關注並投身於政治生活中，這樣就很自然地使瑪格麗特對政治產生了濃厚的興趣。阿爾弗雷德經常帶女兒去聽那些來到格蘭森訪問的政治家的談話，並與他們會晤，這讓瑪格麗特很早就蛻去了少女的靦腆，勇於在人前大大方方地講話。西元 1935 年的英國議會選舉，讓年僅 10 歲的瑪格麗特第一次接觸到國家級的政治 —— 她參與了選舉委員會的事務性工作。

她還經常隨同父親一起去地方法院；進入中學高年級後，瑪格麗特經常利用業餘時間去旁聽法庭的案件審理；大學畢業後，她又利用業餘時間

學習法律，在當選議員前通過了法律考試，成為一名專業律師。這為她後來向唐寧街 10 號出發，打下了堅實的基礎。

鋒芒畢露初涉政

西元 1943 年 10 月，瑪格麗特進入牛津大學的薩莫維爾學院。這裡還有一個小插曲：她雖然報考了薩莫維爾學院，但該學院的首批錄取名單上沒有她的名字，她被列入候補名單。幸運的是，新生中有人放棄入學資格，她填補了空缺，進入化學專業，得以實現全家人、特別是父親的夙願。

剛剛邁入牛津大門的瑪格麗特，由於帶有濃厚的家鄉口音，因此常常受到譏諷，在這所女子學院裡幾乎沒有什麼朋友。她排遣孤獨、淒冷、思鄉愁緒的唯一辦法，就是拚命地學習。

當時，學院課程之繁重，實驗活動之多，令許多學生頭痛不已。不過瑪格麗特總是那樣精力充沛，勤奮好學，而且把一切都安排得井然有序，初顯了女強人的特徵。大學生涯的幾年裡，她經常從晚上忙到次日凌晨，早上六點半就起床，每天只睡五六個小時。這種習慣一直到她出任英國首相時，也仍然不改。

在緊湊的學習之餘，瑪格麗特還參加許多在格蘭森市不可能接觸到的政治活動。當時，第二次世界大戰還在激烈地進行著，她積極地參加保守黨組織的各項活動。起初，她的政治觀點並不明晰，但是「在那裡，我有機會見到眾多的、來自不同背景的人」，這使得她能夠廣泛地了解各方面、各階層的情況，了解不同的觀點和思想。

第二次世界大戰結束後，英國政局動盪不安，保守黨與工黨的鬥爭日趨激烈，這讓瑪格麗特有了施展政治才能的機會。很快，她就成為牛津大學保守黨俱樂部的重要成員之一。這期間，她幾乎花費了自己一半時間，去做協會裡無人做的瑣事，而且兢兢業業，任勞任怨，贏得了大多數人的尊重。於是她在西元 1946 年，被推舉為俱樂部主席。

在作為俱樂部主席期間，她曾代表牛津的保守黨人，參加西元 1946 年全國保守黨年會，並在會上發言。她見到了保守黨內所有的頭面人物，他們的身世、政績，都深深地印在這個 21 歲、涉世不深的女孩心中，讓她樹立了畢生追求的目標。

在牛津曾誕生許多政治上的頂尖人物：如四次出任英國首相的自由黨領袖威廉·格萊斯頓（William Ewart Gladstone）、三次出任英國首相的保守黨領袖羅伯特·索爾斯伯利（Robert Gascoyne-Cecil, 3rd Marquess of Salisbury）、一度出任英國首相的保守黨領袖哈羅德·麥米倫（Harold Macmillan）、兩次出任英國首相的工黨領袖詹姆斯·威爾遜（Harold Wilson），和一度出任英國首相的保守黨領袖愛德華·希思（Edward Heath）等。

因此，牛津一直就是幾個政黨爭奪年輕骨幹的重要陣地，來訪者絡繹不絕。瑪格麗特必須以協會主席的身分，來接待保守黨的政要們。所以，她便結識了這些人物，並與他們保持某種特殊關係，這也就意味著她已踏進了保守黨黨魁們所編織的關係網。從此，瑪格麗特再不是一名普通的牛津大學生，而是邁出了步入政壇的堅實一步。

西元 1947 年，大學畢業後的瑪格麗特當了化學師。她先後在埃塞克斯和倫敦萊昂斯公司工作，但從事這兩個工作期間，她表現得並不出色，

因為她把更多的精力投入到政治活動之中。

西元 1948 年秋，她以牛津大學畢業生協會代表的身分，出席了保守黨年會。會上，認識了肯特郡達特福市保守黨協會主席。在他的幫助下，瑪格麗特參加了西元 1949、1951 年的區保守黨議員選舉。雖然兩次競選都鎩羽而歸，可她生來就是個不服輸的人。因此，兩次失敗反而更增強了她求勝的信心。特別是當她成為柴契爾夫人後，這更是為她走上政壇奠定了雄厚的精神基礎。

丹尼斯・柴契爾（Denis Thatcher）是典型的北肯特區保守黨人，他的祖父是個農民企業家，創辦了一間生產除草劑和羊毛清洗劑的工廠，後來工廠發展為防腐劑公司。當丹尼斯從父親手裡接過公司時，它已是一間生產油漆和其他化學品的大公司了，能夠給全家帶來相當可觀的收入。從西元 1943 年起，他就擔任公司的總經理，第二次世界大戰爆發前，丹尼斯結了婚，隨後入伍。從戰場上歸來後，他和妻子發現彼此就像陌生人似的，最終不得不選擇離婚。

此時的丹尼斯體格健壯，相貌英俊，正在物色理想中的伴侶。西元 1949 年，達福特市正式通過瑪格麗特為本市保守黨候選人，在為此舉行的宴會上，他們相識並很快墜入了愛河。經過兩年的熱戀之後，西元 1951 年 12 月 13 日，他們正式結為伉儷。

婚後，柴契爾夫人有了溫暖的家，有丈夫在精神與物質兩方面的支持，她不需要再為生計發愁，可以專心致志地去從事自己熱愛的事業了。她曾說過：「丹尼斯的錢幫了我的大忙。」

兩年後的西元 1953 年，柴契爾夫人的一對雙胞胎出世。男孩叫馬克，女孩叫卡洛兒（Carol Thatcher）。可這時距離她學習的法律課程結業

考試，只有三個月的時間了。此時的柴契爾夫人又展示出她那女強人的性格，她請來一位保母照料孩子，自己咬牙苦學通過這次考試，取得了律師資格。

西元 1954 年的柴契爾夫人，一面做著見習律師的工作，一面積極地投身於保守黨的政治活動之中，但在當年和西元 1956 年的議員競選中，她均以失利告終。頑強的柴契爾夫人並沒有氣餒，西元 1959 年，她捲土重來，終於在芬奇萊的選舉中開啟了勝利的香檳。

此時的柴契爾夫人已完全改變了政治上的稚嫩形象，而以成熟的政治家面貌出現在世人面前。《芬奇萊》報對她的就職演講給予了高度的評價。

柴契爾夫人口才相當好，不需看稿便能擊中要害。她準確地評價了中東局勢，像一個家庭主婦在配菜一樣，熟練地分析蘇聯宣傳機構的動機，抨擊埃及總統納賽爾；然後預測了保守黨的光輝前景。與會者凝神靜聽，信心倍增。

鐵骨娘子傲群雄

西元 1959 年 10 月，柴契爾夫人正式進入英國下議院，成為後座議員。

在英國，議院中的議員有前座、後座之分。每當議院召開會議時，參加內閣的議員（內閣大臣、國務大臣、部門大臣）坐在會場一側的前排，沒有職務的則坐在後排，前後排之間有一條過道相隔。另一側則坐著反對黨議員，他們的領袖人物（影子內閣）坐在前排，其他議員則坐在後排。坐在前排的議員被稱為前座議員，反之，則稱為後座議員。

　　議員的最根本職責就是提出動議，發表演說，參加辯論。按照慣例，每屆新議員可以向議院提出議案。柴契爾夫人提出了自己的議案——「公共團體」議案。該議案的目的是允許新聞界參加地方議會的會議。

　　柴契爾夫人介紹議案的方式，是她深思熟慮風格的早期表現，這一風格的形成與她平時廣泛閱讀、累積數據的習慣是分不開的。她講了 27 分鐘，幾乎沒看講稿，並列舉一連串的統計數據，來證明公民有權知道地方政府的開支。她的處女演說贏得了包括反對黨人士在內的廣泛好評。

　　政府住房部大臣亨利・布魯克說：「我很難用言語來形容這篇引起了一場爭論的漂亮演說。」反對黨女議員巴巴拉・卡斯爾十分佩服柴契爾夫人的口才，說她支持柴契爾夫人的提案。

　　就這樣，這個提案經過修改後，以 152 票的絕對多數通過成為立法，柴契爾夫人也因此而一鳴驚人。

　　西元 1961 年 10 月，柴契爾夫人進入議院不到兩年，就被麥米倫首相任命為生活津貼和國民保險部政務次官。西元 1964 年，保守黨在全國大選中失敗，被迫把執政權交給反對黨工黨。柴契爾夫人進入了影子內閣的時代。

　　西元 1964 ～ 1970 年工黨執政期間，柴契爾夫人在影子內閣先後主管年金部、財政和經濟事務、運輸事務、燃料和動力部及教育事務。充當這麼多部門的發言人，是其他人所沒有過的。這讓她有更多的機會，了解兩黨在各方面執政點的差異與得失，累積與工黨打交道的眾多經驗，並在一系列基本問題上，形成自己的鮮明立場。

　　西元 1966 年，執政不到兩年的工黨提前舉行大選，目的是利用當時的有利時機，擴大工黨在議院中的議員數。最終，工黨如願以償。選舉

後，工黨在議院中的人數領先保守黨 97 個。不過，柴契爾夫人卻在自己的選區輕鬆獲勝，第三次當選為下議院議員。西元 1969 年，黨魁希思任命她為影子內閣的教育大臣。

西元 1970 年，工黨政府的威爾遜首相趁國內經濟形勢稍有好轉的有利時機，再次宣布舉行大選。然而，大選結果卻令兩黨人士都跌破眼鏡，希思領導的保守黨竟以 30 個席位的領先多數獲得勝利，工黨再次淪為在野黨。

大選勝利後，原任影子內閣教育事務發言人的柴契爾夫人，被希思首相任命為內閣的教育大臣。和其他任何官場一樣，英國政府內閣中的財政、外交、國防等大臣，是官吏中的佼佼者，而教育大臣則是屬於次一等的。可柴契爾夫人並沒有因此而認為自己低人一等，便對工作敷衍了事。相反，她仍然拿出競選議員時的兢兢業業。因為柴契爾夫人知道，這是她第一份正式的內閣職務，只有把工作做好，做出成績，才能成為她晉升的階梯。

然而事與願違，首相希思出於對柴契爾夫人野心的防範，和對女性固有的歧視態度，與其他內閣成員一同排斥、孤立這位內閣中唯一的女性。著名的「牛奶事件」就是雙方矛盾最突出的展現。

當時希思政府為了節省開支，削減了三億英鎊的預算，柴契爾夫人的教育部也難逃厄運，教育經費被大幅度削減，而既定的目標卻沒有一絲鬆動。無奈之下，柴契爾夫人只得在節省方面做文章了。

於是，柴契爾夫人決定，停止每日為小學生在校提供三次牛奶的做法，改由家長自行負擔。決定一出，就引起社會上的一片罵聲。學生家長稱她是「搶走牛奶的柴契爾夫人」，報紙輿論說她是「英國最不受歡迎的女

人」。就連她在大學讀書的兒子和女兒，也受到同學們的嘲諷和冷落。柴契爾夫人為此非常痛苦，私下流過不少眼淚。丈夫勸她乾脆辭職算了，但半途而廢又怎是她的作風？柴契爾夫人咬緊牙關，硬是挺了過去。她也因此看透了官場上的傾軋，看清了權力的重要。她要在由男人主導的大不列顛政壇上殺出一條血路，邁向更高的一層。

當柴契爾夫人因「牛奶事件」而陷入四面楚歌的時候，希思首相的日子也不好過：經濟持續衰退，鈔票發行過多，使得通貨膨脹有增無減，政府財政赤字居高不下，罷工風暴此起彼伏。

西元 1974 年 2 月，希思的首相生涯終於走到了盡頭。由於政府拒絕工會提高工人薪資的要求，工人舉行大罷工，令全國電力供應、交通運輸和取暖照明陷於一片混亂，希思被迫舉行大選，導致工黨再次上臺。保守黨執政失利，黨內要求希思辭職的呼聲一浪高過一浪。但頑固不化的希思認為，憑藉在黨內的聲望自己不會下馬，為堵住大眾之口，決定於西元 1975 年 2 月 4 日舉行黨內領袖選舉，柴契爾夫人當然不會錯過這次機會，她參加了競選。

保守黨內一些重量級人物因忠於希思而沒有參加，其他有實力的候選者也紛紛因故提前退出。這樣，實際上就形成了希思與柴契爾夫人對決的局面。

第一輪投票結束之後，柴契爾夫人以 130 票對 119 票壓倒了希思，希思大失所望。投票結果公布兩個小時後，希思正式宣布辭去領袖職位。

希思退出競選後，那些忠於他的重量級元老又紛紛加入競選，欲與柴契爾夫人一決高下。不過他們沒料到，這樣一來，反倒是幫了柴契爾夫人一個大忙。因為他們個個都是頂著希思的光環「參戰」的，拉選票也只能

拉到原來投給希思的那些，這樣，無形中就分散了希思留給他們的、原本就為數不多的選票。

西元 1975 年 2 月 11 日，第二輪投票結果公布，柴契爾夫人以領先第二名 67 張選票的巨大優勢，成為這個大男子主義極端嚴重的保守黨，有史以來的第一位女性黨魁。這一年，柴契爾夫人 50 歲。

在擔任在野黨黨魁的四年裡，柴契爾夫人殫精竭慮地收拾著希思留下來的爛攤子。面對黨爭林立的保守黨，她努力去團結各個派系，以求使全黨保持統一的步調。

在用人方面，柴契爾夫人技高一籌。她誠請原希思派的第二號人物威廉·懷特勒出任黨的副領袖，並與之結為密友；還提拔與自己的思想主張極為合拍的菁英人才，成為影子內閣中的重要成員。她還組成了一個智囊團，其中有多位優秀的學者，她讓這些一流的頭腦為她出謀劃策。

在國際舞臺上，柴契爾夫人顯得更為活躍。她遍訪歐洲各國、美國及中國，使得其在國際上的聲望顯著提高。但她唯獨對蘇聯表示極度反感，強烈地評判那些在冷戰後期大唱緩和高調的人。這使得蘇聯政府異常憤怒，官方宣傳機構塔斯社替她取了個響亮的綽號：「鐵娘子」！

從此「鐵娘子」這個柴契爾夫人的專有代名詞不脛而走，而她也欣然接受。在西元 1978 年的大選中，柴契爾夫人還以此標榜：

「俄國人說我是鐵娘子，他們說對了，英國就是需要一個『鐵娘子』！」

1970 年代，英國政壇風雨飄搖。執政黨工黨的無能，使得英國經濟狀況嚴重惡化，持續低靡。而黔驢技窮的工黨卻沒有膽量做出大幅度的改革，只能拆東牆補西牆地在小範圍內做出些許調整。然而，這種修修補補

無異於杯水車薪。西元 1978 年年底，英國工人大罷工，學校停課，醫院關門，交通癱瘓，垃圾遍地，社會生活秩序迅速惡化。

柴契爾夫人抓住有利時機，提出了對工黨的不信任案，最終以 311 票對 310 票的微弱優勢將工黨趕下臺。在隨後的大選中，保守黨以壓倒性的優勢獲得了上臺組閣的權力，同時也宣告了柴契爾夫人，成為英國有史以來第一位入主唐寧街 10 號的女首相。這一年，她 53 歲。

衣帶漸寬終不悔

不懈的努力，艱苦的奮鬥，柴契爾夫人終於如願以償。然而擺在她面前的，是一個遠比保守黨內部更大、更亂的攤子。要怎樣先解決工黨執政時留下的種種弊端，是這個英國新任「女老闆」的當務之急。

當時的英國經濟就像一匹不堪重負的老馬，停停走走，時刻有認錯方向的危險：通貨膨脹率高達 26%，社會上更是排起了 160 萬之眾的失業大軍。基於此，柴契爾夫人決定從解決通貨膨脹問題著手。

在她的領導下，保守黨政府制定了緊縮的財政預算，嚴格控制貨幣供應量；大刀闊斧削減公共開支，降低財政赤字，力求收支平衡；大幅度降低所得稅，分階段把稅率從 33%降至 25%，並提高起徵點。採取把直接稅的負擔，轉移到間接稅的做法，增值稅從 8%一下子提高到 15%。

不過柴契爾夫人這一套強硬的貨幣主義政策，就如一劑猛藥，怎能是一個已經日益衰弱的大英帝國，一時所能承受得了的？19 80 年代開始，通貨膨脹率不單沒有下降，經濟形勢反而更趨惡化：小公司紛紛倒閉，大公司出現虧損，工業生產總值降至 20 年來最低點；失業大軍突破 300 萬

大關，創戰後最高紀錄；國內犯罪率直線上升，社會動盪不安。民意測驗中，保守黨政府的支持率大幅度下降，柴契爾夫人本人的威信也降到最低點。

「鐵娘子」面對接踵而來的壓力卻不為所動。她明白，以往政府所採用的溫和執政方式只能治標，只有使用強硬的改革，才能從根本上袪除英國頑劣的病根。「良藥苦口」，現在只不過是初步服藥階段，是一個排毒階段，就如同古代「放血療法」一樣，先讓病人痛到心裡，才能有效地緩解病情。為了順利完成自己的改革，柴契爾夫人屢次改組內閣，把一些溫和派的元老一腳踢出，然後把一些她的堅定支持者吸收進來，堅持將貨幣主義政策貫徹到底。

西元 1981 年秋，這劑猛藥的藥效終於顯露出來，英國的經濟狀況開始出現轉機，通貨膨脹率開始下降，而且保持了良好的勢頭。到西元 1983 年大選前夕，通貨膨脹率已經控制在 5％以下，公共開支也被壓縮至最低程度。柴契爾政府終於咬牙度過了難關，支持率開始回升。在西元 1983 年的大選中，保守黨再次以壓倒性的多數擊敗工黨，柴契爾夫人連任，又創造了英國政壇上的一個奇蹟。

西元 1983 年大選，柴契爾夫人以壓倒性勝利贏得連任第二任期內，柴契爾政府重點抓了私有化問題。國家分批出售國營大企業給私人，過去由國家壟斷的企業，也允許私人參加經營或讓給私人經營，形式各式各樣。

有三分之一的國營企業被轉為私有，幾十萬工人從國營企業轉入私人企業。許多大型國有企業的私有化，是採取向公眾出售公司股份的方式，結果激起認購股票高潮，使持股人數大增。

　　國有企業私有化後，大多改善了經營狀況，從過去的虧損轉為營利，提高了生產效率，從而促進了經濟增長。從政府方面看，透過出售國有企業，為國家獲得鉅額資金，大大拓展了財政政策措施的活動餘地。

　　西元 1986 年，英國通貨膨脹率進一步下降到 3.9% 左右，英國經濟增長速度超過了德國和義大利。這樣，柴契爾夫人領導的保守黨政府，又勝利地闖過西元 1987 年的大選，進入第三屆任期。西元 1988 年，英國經濟連續 7 年以 4% 的速度遞增，通貨膨脹率控制在 4% 左右，生產效率增長，人均收入普遍提高。

　　總體來說，在柴契爾夫人蟬聯三屆英國首相的 10 年任期內，英國從戰後的衰落與垂危中恢復過來，重新邁入闊別已久的先進國家行列。直到今天，在英國報紙公布各種經濟數字時，柴契爾時代的經濟指數仍是參照。人們對她的評價是：英國自溫斯頓‧邱吉爾之後，最偉大的一位首相。

　　在柴契爾夫人 11 年的任期內，有兩件大事不可不提。其一為西元 1982 年的馬島戰役，其二就是中國的香港問題。

　　馬島全稱為福克蘭群島，位於阿根廷南端以東的南大西洋水域。由於該島扼南大西洋和南太平洋要衝，戰略意義非同一般，是歷來兵家必爭之地。17 世紀後，英國、法國、西班牙先後管轄過該島。西元 1816 年阿根廷獨立後，宣布該島是阿根廷領土不可分割的一部分。

　　西元 1833 年，英國出兵占領馬島，使其淪為英國的殖民地。西元 1966 年以來，英國和阿根廷就馬島主權問題進行談判。這一談判持續了 17 年之久，毫無結果。西元 1981 年，阿根廷加爾鐵里（Leopoldo Galtieri）軍人政府上臺。為鞏固自己的統治地位，並猜想英國因經濟困難不會對阿根廷動武，他於西元 1982 年 4 月 2 日出兵在馬島登陸。

　　加爾鐵里可算是犯了一個嚴重的錯誤。如果早幾年行動，或許他的美夢可以成真。但他忘了，此時英國的大當家可是一位剛硬不次於邱吉爾的鐵娘子！

　　在得知阿根廷出兵的消息後，柴契爾夫人立即召開內閣緊急會議，並致電美國總統雷根（Ronald Reagan），請求他派國務卿黑格居中調停。4月19日，由於英、阿兩國政府都不肯讓步，黑格的調停宣告失敗。

　　柴契爾夫人聲稱：既然不能和平解決，那「我們必須還擊」。

　　然而，此時政府內部卻出現了不和諧的聲音。許多官員，就連國際部的官員也認為，如果要動用武力收復馬島，英國無論從經濟或者後勤角度來看，都困難重重。只有海軍參謀長里奇主張用兵。

　　柴契爾夫人不顧大多數官員的反對，毅然下令召回駐紮在北約的本國軍艦，準備出兵馬島。

　　4月22日，英國的特混艦隊抵達馬島水域。柴契爾夫人下令擊沉阿根廷唯一的一艘萬噸級巡洋艦「貝爾格拉諾將軍」號，船上368人喪生；阿根廷空軍用飛魚導彈擊中英國護衛艦「謝菲爾德」號，21人死亡。馬島戰爭全面展開。5月20日，英國2,400名海軍陸戰隊員和傘兵在馬島登陸，6月14日占領其首府史坦利港，阿守軍繳械投降。這次戰爭歷時兩個多月，1,000多人死亡，1,700多人受傷。英國有14艘艦船被摧毀或擊沉，255人喪生。

　　柴契爾夫人之所以要打這場戰爭，實際上有她難言的苦衷。因為馬島問題如若是處理不當，她自己就不得不引咎辭職，結束來之不易的政治生涯。

　　馬島戰役雖然取得了勝利，實際上依靠的卻是英阿兩國巨大的軍事實

力反差。並且這場戰爭也算勝得僥倖，因為阿根廷距馬島僅 480 公里，英國卻距其約有 15,000 公里，英國等於繞過半個地球去作戰。補給線之長，無疑涉險中之險，一旦供應不上或被阿軍切斷，25,000 名英軍只能束手就擒。幸好負責切斷英軍後勤線的阿根廷海軍，犯下致命性的錯誤，才將已經占領的馬島拱手相讓。

不管怎麼說，馬島戰役的勝利，在政治意義上還是很非常大的，不僅為柴契爾夫人在隨後的大選中獲得重要的籌碼，還使得英國在國際上的地位有顯著的提高。

挾著馬島戰役勝利的餘威，西元 1982 年 4 月，柴契爾夫人信心百倍地去到中國，與中國政府談判香港問題。當她見到身材不高的中國中央軍委主席鄧小平時，以為他是那種容易妥協的人。只不過這回，柴契爾夫人失算了。

在訪華會談中，柴契爾夫人採取攻勢，咄咄逼人。她說，中英兩國過去簽訂有關香港問題的《南京條約》、《北京條約》和《展拓香港界址專條》都是國際協定，至今仍然有效，中國可透過協商加以修改，但不能單方面予以廢除。鄧小平則斬釘截鐵地告訴她，中國到西元 1997 年一定要收回香港，不僅是新界，還包括香港、九龍，「中國在主權問題上沒有迴旋餘地，這個問題不容討論。」柴契爾夫人又威脅說，要是中國宣布收回香港，那對香港經濟信心所產生的影響，將是「災難性的」。

鄧小平針鋒相對地說，如果中國宣布要收回香港，會像柴契爾夫人說的「帶有災難性的影響」，那我們更要勇敢地面對這個災難，作出決策。鄧小平進一步指出，混亂是人為的，這當中不光有外國人，也有中國人，而主要是英國人。柴契爾夫人強調，英國對香港和香港人承擔著「責任和

義務」，必須保持香港經濟的信心和維護香港的繁榮。她提出讓中國政府把香港的主權與管理權分開。

鄧小平批駁說：「保持香港的繁榮，我們希望取得英國的合作，但這不是說，香港繼續保持繁榮，必須在英國管轄之下才能實現。香港繼續保持繁榮，根本上取決於中國收回香港後，在中國的管轄下實行適合於香港的政策。」鄧小平告訴柴契爾夫人，香港仍將實行資本主義，現行的許多適合的制度會保留，中國政府將和香港各界人士廣泛交換意見，制定不僅香港人民可以接受，而且其他投資者、首先是英國也能夠接受的方針政策。他建議中英雙方達成一個協定，透過外交途徑開始進行香港問題的磋商。前提是西元 1997 年中國收回香港，在這個基礎上，磋商解決今後 15 年該怎樣過渡，以及 15 年後香港該怎麼辦的問題。

柴契爾夫人剛來時的信心，頃刻間就被這個初看起來並不起眼的老人擊得粉碎。會見結束，柴契爾夫人神情恍惚。當她走出人民大會堂時，看到眾多記者在等待採訪，不得不強作歡顏，可心裡還是十分失落。她帶著這種心情，一面微笑著向人群招手，一面抬腳向階梯邁去。突然，「鐵娘子」腳下一滑，險些摔倒。幸好身邊的人及時扶住，才沒造成更尷尬的局面。那些記者自然不會放過這個千載難逢的猛料，一時間，相機的喀嚓聲不絕於耳。英國和香港的媒體對此一語雙關地評論道：「柴契爾夫人與鄧小平會談時摔了跤。」

離開中國後，柴契爾夫人並不死心，她仍想將香港控制在英國的手中。但中國方面的態度比鋼還要強硬，指出雙方只能在中國提出的條件基礎上談判，否則，中國有能力採取其他手段來收回香港的主權。

「鐵娘子」遇到了剋星，無奈之下只好讓步。西元 1983 年 3 月，柴契

爾夫人寫信給中國總理趙紫陽，代表英國政府作出了有條件交還香港的保證，實際上放棄了不平等條約有效論。此後在實質性問題的討論中，中方批判英方關於「以主權換治權」的想法，指出主權與治權不可分割，中國決心在西元 1997 年收回香港，包括主權和管治權。

10 月，柴契爾夫人捎信給趙紫陽，表示同意在中國建議的基礎上，探討香港永續性安排。於是談判峰迴路轉，進入了以中國關於解決香港問題的基本方針政策為基礎的軌道。中英兩國歷時兩年，經過 22 輪艱苦、曲折的談判，終於在西元 1984 年 9 月就香港問題達成了協定。根據這項協定，西元 1997 年 7 月 1 日，中國恢復對香港的主權，英國在香港一個半世紀的殖民統治宣告結束。

為什麼柴契爾夫人沒有把馬島戰役時的強硬態度，帶到中國的談判桌上呢？用她自己在回憶錄《唐寧街歲月》（*The Downing Street Years*）中的一句話，可以完美地回答這個問題：「這不是什麼勝利，也不可能有什麼勝利，考慮到這樣一個事實：我們與之打交道的是一個毫不妥協、有著壓倒性優勢的國家。」

無可奈何花落去

西元 1989 年，已經是柴契爾夫人執政的第 10 個年頭了。在這一年，通貨膨脹再度失去控制，利率居高不下。她所採取的一些措施，不僅在人民當中引起一片反對聲，就連政府內部也多有不同意見。而保守黨也因為執政失利，導致在幾場地方補選中接連敗北，黨內人心不安。

隨著西歐一體化步伐加快，英國政府在歐洲政策上分歧加深。以柴契爾夫人為首的一派，反對正在建設的歐洲經濟貨幣聯盟，對深化西歐政治

經濟合作態度消極，認為歐洲共同體正在把自己變成一個超國家機構，在控制英國等成員國的主權。另一派以外交大臣傑弗里‧豪等人為主，主張英國應該加入，採取更為積極的態度。首相柴契爾夫人和豪外相意見相左的表態，不斷被記者發現並公布於報紙版面上。柴契爾夫人一怒之下，將豪解除職務，改任保守黨下院領袖，並給了一個「副首相」的空頭銜。豪對此憤憤不平，西元 1990 年 11 月，在一次內閣會議上與柴契爾夫人發生衝突後，終於上交辭呈。

這次豪的辭職把黨內矛盾和鬥爭，暴露在光天化日之下，使保守黨在思想上進一步分裂，大大損害了柴契爾夫人的領袖威信，也削弱她的領導地位。

此時，資深議員、前國防部長赫塞爾廷，也來給焦頭爛額的柴契爾夫人雪上加霜，宣布競選保守黨領袖。而柴契爾夫人卻重蹈其前領袖希思過於自信的覆轍，自以為得到絕大多數保守黨議員的支持，一舉擊敗赫塞爾廷沒有問題，領袖選舉必操勝券。

11 月 20 日，第一輪投票結束，柴契爾夫人贏得超過半數的選票，但還不足以贏得選舉。她大吃一驚，連忙召集競選團隊和內閣成員緊急磋商，遺憾的是，他們一致認為，柴契爾夫人贏得第二輪競選的可能性不大，集體勸告她辭去職務，讓位於財政大臣梅傑（John Major），以阻止赫塞爾廷成為黨魁。

柴契爾夫人此時真正意識到大勢已去，才下決心辭去職務，支持提名梅傑競選。最後梅傑當選黨魁，也一併接過了她的首相職位。

西元 1990 年 11 月 28 日，柴契爾夫人收拾行裝，和聚集在門口的首相府工作人員一一握手道別，在丈夫的陪同下走出唐寧街 10 號的大門，

向記者簡短講了幾句，跨進汽車疾馳而去。就這樣，柴契爾夫人結束了她11 年的英國首相生涯。

　　瑪格麗特‧柴契爾夫人雖然離開了英國政壇，可是她在執政 11 年的時間裡，帶給英國的功績卻是不容歷史抹殺的。她堅韌無比的性格，果斷勇敢的氣魄，將一個日漸衰落的夕陽帝國，一手推進了先進國家的行列，讓世界為之側目，讓諸強不敢小視。每逢波詭雲譎、暗潮洶湧的關頭，她總能及時審時度勢，化險為夷。睿智的頭腦讓她在英國政壇上大放異彩，打破了這個古舊、保守的國家政壇上，許多鐵一般的紀錄。

　　但成也蕭何，敗也蕭何。柴契爾夫人鋼鐵般的意志在為她帶來赫赫威名、為大英帝國帶來生機之時，也給她自己釀成了苦果。她的固執己見、絕不妥協的個性，讓她樹敵太多，為政治生命的結束埋下了種子，這不能不說是她從政生涯中的一處敗筆。

　　不管怎麼說，柴契爾夫人在重振英國雄風的過程中，有著不可替代的作用。

菲律賓人民的柯莉

—— 柯拉蓉・艾奎諾

柯拉蓉‧艾奎諾（Corazon Aquino），一位有著華人血統的菲律賓女性，她是「群島之國」菲律賓的第一位女總統，也是東南亞地區的第一位女總統。菲律賓人民親切地以她的小名「柯莉」稱呼她，以此表達對她的歡迎和愛戴。

　　西元 1983 年 8 月 21 日，菲律賓機場的一聲槍響，拉開了柯拉蓉改變菲律賓歷史的序幕 —— 這是藏在黑幕後的陰謀家，無論如何也沒有想到的。

門當戶對結姻親

　　西元 1933 年 1 月 25 日，菲律賓丹轆省的名門望族，許寰哥家族中誕生了一個女嬰。信仰天主教的父親何塞‧許寰哥二世替這個可愛的女兒取名為「柯拉蓉」，在菲律賓語中是「心」的意思。她的全名是「柯拉蓉‧許寰哥」，暱稱「柯莉」，後來出嫁後從夫姓，全名為「柯拉蓉‧許寰哥‧艾奎諾」，人們常簡稱為「柯拉蓉‧艾奎諾」或「科‧艾奎諾」。

　　柯拉蓉的父親喬斯受過高等教育，自己創辦了幾家公司，是丹轆省的稻米和糖業大王。柯拉蓉的母親一生生活富足，卻仍堅持勤勞節儉，親自操持家務、相夫教子，為人和藹善良。母親的美德深深地影響著柯拉蓉，讓她也漸漸成為像母親一樣溫柔賢惠的女人。

　　柯拉蓉的曾祖是華人移民，但信仰天主教的許寰哥家族卻沒有「女子無才便是德」的落後觀念。她自幼得到了像對待男孩一樣的精心呵護，同時家人也十分重視對她的教育。獲得過雙學士學位的父親非常重視知識，對孩子們的學習盯得很緊，對柯拉蓉自然也不例外。

　　日本占領菲律賓時，為了躲避日本人的欺凌，許寰哥氏舉家搬到美國，柯拉蓉被送到了美國學校讀書。西元 1946 年，日本人離開菲律賓，柯拉蓉的家人都回國了，年僅 13 歲的她卻被繼續留在美國讀書。畢竟當時在美國才有最好的教學環境，父母希望女兒得到最好的教育。

　　柯拉蓉初到美國時，在費城的拉文山學院讀書，西元 1949 ～ 1953 年，又在紐約聖文森特山學院主修法語和數學。

　　在那裡，柯拉蓉學習非常勤奮、用功。在西元 1986 年接見法國記者時，她那一口道地的法語讓對方驚嘆不已；而對數學的學習，更是鍛鍊了她的思維能力，為她日後作為一國領袖處理政務，奠定了有利基礎。

　　除了學習外，柯拉蓉也積極從事聖母慈善團的活動。她的仁愛和謙恭在學校裡出了名，為她贏得不少朋友。

　　西元 1953 年，柯拉蓉大學畢業，回到馬尼拉，進入馬尼拉的遠東大學學習法律。其實她並不想當律師，只是想探討一下法律的奧妙。不過她並沒有完全學完法律課程就中途輟學，準備結婚 —— 因為她愛上了尼諾（Ninoy Aquino）。

　　「尼諾」是小班尼格諾‧艾奎諾的愛稱。他比柯拉蓉大一歲，其家庭是丹轆省的大種植園主。艾奎諾家族與許寰哥家族是世交，關係非常親密。

　　柯拉蓉在美國讀書期間，曾回菲律賓過暑假。在一次舞會上，艾奎諾認識了柯拉蓉，對她一見鍾情，但當時柯拉蓉並沒怎麼在意。暑假結束後，柯拉蓉回到學校，艾奎諾的情書「頻頻飛來」。奇怪的是，這些情書談的多是世界大事、國家前途、民族命運之類的政治問題，很少有風花雪月、兒女情長。面對這樣的情書，對政治毫無興趣的柯拉蓉都不知該怎樣回覆。

柯拉蓉結束在美國的學業回到馬尼拉後，艾奎諾加強了戀愛攻勢，柯拉蓉招架不住，終於墜入愛河。西元 1954 年 10 月 11 日，柯拉蓉與艾奎諾結為百年之好。隆重而又盛大的婚禮，在馬尼拉天主教大教堂舉行，連菲律賓前總統麥格賽賽（Ramon Magsaysay）也親自趕來為他們當證婚人。艾奎諾時年 22 歲，柯拉蓉 21 歲。

　　婚後，他們飛往美國度蜜月，在定居於美國的艾奎諾胞姊家住了三個月。他們在回憶認識過程中，彼此對對方的印象時，幸福之情溢於言表。艾奎諾說他找到了人世間最賢惠的女子；柯拉蓉則說：「他是我所認識的最富有才智、最富有情趣的男人。」

　　結束蜜月之旅，從美國回到馬尼拉，柯拉蓉先後為艾奎諾生下四女一男。由於艾奎諾全心投入政治，柯拉蓉心甘情願地擔當起全部家務，精心教育子女。

　　儘管柯拉蓉對政治不感興趣，不過對艾奎諾從政，她是全力支持的。她努力學著做自己不會做和不願做的事。就這樣，艾奎諾夫婦一家日子過得幸福和諧。但是，既然艾奎諾選擇了參與政治這條道路，在當時的菲律賓，就注定要承受困難與風險。雖然剛剛結婚不久的夫妻倆生活美滿，可他們並不知道，厄運已經在前面等著他們了。

樹欲靜而風不止

　　結婚後的幾年中，艾奎諾春風得意，平步青雲：23 歲就當上了丹轆省康普西翁市市長，此後節節高升。西元 1967 年，不滿 35 歲的他破例當選為參議員，在菲律賓政壇上大放異彩，成為有可能取代當時總統馬可仕（Ferdinand Marcos）的人。

　　斐迪南·E·馬可仕在西元 1965 年登上菲律賓總統寶座，西元 1969年又取得連任。按照西元 1935 年的憲法規定，馬可仕不能參加第三次連任總統競選，他的第二次總統任期將於西元 1973 年結束。但是馬可仕骨子裡是個獨裁者，從沒想過要下臺，因此勢頭咄咄逼人的艾奎諾自然成了他的眼中釘。而艾奎諾看馬可仕也不順眼，常常勇敢地、直言不諱地抨擊馬可仕政府的弊政。馬可仕恨得牙根癢癢，暗中決定要壓一壓這個討厭鬼的氣焰。

　　西元 1972 年 9 月 21 日，馬可仕宣布全國實行軍事管制，強行解散議會，取締政黨，甚至連副總統也被他廢黜了。就在當天，馬可仕又簽署了公告，派人逮捕艾奎諾。

　　艾奎諾身陷囹圄後，柯拉蓉與之前的家庭婦女形象判若兩人，她的生活方式和思想觀念，都發生了巨大變化，她的人生道路出現一個新的轉折。柯拉蓉過去滿足於當一個賢妻良母，一心只想讓丈夫專心於事業而無後顧之憂。只是現在丈夫被捕入獄，情況就變了，她身上的擔子重了許多。

　　丈夫雖然失去人身自由，卻又不肯停止政治鬥爭，她就必須充當丈夫與外界連繫的主要連繫員，並且成為艾奎諾的耳朵、眼睛和聲音。她利用一切機會將各種消息告訴丈夫，也向社會上關心艾奎諾的人轉述丈夫的情況，鼓勵反對黨的士氣。和社會接觸得多了，她才知道社會上還有那麼多不公和悲慘。從那時起，她開始關心別人，同時還努力學習與記者打交道的經驗，結交不少外國記者朋友。

　　艾奎諾入獄 7 年零 7 個月中，柯拉蓉從來沒有錯過任何一次探監的機會。

別的夫妻探監時都是卿卿我我，但柯拉蓉卻是向艾奎諾報告，上次探監到此次之間發生的一些大事。柯拉蓉以這種方式支持著丈夫，同時也鍛鍊著自己。

西元 1980 年 3 月，艾奎諾因心臟病終於被批准出國治療。柯拉蓉帶著兒女陪丈夫到美國德克薩斯州達拉斯。在那裡，艾奎諾接受了手術治療。術後，艾奎諾一家住在波士頓，柯拉蓉又重新開始了全職家庭主婦的生活。然而這種平靜的幸福生活只維持了 3 年，當聽說馬可仕總統的腎病和紅斑性狼瘡惡化，命不久長，繼任總統問題再次成為菲律賓熱門話題時，艾奎諾急於回國了解形勢，整合反對派力量，參加西元 1983 年的總統競選。

雖然知道此行危機重重，但柯拉蓉尊重丈夫的意願。她理解自己的丈夫，無條件同意丈夫的選擇。

不幸的事發生了。西元 1983 年 8 月 21 日中午，艾奎諾抵達馬尼拉機場，飛機剛剛停穩，幾名身穿軍服的人搶先走到他身邊，將他「護送」出飛機。其中兩人突然拔出手槍，從背後向艾奎諾的頭部射擊，艾奎諾當場死亡！

柯拉蓉在美國得知消息，立即趕了回來。

當她身穿黑色禮服、面容憔悴地站在艾奎諾遺體面前時，整個菲律賓也因得知艾奎諾被害，而陷入一片狂怒和動亂：銀行在擠兌，超市在搶購，全馬尼拉停電，軍隊開進大學校園⋯⋯群眾和反對派走上街頭遊行示威，要求徹底查清事實真相。菲律賓上下一致認為：這起謀殺案，馬可仕難逃關係。

國際輿論也紛紛抨擊馬可仕政權的法西斯行徑。馬可仕連忙假惺惺地

組織所謂「艾奎諾命案調查委員會」，還邀請柯拉蓉參與調查。柯拉蓉一針見血地指出：艾奎諾是被馬可仕指使軍人殺害的，在馬可仕的示意下，絕對無法查明真相，她堅決拒絕參加這樣的「調查委員會」！

在葬禮上，柯拉蓉表現出異常的鎮靜和剛毅，她知道，悼念最心愛的人，僅僅痛哭是遠遠不夠的。她決心化悲痛為力量，完成丈夫未了的心願。從此，柯拉蓉義無反顧地投入菲律賓的民主鬥爭中。

為竟夫業入政途

正如柯拉蓉所預料的，艾奎諾命案的調查最終不了了之。這更進一步加深了，菲律賓人民乃至國際社會對馬可仕的懷疑。

西元 1985 年 12 月，在菲律賓反對派和美國的壓力下，馬可仕不得不宣布提前舉行大選，日期定於西元 1986 年 2 月 7 日。

當時，反對派群龍無首，各自為政，沒有一個反對派總統候選人，能獲得反對派中各勢力的一致接受。而大家又都清楚，如果各自推出自己一方的候選人，勢必會分散選票，讓馬可仕輕鬆勝出。各派別首腦反覆考慮，覺得只有柯拉蓉‧艾奎諾是最合適的人選。雖然柯拉蓉沒有加入任何政黨，也沒有什麼政治實力，不過她是受人敬仰又被謀殺了的艾奎諾之妻，一定能得到民眾的認同。並且她品德良好，為人正派，沒有汙點。雖然缺乏從政經驗，但這問題不大，以她的智慧，應該能夠在理政時增長才幹，何況還會有專家、顧問的輔助。

柯拉蓉本人原本對政治絲毫不感興趣。所以當反對派各勢力領導人要求她參選時，她曾一度猶豫不決。但當想到丈夫的夢想、想到丈夫慘死，

至今案情未能大白於天下時，性格堅強的她決定繼承遺志，完成丈夫未竟的事業。

柯拉蓉多次發表演講說，並不是為自己的丈夫報私仇，而是為菲律賓的新生、為全體菲律賓人民的自由和民主而奮鬥。她以坦率、寬容和謙讓的良好品德，很快就贏得菲律賓人民的愛戴，她走到哪裡，哪裡就出現歡迎的場面，人們歡呼：「柯莉，柯莉，我們的柯莉！」

馬可仕起初對形勢完全猜想不足，根本沒把柯拉蓉放在眼裡。這時，柯拉蓉為了檢驗一下自己的民眾支持率，發起一場徵集簽名運動，結果她得到 120 萬人的簽名。馬可仕知道了這件事後，發現「這個女人不尋常」，連忙利用尚在手中的權力，開動一切宣傳機器拉攏和收買選民，自己則拖著渾身浮腫的病軀，帶著妻子伊美黛（Imelda Marcos），走遍菲律賓各大中城市，為大選拉選票。於是，人們常從電視畫面上看到一個步履維艱、有氣無力的馬可仕。

與馬可仕形象形成鮮明對比的是，柯拉蓉總是那樣風姿綽約、活力四射，顯然是一位充滿魅力的東方女性。她習慣穿一身簡潔得體的黃色套裝，時而用英語，時而用本國語言發表言簡意賅的演講。她向民眾訴說著他們夫婦在馬可仕獨裁統治下，屢遭迫害的苦難，號召人民起來推翻馬可仕獨裁統治，恢復民主，振興經濟。

柯拉蓉充滿激情的演講，得到了數以萬計的選民擁護。馬可仕卻譏諷她，只能圍著鍋臺轉，沒有經驗，治理不了國家。柯拉蓉鏗鏘有力地回擊說：「我承認，我的確沒有馬可仕那種欺騙、撒謊和暗殺政敵的經驗。可我不是獨裁者，我不會說謊，不會舞弊。我雖然沒有經驗，卻有參政的誠意，選民需要的就是一個和馬可仕完全不同的領袖。」經過幾番較量，柯

拉蓉深得民眾支持的聲勢越來越明朗。

為乘勝追擊，柯拉蓉在競選策略上也及時作出調整，對美國轉而採取比較現實的態度。美國原來對柯拉蓉要求廢除美國在菲律賓軍事基地的堅決態度極為不滿，並且懷疑她與菲律賓左傾勢力有連繫；但馬可仕政權腐敗透頂，喪失民心，柯拉蓉在美軍基地問題上態度則有所緩和，明確表示基地可以維持現狀，到西元 1991 年基地協定期滿後再作考慮。種種因素促使美國決心盡快換馬，於是開始施展各種手段逼馬可仕下臺。先是派出龐大的觀察團和記者團，實為監督選舉，揭露馬可仕在選舉中搞的各種弄虛作假的醜聞；又對馬可仕進行人身攻擊，摘去他替自己戴上的光環。

西元 1986 年 2 月 7 日，菲律賓大選日終於來臨。柯拉蓉在她的家鄉丹轄省帕尼基市投下了平民神聖的一票。這一天，馬可仕指使手下在菲律賓全國各地施展各種卑鄙手段，阻撓民眾把選票投給柯拉蓉，致使 30 多名平民死於非命。次日凌晨，政府選舉委員會和國民自由選舉運動點票中心，各自公布點票結果，前者稱馬可仕領先，後者稱柯拉蓉獲勝。柯拉蓉當即宣布，稱人民和她已經取得勝利，局勢不可逆轉！馬可仕也不甘示弱，在國家電視臺宣布自己十有八九獲勝了。

9 日中午，因有人為使公布的數字與電腦顯示器上的數字不符，政府選舉委員會的 30 名電腦操作人員憤然辭職，這無疑是給馬可仕指使人搞舞弊行為的當頭一棒。但馬可仕不知收斂，選舉疑點仍不斷出現。2 月 16 日，菲律賓議會（國民議會）竟然宣布，馬可仕比柯拉蓉多得 150 萬張選票而當選總統，國民議會中的反對派立刻表示強烈抗議，憤然退場。菲律賓全國隨後爆發了一場維護公正選舉和反對營私舞弊的浪潮，世界各國的新聞媒體也都關注著「群島之國」的動盪局勢。

西元 1986 年 2 月 15 日，柯拉蓉宣布，她以壓倒性的優勢在菲律賓大選中獲勝；相對而言，統治一國長達 20 年之久的馬可仕輸了。群情激昂的選民們高呼「打倒馬可仕」、「支持柯莉」的口號。國際輿論對柯拉蓉的獲勝與馬可仕的倒臺，也報以支持的態度，西班牙、法國、西德以及英國等歐洲共同體國家駐菲大使和使館工作人員，特地參加了柯拉蓉一派的慶祝活動。

　　特別是馬可仕政權的國防部長恩里萊，和副總參謀長羅慕斯（Fidel V. Ramos）兩人的倒戈，給了馬可仕致命一擊。為了阻止兩人給自己帶來的不利後果，馬可仕對其所在的阿吉納多軍營發動軍事打擊，但令他沒想到的是，他們兩人在此戰中，得到數以萬計平民百姓的支持。群眾以自己的身軀組成「人牆」擋住馬可仕部隊的坦克，保護恩里萊和羅慕斯的官兵，柯拉蓉的女兒和婆婆也都加入「人牆」之中。

　　馬可仕下令增派空軍對軍營狂轟爛炸，不過馬可仕的官兵紛紛倒向柯拉蓉一邊。正在外地的柯拉蓉聞訊趕回馬尼拉，當機立斷，連繫各界名人 150 人簽名通過一項決議，宣告菲律賓人民已經授權柯拉蓉和薩爾瓦多‧勞雷爾（Salvador Laurel）分別為新任正、副總統，並於西元 1986 年 2 月 25 日上午舉行宣誓就職儀式。

　　就職儀式在菲律賓人民俱樂部舉行。柯拉蓉按照自己在重要場合穿黃色套裝的慣例，穿上一套考究的黃色衣裙。她與 5 名子女和婆婆一起來到俱樂部，1,000 多位各界人士、各黨派代表和工商界頭面人物都等候在那裡，美國和法國等國家的外交官也在。在菲律賓最高法院大法官克勞迪奧‧鄭建祥監督下，柯拉蓉舉起右手，左手放在《聖經》上，莊嚴宣誓：「我將忠誠、認真地完成身為菲律賓總統的職責……請上帝保佑我。」

她用清晰流暢、略帶美國語調的英語，發表了簡短的就職演說，儀式結束後，柯拉蓉立即委任勞雷爾為副總統，恩里萊為國防部長，提升羅慕斯少將為中將，擔任武裝部隊總參謀長。有趣的是，在柯拉蓉的就職儀式後兩小時，馬可仕的總統宣誓就職儀式，也在馬拉卡南宮開始了。只不過他的就職儀式冷清悽慘，許多原來答應前來參加就職儀式的政要、高官都沒來，也沒有任何一個國家的外交使節到場，甚至連一名為他做祈禱的天主教神職人員都請不到。

在整個儀式過程中，馬可仕的妻子一直在流淚，而他的兒子則全副武裝，荷槍實彈，神情緊張。

馬可仕在首席法官的監督下宣誓就職，煞有介事地發表就職演說，但正當他說到「此時此刻，沒有人比我更值得驕傲」時，電視畫面突然中斷，會場內亂成一團，經過了解大家才知道，原來反對馬可仕的部隊已占領了電視臺。馬可仕宣誓就任總統的一幕醜劇宣告結束。

這樣一場鬧劇，也稱得上是 20 世紀的一場奇聞。而製造這場不識時務的鬧劇的馬可仕，面對全國人民的怒罵與嘲諷，當晚就帶著全家搭乘美國飛機逃到夏威夷。

就這樣，菲律賓 20 多年的獨裁統治結束了，一個新的時代被一個女人帶到了菲律賓人民面前。

雷霆手段抓政經

馬可仕外逃，柯拉蓉得以順利上臺執政。可是當上總統後，她不得不面對馬可仕留下的爛攤子。此時，國民經濟處於崩潰邊緣，菲律賓共欠外

債 260 億美元，國內失業率居高不下，全國勞動力的 1／3 找不到工作，連首都馬尼拉都有 200 萬人生活在極端貧困中，其中有 60 萬人無家可歸。當時的菲律賓，除了色情業以外，幾乎再沒有一個行業，能讓人感到繁榮興旺。

與此同時，國家內部還存在著戰亂和分裂的隱憂。「菲律賓共產黨」有自己的一支軍隊，並且當時已發展到兩萬人，在柯拉蓉上臺前，一直致力於武裝鬥爭；而「摩洛民族解放陣線」由於自己的穆斯林信仰與天主教格格不入，與政府矛盾一直很深，所以也建立了自己的武裝，並要求脫離菲律賓，獨立建國。除此之外，菲律賓軍隊派系林立，而支持馬可仕的少數部隊，也頻頻向新政府發難。

面對國內嚴峻形勢，柯拉蓉並不驚慌，她冷靜地呼籲人民給她時間處理這些問題。

在宣誓就職的第三天，柯拉蓉就下令釋放 39 名政治犯。她宣布說，政府將「毫不例外地釋放所有政治犯」。3 天之後，柯拉蓉政府釋放了菲律賓共產黨領導人以及其他被拘留的政治犯，總共 517 人。

接著，柯拉蓉又在一些公開場合表示，她準備與菲共的新人民軍對話。她說，如果與新人民軍對話取得成功，那麼釋放被馬可仕關押的以西森和丹蒂為首的反叛高級首領是必要的。

為了以引人注目的方式，向新人民軍表示誠意，柯拉蓉首先下令在棉蘭老地區中部單方面停火，停止對新人民軍和「摩解」組織的軍事行動。她要求軍隊把注意力轉移到準軍事部隊方面，追回選舉期間發給馬可仕支持者的非法武器。

在 3 月 22 日的菲律賓軍事學院畢業典禮上，她向 2,000 多名學員發

表演說。她說，她現在對菲律賓人民首先要做到的，就是消除侵犯人權的行為，「只有揭露錯誤行為，我們才能開始新生。」「只有對過去做出誠實的判斷，才能使今後有個乾淨的開始。過去的惡習要調查，確實有罪行或嚴重錯誤的軍官和士兵要適當處理。」接著，她向叛亂分子呼籲，稱他們是「我們在山上的兄弟姊妹」，「你們進行反馬可仕的戰爭，因為他是最不公正、貪婪和殘忍的化身，我和他鬥爭也是出於同一個原因」。她勸他們與政府和解，共同建設菲律賓。

與此同時，柯拉蓉希望從世界銀行得到安置新人民軍等反叛者計畫的援助。但是，建立內閣委員會審查各部門提出的計畫，需要 5 個月的時間，內閣認真著手做這件事情又需要 5 個月的時間。倘若讓反叛政府的武裝力量回歸，政府必須首先為他們提供土地、工作和住房。經過努力，一些地方的教會、社會團體幫助政府解決了這個困難。

但還有更多的問題需要政府去解決，柯拉蓉為此不懈地努力著。她甚至成功地與菲共和「摩解」達成了一些協定，並實現短暫的停火。令人惋惜的是，更多的當權者似乎更喜歡自己的國家處於混亂中。他們一系列的愚蠢行為讓柯拉蓉疲於奔命，進展甚微。

不管怎麼說，與菲共以及「摩解」取得的協定，是柯拉蓉・艾奎諾執政以來最出色的成就。美國官方對菲共疑懼頗深，卻也支持柯拉蓉和菲共和談的政策。

除了努力使菲律賓國內環境保持穩定，柯拉蓉還積極進行發展菲律賓經濟的努力。

上臺後，柯拉蓉首先凍結、沒收了前總統馬可仕，以及其親信搜刮來的不義之財，打破了 20 年間馬可仕的親信對菲律賓經濟命脈——食

糖和椰子業的行業壟斷；鼓勵發展私人企業和中小企業，同時，組織了霍維託‧薩隆加方主持的廉政委員會，該組織負責追查馬可仕在國內外的財產。

柯拉蓉還非常重視農業經濟的發展。她在政府的中期發展計畫中，把發展農業當成重點，這包括增產稻米和作為輕工業原料的經濟作物。她特別撥款 39 億比索作為農業的緊急就業費用，救濟貧困農民；同時，調撥 60 億比索作為農村基本建設經費，取消農業產品的出口稅，降低化肥、農藥的價格和農業貸款利率，積極吸引外資以支持鄉村企業的發展。

在新政府的努力，和農民積極生產得到發揮的情況下，菲律賓在西元 1986 年下半年的農業產品收成比例，比上半年增長約 10%。若是按照這個增長速度，到西元 1987 年，菲律賓的糧食就能達到自給自足的程度。

菲律賓是一個農業國。這就表示它仍是一個經濟上十分落後的國家。所以，要讓菲律賓三分之二的農民逐漸富有，完成農業向工業的過渡，首先要進行的是改變生產關係，解放生產力，也就是進行土地改革。這是廣大無地農民強烈而迫切的要求，也是發展農村經濟的必經之路。

柯拉蓉注意到了這一點，上臺後，便召集一批人積極制定土改方案。

西元 1987 年 4 月，柯拉蓉批准了一個「六年加速土地改革方案」。該方案計劃在 6 年內，將 390 公頃土地分給 200 多萬農民，這包括地主擁有的稻田、玉米地種植園，政府閒置、沒收和徵購的土地等。

除此之外，柯拉蓉還計劃了另外一些促進經濟發展的措施。

首先，她提倡自由經濟，鼓勵私人企業發展。西元 1986 年 4 月 30 日，柯拉蓉在馬尼拉舉行的亞洲發展銀行年會上致詞說，她的主要目標「是使政府較少地干預經濟」。她把從馬可仕及其親友那裡沒收來的公司和

企業發售給私人，並從稅收經營方面給予私人企業各種鼓勵和照顧。她還特別強調要加強外貿輸出，多生產質優價廉的出口產品，讓它具有國際競爭力。

柯拉蓉認為，只有發展出口產品的生產，促進外貿，才能促使菲律賓加快經濟增長。為此，柯拉蓉從西元 1986 年 6 月起，取消了木材以外的所有商品的出口稅。在這之前，政府的經濟部還撥款 16.6 億美元作為公共建築開支，刺激建築業的發展，並計劃在 18 個月內僱用 100 萬名工人。

西元 1986 年 10 月，柯拉蓉向菲律賓商界透露，政府還在擬定經濟改革方案，它的內容包括：削減赤字、重新振興政府的金融機構，特別是強調發展銀行和國家銀行扶植私人企業等。柯拉蓉形象地比喻說：「政府已經造成滿壘，現在是要商界擊出全壘打以便獲得滿分。」

其次，她決心敞開國門，面向世界。西元 1986 年 6 月和 11 月，她不顧菲律賓盛傳的政變謠言，先後飛往美國和日本，向這兩個國家朝野介紹菲律賓的經濟現狀並尋求貸款。

柯拉蓉在當年 9 月抵達美國。由於菲律賓特殊的大選，和全世界都意想不到的結果，使柯拉蓉・艾奎諾早已成為全世界的名人。但美國政府的看法多少有些不同，美國總統雷根和他的顧問們不喜歡柯拉蓉對叛亂、美國基地和外債等問題上的不肯定態度，而柯拉蓉對裡雷根與馬可仕之間的友誼、美國的援助承諾遲遲不兌現也極為不滿。不過她與雷根總統的會談是成功的，彼此都產生了一種默契。談話預計 10 ～ 20 分鐘，結果他們談了一個小時。

柯拉蓉為了盡快獲得美國的援助，還特意趕到美國參議院，站在美國的議員面前，講起自己死去的丈夫和他的追求，以示他為此而付出的沉重

代價。她也談到了新政府對民主的信念，她告訴參議員們，丈夫的死「使我們恢復了勇敢和信心，只要有這些，（人民）可以再次獲得自由。於是就開始革命，革命把我帶到民主最有名的故鄉 —— 美國的國會」。

她接著說：「……在我們建立一個新的民主國家，和被壓迫者的避難所時，與我們站在一起吧！」

柯拉蓉的同行者抱怨她的講話裡「沒有外交政策，沒有經濟政策，沒有足夠的政治家的風度……」但當柯拉蓉走下講臺時，美國共和黨多數黨領袖參議員羅伯特‧多爾說：「柯莉，妳打出了一個全壘打！」柯拉蓉一笑，說：「我希望奠定一個基礎。」

訪問完美國後，柯拉蓉‧艾奎諾又來到了日本。

柯拉蓉在日本首相中曾根為她舉辦的宴會上說：「我們希望能在菲律賓成功，在亞洲和整個世界發揮我們應有的作用。」她還說：「我深信菲日關係將會更好。」她在日本眾議院議長和參議院議長設的宴會上說：「我們需要援助，但更重要的是，我們需要日本對菲律賓的繁榮和希望表示出信心。」

中曾根事後讚揚柯拉蓉「姿態甚為坦白、誠實，同樣洋溢著愛國之情」，「她的每一言詞都讓日本人留下了深刻的印象」，「她是一位偉大的領袖，慷慨的女性」。

柯拉蓉於6月5日回到菲律賓，她對記者說：「日本被證明是一個支持菲律賓發展的、真正可以信賴的朋友和盟友」，「儘管菲律賓存在著政變的謠言，有不穩定的因素產生，不過日本明確表示支持菲律賓政府，並慷慨地提供援助」。

柯拉蓉的美、日之行，取得了相當巨大的成功。美國政府批准給菲律

賓新政府兩億美元的貸款。日本政府決定向菲律賓提供 1,000 億日元的援助，其中包括 404 億日元特別貸款，供菲律賓建設卡拉卡火力發電站；500 億日元貸款（作為第 14 次貸款）；還有無償資金合作約為 90 億日元。後兩項都比以前同類貸款數目增多了。

柯拉蓉在美國和日本特別注意與商界名流接觸，請求他們到菲律賓來投資。她還將政府沒收的馬可仕及其親友的企業（約合 18 億美元）向日本商人兜售。

接著，柯拉蓉又派代表飛往加拿大、德國、法國、澳洲、紐西蘭、丹麥、挪威等國廣泛開展連繫，力爭做到外援多元化，外國投資多元化。

為了把有限的錢用在刀口上，柯拉蓉特別注重開源節流。同時，柯拉蓉政府還在政府的經費使用上大做文章。西元 1986 年內閣會議上，柯拉蓉作出決定：內閣成員出國履行公務必須控制開支，任何部長都不得訂購頭等艙機票，不得住豪華旅館。柯拉蓉在會上說：「既然是一個革新的政府，就不能違背簡樸的原則。」她不僅要求別人這樣做，也能嚴於律己。在執政後她沒有住進豪華的總統宮 —— 馬拉卡南宮，寧願每日從奎松市開車上班，並自帶一頓午餐。

後來，為了節省時間，她與家人搬到離政府比較近的一棟住宅中，而馬拉卡南宮只是她會見國內外人士和辦公的地方。她去美國訪問時，買的是普通機票，隨身只帶了兩個皮箱。在她的積極倡導和帶動下，西元 1986 年 3 ～ 9 月的總統辦公室開支，節餘 3,148 萬比索，較西元 1985 年同期節約開支 1.3 億多比索。

柯拉蓉注意對菲律賓旅遊業的發展和開拓。她認為，菲律賓旅遊資源豐富，大可利用。她除了把總統府的一部分改為博物館，以吸引國內外遊

客之外，還召集專人研究開闢更多的旅遊景點和建設各種旅遊設施。西元 1986 年 8 月和 9 月出現了國外遊客增多的現象，據官方統計，西元 1986 年，菲律賓觀光業總收入為 6.5 億美元，較西元 1985 年增加 27%。

柯拉蓉・艾奎諾透過與政府內閣成員的不懈努力，使菲律賓在她執政的第二年，就有了顯著的成績：

西元 1986 年的經濟增長率為 0.13%。這個數字雖並不耀眼，可這是她的新政府在廢墟上建立起一個樂園的開端。因為在這之前，菲律賓經濟是負增長。同時，新政府領導下的通貨膨脹已大幅度下降：西元 1984 年菲律賓的通貨膨脹率為 50%，西元 1985 年為 23%，西元 1986 年減少到 3.3%。

外貿赤字也有明顯的好轉，西元 1986 年 1 ～ 8 月共為 8,200 萬美元，而西元 1985 年同期為 3.28 億美元，外貿赤字下降了 75%。

匯兌率也從柯拉蓉・艾奎諾執政前的 25 比索兌換 1 美元，變到 21 比索兌換 1 美元。

外匯儲備，西元 1986 年 2 月底僅有 9.11 億美元，到西元 1986 年底已上升到 20 億美元；國內貸款利率在馬可仕統治時期曾高達 50%，柯拉蓉時期穩定在 15%，優惠貸款利率甚至下降到 12%～ 14%。

稅收改善也非常明顯，西元 1986 年第一季度稅收虧損 11 億比索，到了 4 月分，開始趨於上升；到 5 月分，兩個月的稅收比去年同期增加了 5.6 億比索。

剛柔並濟女兒心

身為一個女人，柯拉蓉總讓人感到十分勇敢、堅強。

柯拉蓉執政初期，菲律賓局勢仍十分動盪，特別是軍人難以駕馭。西元 1986 年 7 月，曾經充當馬可仕競選夥伴的托倫蒂諾，發動了柯拉蓉執政期間的第一次兵變，大約有 1,500 名馬可仕的支持者和 300 多名士兵占領馬尼拉飯店，成立了所謂的「新政府」。他們擁戴托倫蒂諾為代總統，恩里萊竟然是這個新政府裡的「總理」。

柯拉蓉對此並不慌張，她下達了限托倫蒂諾 24 小時內撤出馬尼拉飯店的強硬命令。後者立刻被震懾，灰頭土臉地服從命令撤了出去。

西元 1986 年 11 月，又一次大兵變發生，參加兵變的人打出「打倒柯拉蓉，支持恩里萊」的巨幅標語牌，恩里萊還咄咄逼人地提出所謂「八點建議」，均遭柯拉蓉拒絕。她在羅慕斯將軍的支持下，迅速粉碎了兵變陰謀。

西元 1986 年 11 月 22 日，支持柯拉蓉的西棉蘭老地區領導人，在馬尼拉遭到暗殺，羅慕斯將軍下令軍隊進入「超級緊急狀態」。柯拉蓉趁機以要求全體閣員辭職的方式，把恩里萊這個隱患從內閣中清除掉，並提升副國防部長伊萊托為國防部長。同一天，政府還粉碎了另一次有 180 名軍人參與的兵變陰謀。參與兵變的兩個營士兵，企圖占領國會大廈，被守護在那裡的政府軍擋住，無法進逼。

西元 1987 年 1 月 27 日，即「新憲法」全民公投之前，親馬可仕的右翼勢力再次發動右派軍人政變。這次政變規模相當大，也是戰鬥最激烈、傷亡最慘重的。流亡在夏威夷的馬可仕對這次軍人政變寄予厚望，他居然

租用了軍用飛機，準備率全家回馬尼拉接收政權。這次政變共有 8 名將官、200 多名士兵、一支穆斯林武裝，還有一批政客，共四五百人參加。

當日凌晨 4 點，政變者向比利亞莫爾空軍基地、薩利空軍基地、國防部、陸軍總部、國家電視臺和第七號電視臺（私營）等處發動進攻。柯拉蓉命令羅慕斯將軍指揮政府軍以 10 倍於叛軍的武力包圍叛軍，並用坦克、裝甲車封鎖主要路口。在國家電視臺附近，兩派群眾發生衝突，傷亡 40 多人。政府軍與叛軍進行長達數小時的談判，又向電視臺施放催淚彈。戰鬥持續了兩天，叛軍最後被迫撤出電視臺，政變宣告失敗。

2 月 2 日，「新憲法」被全民公投通過後，人們指望菲政局會慢慢穩定下來，但菲律賓陸海空三軍中忠於馬可仕的各級軍官仍不斷鬧事，目標直指柯拉蓉。主要原因是這些軍官在馬可仕執政時享有更多的特權。到柯拉蓉時期，一是滿足不了軍人的要求，二是她自己在軍中沒有實力。身為總統，並且是三軍統帥的柯拉蓉，在如何抓牢軍權上頗費了一番心計。她經常召集高級將領開會，傾聽他們的意見；她走進軍營，與官兵聚餐；她對參加過叛亂的下級軍官採取寬容態度，有時甚至有些寬大無邊；她特別放心地倚重總參謀長羅慕斯和國防部長伊萊托。柯拉蓉過人的膽識，自然贏得了大多數軍人的敬重，尤其羅慕斯，一直是她的中流砥柱。

在柯拉蓉身上，還有著強烈的民族氣節。她上臺後，在處理對外關係時，首先考慮到要處理好對美國的關係。她丈夫在世時主張既要與美國友好，又要廢除美國在菲律賓的軍事基地，認為保留美國在菲律賓的軍事基地，是菲律賓的民族恥辱。柯拉蓉原本在競選綱領中，堅決主張廢除美國軍事基地，後來從策略上考慮，她的態度有所鬆動，可基本立場沒變。她表示，美軍基地可以維持現狀，基地協定到西元 1991 年期滿後，再由公民投票決定。從經濟上考慮，美國是菲律賓最大的債權國、投資國和貿易

夥伴，菲律賓急需它的經濟援助。因此，她對美國不得不採取較為靈活的態度。

西元 1986 年 9 月 15 日，柯拉蓉訪美，臨行前在馬尼拉機場發表談話：「我是帶著菲律賓人民的自豪感前去訪問美國的，我將以菲律賓總統的身分站在美國人面前。」她表示在和美國人的談判中，會堅決維護民族尊嚴，絕不是去乞討的。短短數語，不卑不亢，鏗鏘有力。20 日，柯拉蓉在美國參眾兩院聯席會議上發表演講時，她的講話 13 次被熱烈的掌聲和歡呼聲打斷，其中兩次是全場起立歡呼。

在談到菲律賓對美國欠債 260 億美元時，她說，菲律賓每年需支付 20 億美元的利息，幾乎等於菲律賓每年出口收入的一半，這是榨取菲律賓人民血汗的無形巨手，是當今一種最新的「奴役方式」。她說，菲律賓人民是自尊、自豪的人民，是講信用的，絕不逃避應該償還的債務，不過眼下困難重重，希望美國方面能夠諒解。她講話完畢，兩院議員一齊起立，報以長時間的熱烈掌聲。一些德高望重的老議員，有的稱讚柯拉蓉是「代表偉大人民的偉大女性」，有的說，這是他們「有幸聽到的、令人印象最深的演講之一」。柯拉蓉以她剛柔並濟的動情演說，打動了美國參眾兩院的大人物們。

和許多信誓旦旦反腐敗，最後卻醜聞纏身的女總統、女總理不同，柯拉蓉的家庭沒有任何醜聞。她恪守自己上臺時許下的、不讓子女在政府擔任要職，或利用她的地位為個人斂財的諾言，也從不任人唯親、結黨營私。當然這並不代表，她是不愛自己孩子的女人。

柯拉蓉儘管忙於政務，但對五個子女的教育毫不放鬆。她的孩子們個個品行端正，學業有成。在柯拉蓉的影響下，孩子們從小就懂得不做毀壞母親形象的事，而且還盡力保護母親，替母親做力所能及的事。

柯拉蓉不僅是個好母親，也是個好兒媳。她每天日理萬機，仍會盡量抽時間與婆婆在一起，從未向婆婆發過脾氣，總是對婆婆溫順恭敬、禮節周到，體貼入微。

　　這個菲律賓歷史上的第一位女總統，就是這樣一個剛柔並濟、家庭事業兩不誤的女強人，這樣的女人才稱得上是真正的女強人。相比之下，許多女性成為一國首腦後，要麼默許家人斂財，要麼一心把家人扶植成自己的接班人，不如柯拉蓉之處太明顯了。

　　西元 1992 年 6 月 12 日，在柯拉蓉的支持下，武裝部總參謀長、國防部長羅慕斯在菲律賓大選中獲勝。同年 6 月 30 日，柯拉蓉‧艾奎諾在基本算得上圓滿完成了自己的任期後，從容離任。

　　這個世界上如果有過最恨柯拉蓉‧艾奎諾的人，那一定就是馬可仕。如果沒有她，馬可仕的獨裁統治肯定還會多維持幾年。

　　柯拉蓉是個結束了菲律賓獨裁統治的人。在那個時代，只有她能夠做到這一點，而且她也確實做到了這一點。這一點對於菲律賓人民來說，意義是極其重大的。

　　雖然除了結束獨裁統治，柯拉蓉在其他方面沒有給菲律賓人民帶來更顯著的變化，但我們應該看到，菲律賓無論在政治、軍事、經濟還是在外交上，都因她的努力而出現一些改變。就是這些改變，成為了繼任者讓菲律賓振興的基礎。而且在那種艱難的形勢下，仍能取得那麼多的成績，柯拉蓉可以說問心無愧了。

　　誰也不能讓世界一天變一個模樣，只要有人能夠讓世界改變一次，能讓歷史產生與之前明顯不同的變化，那麼這個人就是當之無愧的偉人，柯拉蓉‧艾奎諾做到了這一點。

女承父志

—— 梅嘉娃蒂・蘇卡諾普特麗

印尼，千島之國。半個多世紀以來，印尼政壇一直經歷著風雲變幻，致使國家動盪，民不聊生，整個國土陷入分崩離析的危難之中。從國父總統蘇卡諾（Sukarno），到「鐵腕」總統蘇哈托（Suharto），再到「舞弄空拳」的瓦希德（Abdurrahman Wahid），幾乎使盡了各種手段，都無法讓印尼得到發展，相反，危機卻越來越嚴重。直到西元 2001 年 7 月 23 日，印尼人民才看到了一線曙光：國父蘇卡諾之女 —— 梅嘉娃蒂‧蘇卡諾（Megawati Sukarnoputri）在其前任瓦希德黯然下臺之後，成為了印尼歷史上第一位女總統。

　　「牝雞司晨」不再是對陰盛陽衰的悲涼感嘆，而是對這位女總統的一種企盼。執政三年，她的政績稱不上卓然，她的懷柔政策也飽受批評，但這些卻不能抹殺她的功績。她的所作所為，為印尼走出谷底打下了基礎。梅嘉娃蒂，也成為印尼歷史上一位重要的人物。

坎坷青春磨一劍

　　西元 1947 年 1 月 23 日，梅嘉娃蒂在一個風雨交加的夜晚呱呱墜地，成為印尼建國之父 —— 蘇卡諾的長女。蘇卡諾在替愛女取名時，也許已經預感到自己的女兒日後將大有作為，便為她取名梅嘉娃蒂。「梅加」在印尼文中是「雲彩」或「巨大」的意思，「瓦蒂」則是「女子」的意思。這個名字正好應和了一句古語：「雲起龍驤，化為侯王」。

　　梅嘉娃蒂兩歲時，被帶進雅加達的總統宮殿裡。從那時起，在總統宮殿裡開始了她的童年和少年歲月，享盡第一家庭的榮華富貴。梅嘉娃蒂是在父親的薰陶下長大的，在她的記憶裡，當年父親執政時，在會見要員結束後，都會向自己談起剛才與客人談論的話題；國內外發生了值得關注的

事情時，蘇卡諾也會向女兒交代事情的來龍去脈。這時候，父親從不把梅嘉娃蒂看作一個孩子。總統府的生活環境，不斷向梅嘉娃蒂腦海裡灌輸著政治理念。她在總統府度過了難忘的童年和青年時光。

西元 1954 ～ 1963 年，她在雅加達讀小學和國中。西元 1965 ～ 1967年，在西爪哇萬隆的一所大學就讀農業系。

然而西元 1965 年 10 月，18 歲的梅嘉娃蒂遭遇了生活的重大變故。以蘇哈托為首的印尼陸軍「將領委員會」，發動顛覆蘇卡諾政府的政變。尚未成人的梅嘉娃蒂經歷了蘇卡諾的隨從遭到手榴彈襲擊等恐怖事件，更親眼目睹自己的父親被蘇哈托強逼下臺、直至在軟禁中憂鬱離開人世的慘劇。梅嘉娃蒂不得不輟學在家，照顧病弱的父親。

西元 1970 年，蘇卡諾死於腎病，梅嘉娃蒂於同年進入雅加達的印尼大學攻讀心理學，但沒有完成學業。從此，在蘇哈托的高壓打擊下，梅嘉娃蒂和她的 7 個兄弟姊妹的生活，發生了翻天覆地的變化，他們成了社會上「不可接觸的賤民」。這些悲慘而震撼心靈的遭遇，並沒有壓垮梅嘉娃蒂，相反，她在磨難中迅速成長。這讓她在日後的政治鬥爭中無比堅強，最終成為影響印尼政壇的一位重要人物。

蘇卡諾家的保母芝特羅回憶說，梅嘉娃蒂小時候就不愛說話，老是微笑、表現出慈母般的溫柔。不過，了解梅嘉娃蒂的人都知道，在這樣一個和藹可親的外表下，隱藏著一顆堅強果敢的心。她的原則性很強，有時甚至到了固執的地步。她一直致力於在西元 1945 年憲法的基礎上實現民主。梅嘉娃蒂的態度，遭到那些不願嚴格按照憲法辦事的人反對，但卻得到了老百姓的支持。當時有人就把梅嘉娃蒂形容成印尼民主黨中「沉默的獅子」，具有衝破任何困難險阻的能力。

走向頂峰不逡巡

　　蘇哈托在其長達 32 年的統治中，由於擔心前總統蘇卡諾的家人會重返政壇，所以禁止蘇卡諾家族的人從政。他多方箝制蘇卡諾的兒子，迫使他們遠離政治，卻偏偏忽略了蘇卡諾的女兒們。

　　由於家道中落和父親的慘死，蘇卡諾的子女們曾一度發誓不再涉足政壇。梅嘉娃蒂因此度過了她一生中最失意的 20 年。可她並沒有因為父親的下臺和悲慘遭遇，而疏遠政治。雖然在蘇哈托執政時期，她很難在政壇上露面，但還是十分關心國內外大事。她時常到印尼各地考察，了解基層組織的情況。1970 年代，她還在丈夫的陪同下，專門到歐洲一些國家考察那裡的政治體制。這些，都為她日後的政治復出，奠定了扎實的基礎。

　　西元 1975 年印尼民主黨成立後，黨內派系紛爭不斷。西元 1982 年，當時民主黨的總主席蘇爾亞迪，想到了這個黨的創始人蘇卡諾的女兒、得到群眾廣泛愛戴的梅嘉娃蒂，希望藉助她的影響力平息黨內紛爭。西元 1987 年大選前，蘇爾亞迪設法說服她擔任印尼民主黨雅加達中央分會主席。梅嘉娃蒂的參政，讓人們將對蘇卡諾的緬懷之情，轉移到了他女兒身上。在中爪哇的競選活動中，只要梅嘉娃蒂一露面，群眾就會踴躍地前往助威，讓民主黨在當年的大選中，一舉奪得 40 個席位。梅嘉娃蒂與她的丈夫陶菲克‧基瑪斯雙雙當選國會議員，成為當時唯一的一對夫妻議員。

　　西元 1993 年 12 月，這位開國總統的女兒，終於成為其父開創的印尼民主黨的總主席。這象徵著蘇卡諾家族東山再起，也引起了蘇哈托的警覺。為了防止出現競爭對手，他直接插手印尼民主黨的事務。在政府的壓力下，印尼民主黨於西元 1996 年 6 月召開特別會議，強行將梅嘉娃蒂擠出領導機構。這個舉動引發廣大民主黨員和群眾的強烈不滿，並進而引發

了一個月後發生在雅加達的、20 年來最激烈的騷亂。這場嚴重流血衝突共造成 100 多人傷亡，其中大部分是梅嘉娃蒂的支持者。

西元 1998 年 5 月，蘇哈托在執政 32 年後辭職，梅嘉娃蒂的支持者奪回了各地的分部。同年 10 月，梅嘉娃蒂率領她的支持者脫離印尼民主黨中，組建印尼民主奮鬥黨，並自任主席。在西元 1999 年 6 月舉行的議會大選中，梅嘉娃蒂領導的印尼民主奮鬥黨，提出了比較穩妥和務實的政治和經濟綱領。在各地分裂傾向有所抬頭時，該黨堅持國家統一，反對聯邦制；在處理蘇哈托及其家族斂財聚富等問題上，主張透過法律手段解決；在最敏感的軍隊雙重職能問題上，提出逐步削弱軍隊擔負的政治社會責任；在經濟發展上，主張加強農業、種植業、海洋捕撈業和旅遊業，從而以較小的投入，換取更多的就業機會。

這些主張受到廣大中下層人民的擁護和歡迎。競選期間，無數支持者身著紅色黨服，舉著以「雄牛」為標誌的民主奮鬥黨的紅旗，把各大城市變成了「紅色海洋」。在人民高漲情緒的支持下，印尼民主奮鬥黨在參選的 48 個政黨中，獲得了 33.73％的選票、154 個議席，成為新議會中第一大黨，梅嘉娃蒂被該黨一致推舉為未來的總統候選人。當地輿論稱民主奮鬥黨為「人民的政黨」，人民普遍寄希望於這個曾經遭受迫害的政黨，希望梅嘉娃蒂領導他們革故鼎新，開創新時代。

印尼民主奮鬥黨在大選中的勝利，引起了當時執政的專業集團黨的高度警惕。該黨領導人先後會見了民族覺醒黨、國家使命黨等數個大黨的負責人，試圖與他們聯合，戰勝民主奮鬥黨。另外，幾個穆斯林政黨還提出了女人不能在穆斯林國家當總統的問題。梅嘉娃蒂透過媒體有力地反駁這些過時的說法，並組成幾個工作隊，分別與政界、軍界、宗教界保持接觸。

支持民主奮鬥黨的學術、宗教團體，知名人士及廣大公眾，開始站出來為梅嘉娃蒂鳴不平。他們指出，在穆斯林國家巴基斯坦和孟加拉，早已有女總理上臺執政，印尼為什麼就不能有女總統？甚至有 1,000 多名梅嘉娃蒂的支持者，還咬破手指按手印，開展「血印運動」，誓死支持梅嘉娃蒂。另一方面，在國會中擁有 38 個議席的軍方，對民主奮鬥黨態度也比較友善。大選後不久，印尼武裝部隊司令發表談話，要求人們接受大選結果。軍隊中其他高級將領也表示，軍隊將接受人民的選擇，「不論是男性還是女性」，只要是國家最優秀的兒女就行。在一些保守的穆斯林組織反對由女性擔任總統的時候，軍方的態度對梅嘉娃蒂無疑是有力的支持。

但隨著「人協」選舉日期臨近，爭奪總統寶座的大戰愈演愈烈，梅嘉娃蒂開局十分不利，在 10 月 3 日和 6 日人民協商會議主席，和人民代表會議（國家立法機構）議長的爭奪戰中連連失利。瓦希德宣布國家進入緊急狀態，由改革派、民族主義黨和幾個穆斯林小集團組成的「中軸集團」，意外地聯合起來，支持在議會中僅有 35 個議席的國家使命黨主席賴斯，奪取「人協」主席桂冠。緊接著，人民代表會議議長職位又被專業集團黨總主席丹戎占據。這兩個出人意料的結果，使得在國會中贏得 154 個議席的第一大黨 —— 民主奮鬥黨受到排斥，引起其支持者的強烈不滿。

在問鼎總統寶座最後衝刺階段中，梅嘉娃蒂過分相信政治盟友對她的承諾，對如何排除議會交替中遇到的障礙，沒有果斷處置。在關鍵時刻，梅嘉娃蒂沒能在穆斯林政黨中贏得支持，這些政黨錯誤地把她當成是非宗教主義者，與印尼的基督教少數派關係密切，加上民主奮鬥黨在「人協」中建立必要的聯盟方面，行動緩慢又動手較晚，致使她在 10 月 20 日的總統選舉中，最終以 60 張選票之差，輸給了伊斯蘭教師聯合會主席瓦希德，只能屈就副總統一職。梅嘉娃蒂辛辛苦苦地籌劃、準備、行動，反而

為瓦希德做了「嫁衣裳」。

不過她並未因此而氣餒，反而在總統瓦希德舞弄空拳期間，致力安插副總統府的實際治國班底。而在她領導下的民主奮鬥黨擴張的勢頭，也讓外界注意到，她的治國實力其實比外表更強，甚至有望超過瓦希德。

「瓦梅組合」政權最初被譽為「絕佳搭檔」。然而好景不長，瓦希德四處積怨，執政不久就把過去的所有政治盟友變成了仇敵。他迷信憲法賦予的權力，隨意改組內閣；他執法不嚴，政績不佳，對頹靡的經濟和混亂的政局只會徒呼奈何；他在執政的 21 個月期間，頻繁出訪，足跡遍及五大洲，然而對內卻疏於治理。鑒於這種情況，梅嘉娃蒂決定拉開與瓦希德的距離。自西元 2001 年 5 月起，她公開躲避這個「阿兄」，印尼正副總統從此漸行漸遠。

由於印尼上下對瓦希德的政績越來越失望，在瓦希德涉嫌兩起貪汙案發後，「人協」決定彈劾總統。

西元 2001 年 5 月 30 日，印尼國會以壓倒性多數通過決定，要求「人協」於 8 月 1 日召開特別會議，由瓦希德向「人協」提呈自西元 1999 年 10 月以來，他施政情況的責任報告，據此決定是否彈劾瓦希德。這無異於對瓦希德發出了「最後通牒」。瓦希德為保住總統寶座做了多方努力，如撤換一些政府要職及總檢察長、警察總監，試圖與各主要反對勢力對話，尋求政治妥協，但這些措施不僅遭到各方拒絕，更令瓦希德陷入孤家寡人的尷尬局面。

7 月 23 日凌晨 1 點 10 分，瓦希德突然透過電視頒布總統令，宣布全國立刻進入緊急狀態，凍結「人協」和國會，在一年內提前舉行大選，並解散專業集團黨，為其留任作最後努力。瓦希德的命令一出，立即招致各

方的強烈反對。瓦希德的這種行為，無異於自掘墳墓。

上午 8 點，「人協」特別會議在雅加達召開，除支持瓦希德的幾個黨派拒絕參加外，其他各黨派的 601 名議員到會。民主奮鬥黨代表譴責瓦希德的總統令，要求特別會議盡快任命梅嘉娃蒂為新總統，這一發言立刻得到其他政黨附和。此前，專業集團黨領導人已發表措辭激烈的談話，指責瓦希德無權解散該黨，要求「人協」盡快彈劾瓦希德，任命副總統梅嘉娃蒂為總統。

在特別會議上，印尼最高法院宣讀了一份書面報告。其宣稱，瓦希德總統令的內容是違憲的，人民協商大會（國會）和總統屬於同一級別，總統由「人協」選出，因此「總統不能凍結人協權力」；至於解散政黨，則是最高法院權力範圍。9 點，「人協」否決了瓦希德頒布的緊急狀態法。下午，「人協」繼續開會，在場的全體議員一致投票通過了罷免瓦希德、任命副總統梅嘉娃蒂為新總統的決議。

當日傍晚 5 時許，一襲白色衣裙的梅嘉娃蒂，在雷鳴般的掌聲中踏入「人協」會議廳，在大部分「人協」代表、武裝部隊各領導人、各部門高官和各國使節約 600 多人的見證下，宣誓就任。短短兩分鐘的宣誓儀式，梅嘉娃蒂頭頂遮蓋著一本《古蘭經》（Quran），象徵上蒼的保佑和祝福。她許諾要為國家鞠躬盡瘁，並呼籲各方接受「人協」的決定，拋開分歧，共同建設國家。這位前總統蘇卡諾的長女終於繼承父志，眾望所歸地領導起美麗富饒的「千島之國」，成為印尼歷史上第一位女總統。

翻手雲雨是非間

西元 2001 年 7 月 24 日，印尼新總統梅嘉娃蒂開始正式行使總統權力。她首先面臨的問題是，一天前被「人協」廢黜的前總統瓦希德，仍「固守」在總統府內，絲毫沒有離開的意向。雖然瓦希德已經失去了「人協」、軍隊及警察部隊的支持，但他仍然認為自己沒有錯。

為了不使自己的前任過於難堪，梅嘉娃蒂沒有任何「逼宮」舉動，也沒有發表任何言論，要求瓦希德盡快搬出總統府。她第一天的政務仍在副總統府內處理。梅嘉娃蒂的一名助手克索沃・班邦，當天接受採訪時委婉地表示，「當形勢變得平靜之後，我們會慢慢來（將瓦希德請出總統府）」。

梅嘉娃蒂對瓦希德「不義之舉」的處理方式顯得過於忍讓，沒有那種領導人物所應具有的「鐵腕」態度。而在當時的國內、國際環境下，印尼需要一個強而有力的政府，來帶領他們渡過難關，以梅嘉娃蒂為首的印尼政府，缺乏的恰恰就是這種魄力。

當時還有一些人擔心，由於梅嘉娃蒂是在前總統蘇哈托的專業集團黨，和軍方的支持下才得以掌權的，今後在處理腐敗問題上勢必會手軟，軍方對政府的影響也可能加強。不幸的是，這種擔心最終成為事實，而且也成為日後迫使梅嘉娃蒂下臺的一個主要因素。

梅嘉娃蒂執政時，印尼正處在一個相當困難的時期。瓦希德在執政期間，不僅沒有為廣大人民帶來他們所希望的穩定和繁榮，相反的，還使國家的政治經濟形勢不斷惡化，物價上漲，貪汙盛行，政府信譽降到了最低點。

梅嘉娃蒂十分明白，她所面臨的這些問題，是多年來累積下來的，不

可能在短期內一蹴而就，依靠個人的力量更是無法完成。要帶領國家擺脫現狀，當務之急是組成一個堅強有力，又能被大多數人所接受的領導團隊。為此，她花了半個多月時間，廣泛徵求意見，從各政黨和社會各界提出的眾多候選人中，精心挑選 33 人組成新內閣，並稱其為「互助合作內閣」，目的是要求內閣部長們精誠團結，集中精力，扎實穩妥地解決人們最關注的問題。

而要維護國家穩定，必須要推動經濟的發展，採取有效措施恢復經濟發展，是實現社會長治久安的關鍵。因此，梅嘉娃蒂政府從一開始，就把復甦經濟擺在頭等重要的位置上。她一方面積極與國際金融機構合作，推進金融經濟改革，爭取援助貸款迅速到位和延緩外債償還期限等；一方面制定和實施發展中小企業和合作社，擴大出口，促進旅遊業發展和加大引進外資力度等切實政策，以改善和提高人民的生活水準。

然而，受美國「911」恐怖攻擊的影響，世界經濟發展明顯趨於緩慢，加之國內激進派穆斯林反對美國在阿富汗動武，令印尼政府復甦經濟的努力嚴重受挫，貨幣匯率再次起伏不定。面對巨大壓力，梅嘉娃蒂政府團結一致，沉著應付，引導人們把注意力放在經濟建設上，維護來之不易的安定局面。

為了進一步加快經濟增長步伐，印尼政府計劃採取一些刺激經濟的新舉措，重新啟動數十個被擱置的大型建設專案。西元 1997 年亞洲金融風暴爆發，當時的總統蘇哈托宣布推遲國內 75 個大專案，同時還取消 81 個專案。這些專案分布在製造業、農業、金融、運輸和電訊業等領域，總價值至少在 130 億美元左右。西元 2002 年初，梅嘉娃蒂釋出第 15 號總統令，取代上述蘇哈托的總統令，為部分被封凍的專案重開綠燈。

　　印尼政府還決定幫助中小企業解決債務拖累。中小企業是印尼經濟能否重新恢復活力的關鍵，在解決失業問題上的作用更是難以替代。但中小企業總共背負著約合 46 億美元的沉重債務，其中多數是拖欠國有銀行和政府機構的，梅嘉娃蒂責成政府提出解決中小企業債務的方案。此外，為創造良好的經營和發展商機，印尼政府還增加全國的中小企業服務中心。

　　另外，印尼政府計劃透過處理國有企業不良貸款來回收資金，增加財政收入。財政部門和中央銀行也在積極採取措施，以促進消費和投資，進而推動整體經濟的發展。

　　皇天不負苦心人。西元 2002 年第一季度，印尼經濟出現好轉跡象，印尼盾開始增值，國內生產總值緩慢回升，通貨膨脹率回落，這些都為印尼經濟繼續復甦奠定了基礎。然而，經濟復甦的道路上，依然面臨著艱難曲折和嚴峻的挑戰。如何應對、如何給投自己一票的選民一個滿意的答覆，是梅嘉娃蒂的頭疼之處。沒能處理好此類關鍵問題，是梅嘉娃蒂政府的一個重大挫折。

　　印尼是一個多民族的國家，民族間的紛爭不斷，使國家統一受到了嚴重威脅。蘇哈托執政時便發生過東帝汶問題，最後聯合國不得不出動維和部隊來平息紛爭；當地的華人華僑也倍受歧視，得不到公平的對待，令中國與印尼兩國關係一度緊張。如何處理好民族關係，也是擺在梅嘉娃蒂面前的一個關鍵性問題。

　　身為總統，梅嘉娃蒂深諳維護國家領土完整和民族團結的重要性，她高舉這面大旗，呼籲社會各階層摒棄派系和個人利益，一切從國家大局出發。在組織內閣過程中，梅嘉娃蒂任人唯賢，努力平衡各派利益，使長期以來爭吵不休的黨派關係明顯緩和。軍警派系在國家政治和安全方面的作

用，得到了相應重視，這讓他們與政府的合作關係得到改善。

這種上層政治菁英間的和諧共事氣氛，對穩定政局至關重要，同時也讓包括地區分離活動在內的社會衝突有所減少。她明確告訴那些分裂主義者，他們的行為不可能得到其他民族的支持，奉勸這些人重返社會大家庭，共同建設新家園，並強調政府絕不允許某個地區在任何情況下，或以任何理由從印尼分離出去。另一方面，梅嘉娃蒂明白，印尼出現分離主義傾向和地方衝突的主要原因，是政治、經濟和社會的不平等。為此，她對於前幾屆政府對亞齊和伊里安查等地區的不公正對待表示歉意，承諾將採取措施，改善當地的狀況。

西元 1967 年蘇哈托政府掌權後，印尼政府制定了許多針對華人的歧視性政策，其中包括禁止華人興辦教育事業，禁止華人過春節和其他傳統節日，禁止華人使用華文姓名等，對華僑華人實行強迫同化。

西元 1998 年 5 月，蘇哈托政權倒臺後，民選的瓦希德政府執政，大幅度調整華人政策，實行民族平等和多元化政策，允許在校學生選修華文，民間可以創辦華文學校。西元 2001 年 2 月，印尼貿易和工業部長頒布第 62 號令，撤銷西元 1978 年商業部長頒布的、關於禁止進口華文讀物的決定；5 月，印尼與中國教育部門代表簽署了在印尼舉辦漢語程度考試（HSK）的協定書。

梅嘉娃蒂執政後，繼續實行前屆瓦希德政府的方針。西元 2001 年 8 月，印尼教育部正式頒布決定書，允許創辦華文學校和其他外語學校，不受任何限制，大學可以創辦華文系，華文與英文、日文享有同等的地位。

西元 2000 年 1 月 18 日，印尼政府正式宣布，撤銷西元 1967 年第 14 號禁止華人在公開場合慶祝民族節日政府令。2001 年又正式確定春節為選

擇性的假日,在職人員和在校生春節放假不算曠工曠課。西元 2002 年 2 月 17 日,梅嘉娃蒂在雅加達華人慶祝馬年春節的大會上正式宣布,印尼政府已決定將春節定為這個國家的全國性假日。她在談話中向廣大華人祝賀春節,並呼籲社會各階層接受和尊重民族之間的差別。她要求大家消除認為自己的祖先民族和種族,要比其他人的更值得尊重的想法。這一展現民族平等和民族和諧的政策,使當地華人感受到他們已成為印尼民族大家庭的一員,社會地位正在提高,生存環境在改善。

西元 2002 年的馬年春節,雅加達及華人聚居的其他印尼城市,充滿了節日氣氛。不少商場、酒店、酒樓、寺廟及唐人街等都綵帶飄動,大紅燈籠高高掛起。舞獅舞龍、武術表演和歌舞,替農曆新年平添了亮麗的色彩。春節期間,雅加達除銀行須循央行規定繼續營業外,許多商店休息,學校放假,股市也停開。梅嘉娃蒂還特別取消了印尼民主奮鬥黨的週會,以便於參加歡度春節活動。國會也取消了預定的兩個會議。雅加達市政府懸掛出祝賀春節的橫幅,在一些鬧市區還掛上「恭喜發財」的大橫幅。

梅嘉娃蒂政府在處理華人華僑的問題上,較蘇哈托政府及瓦希德政府有力,她所實施的這一系列措施,無疑使得印中兩國關係有了較大的改善。印尼也從中國得到許多來自官方和民間的資助,為改變印尼的現狀提供了必要的條件。

梅嘉娃蒂急需解決的現實問題,還有將與東南亞國家協會的國家關係,擺在印尼外交策略的優先位置。在其新政權尚未足月之時,從 8 月 21 日起,她就開始了對東協 9 個鄰國的「旋風之旅」。在為期 8 天的訪問中,梅嘉娃蒂重申東協仍然是印尼對外政策的基石。她希望印尼能夠重新在東協內發揮「老大哥」作用,使這個組織在國際舞臺上發揮更大的影響。她也意識到,如果國家經濟得不到發展,印尼將無法重新在東協中發揮重要作用。

為實現這個目標，梅嘉娃蒂表示，她將在兩年半任期內將印尼治理好。此外，梅嘉娃蒂還就打擊國際恐怖組織活動，與東協成員國領導人交換意見。馬來西亞、新加坡和菲律賓亦都表示，不會允許自己的領土成為亞齊分離主義和其他國際恐怖組織活動的基地。這些表態不僅為印尼放手處理亞齊分離主義問題，提供了有利的國際環境，也為印尼實現政治穩定和經濟復甦提供了保障。

前文曾提到，導致梅嘉娃蒂的前任瓦希德下臺的一項重要原因，是其涉嫌兩起貪汙案，這也讓印尼政府的形象，在人民心目中留下了非常深的陰影。梅嘉娃蒂在就職時曾就反腐問題做了承諾，而她如何實現這個承諾，是印尼上下極為關注的。

執政伊始，梅嘉娃蒂就從自身做起，對家人親屬約法三章，嚴禁他們從事商業活動，也不允許有關部門向其家屬提供任何經商的便利。與此同時，梅嘉娃蒂還帶頭公布自己的財產，主動接受公眾監督。此外，她還號召政府總長和國會議員也從自身做起，反對貪汙腐化。這些措施大大提高了新政府的威望，讓人們看到建立一個廉潔高效政府的希望，支持率明顯上升。

然而好景不長，梅嘉娃蒂自身就「率先」捲入了腐敗的濁流。罪魁禍首正是她萬分疼愛的兒子普拉達瑪。尤其是事件披露在西元 2004 年總統大選之前，更令本已心煩意亂的梅嘉娃蒂尷尬不已。

《世界新聞報》指責其子涉嫌工程舞弊一事，反對派更是藉此大做文章，指責梅嘉娃蒂與腐敗作戰的宣言，只是「一紙空文」。總統大選在即，作為主要「選手」的梅嘉娃蒂此時卻遭此攻擊，怎不令支持她的選民揪心不已？

　　印尼的普蘭班南寺院印尼反對黨（民族覺醒黨）成員、國會特別調查小組負責人埃芬迪指責說，普拉達瑪在沒有依法公開投標的情況下，利用非法手段，獲得了在雅加達集市廣場建造豪華公寓及購物中心的工程。

　　雅加達集市廣場占地44公頃，其原址是雅加達國內機場。1980年代，該場地作為官方土地轉由印尼國務祕書處管理，此後一直用作集市及展覽場所。當年年初，印尼國務祕書處決定在這塊場地上劃出30公頃的土地，準備用來興建大型購物中心，並開始對外招標，一時應者雲集，其中就包括普拉達瑪與幾個合夥人開的一家公司。

　　然而，令人不解的是，國務祕書處尚未公布競標結果，普拉達瑪的公司就在緊鑼密鼓地準備大興土木，儼然已經得標。這引起了不少人的懷疑，印尼國會為此成立一個調查小組，當他們檢視普拉達瑪公司競標的標的時，不由得大吃一驚：該公司開的價碼竟然比市價還低，根本不可能買到如此理想的土地。

　　反對黨立即藉機對梅嘉娃蒂展開攻擊。國會調查小組似乎已掌握確鑿的證據，證明普拉達瑪是依靠裙帶關係非法贏得競標的，宣布將會傳喚普拉達瑪以及他的生意合夥人進行調查。此外，雅加達集市管理委員會負責人阿布杜拉·穆伊斯也將受到傳喚。與此同時，埃芬迪指出，國務祕書克索沃·班邦對此事負有一定責任，他應該立即調查工程招標過程是否存在著違法行為。另外，埃芬迪還把矛頭指向總統梅嘉娃蒂，聲稱「調查結果清楚地表明，梅嘉娃蒂總統沒有履行自己的承諾，她許下的『不給家人從商的特權』以及『與腐敗作戰』的諾言，看來只是一紙空文」。

　　面對國會調查小組的指控，當事人普拉達瑪一直未發表任何評論。在印尼媒體窮追不捨之下，他也只是以「沒什麼可說的」敷衍了事。而印尼

國務祕書克索沃‧班邦對此事的反應則是一再聲稱，招標一事不在他的管轄範圍之內。

不過，因此事而受到最大影響的，還是梅嘉娃蒂。雖然她所在的印尼執政黨──民主奮鬥黨極力否認普拉達瑪與工程舞弊事件有關，可是梅嘉娃蒂的公眾形象還是因此受到損害。面對該國歷史上首次總統直選，印尼一些主要政黨都在如火如荼地為大選做準備。身為總統大選的主要「選手」，梅嘉娃蒂一直以反腐倡廉作為其主要競選綱領，誰知此時竟曝出其子涉嫌工程舞弊事件，不啻是給梅嘉娃蒂當頭一棒，這也成為了梅嘉娃蒂下臺的主要因素之一。

回天乏術空嘆息

背負著其子普拉達瑪貪汙的醜聞，梅嘉娃蒂開始尋求連任的競選工作，與其競爭總統地位的，是軍伍出身的蘇西洛‧尤多約諾（Susilo Bam-bang Yudhoyono）。

由於本次選舉是印尼歷史上的首次總統直選，因此，能否拉攏選票、贏得選民的心，是能否入主雅加達的關鍵性問題。出身名門，並且獲得幾大政黨支持的現任總統梅嘉娃蒂，自然有她得天獨厚的優勢。與之相反，蘇西洛沒有任何政黨聯姻，他依靠的只是普普通通的勞苦大眾，並宣稱自己是人民之子。在一系列宣傳活動中，他或在群眾集會上演唱民族歌曲，或與民眾一起散步，以增強親民形象。

在這種情況下，梅嘉娃蒂顯然棋輸一著。在直選中，依靠的應是擁有絕大多數選票的選民，而不能僅依靠政黨。蘇西洛顯然更勝一籌。

　　三年來，梅嘉娃蒂政府實施的是「大棒」與「胡蘿蔔」政策，可以看出她更注重於經濟的發展。在競選中，她大打經濟牌。梅嘉娃蒂不斷在公開場合表示，倘若她的政黨獲得大選勝利，她要重整印尼經濟。她個人主張實行開放的市場經濟，但是一定要有公正的司法制度相配套。

　　而出身行伍的蘇西洛則顯得手腕更為強硬，除了主張要振興印尼經濟外，還把焦點集中在打擊恐怖主義上。他在反恐問題上的立場十分堅決，在打擊「伊斯蘭祈禱團」（印尼境內恐怖組織）恐怖組織上不遺餘力。

　　針對當前國際上日趨激烈的反恐環境，蘇西洛的態度更能得到民眾及國際的支持，從而也直接或間接的影響了選舉的結果。無疑，本身就在執政期間沒有徹底解決印尼恐怖活動的梅嘉娃蒂，又喪失了「先手」。

　　前文說過，梅嘉娃蒂是依靠其父親蘇卡諾的聲望及其政黨的支持，才得以入主雅加達的，因此她投鼠忌器，在反腐問題上一直無法給人民一個滿意的交待，甚至連她自身也捲入了腐敗的漩渦，這無疑又給競爭對手以把柄。

　　而蘇西洛在普遍選民的眼中，是一個清廉且沒有大政黨支持的人，相信他能夠肅清行賄之風，加之他態度強硬，更認為他可以解決已經讓數屆政府頭疼的問題。

　　7月5日，印尼舉行了建國以來的首次總統直接選舉，全國1.5億多登記選民中，有大約80%的選民參加投票。在5位總統候選人中，印尼民主黨推舉的候選人蘇西洛，以得票率33.57%排名第一；印尼民主奮鬥黨推舉的候選人，即現任總統梅嘉娃蒂以26.6%的得票率位居第二。兩人相差了近7個百分點，這對於梅嘉娃蒂來說，不是個好消息。

　　西元2004年10月5日，第二輪投票結果宣布，蘇西洛以58.92%的

得票率壓倒了梅嘉娃蒂，成為印尼歷史上的第 6 任總統，10 月 20 日宣布就職。

梅嘉娃蒂承認競選失敗，於當地時間 10 月 19 日中午離開總統府。在競選連任失敗後，她向蘇西洛表示祝賀，並明確要求她的支持者接受民眾的選擇。看來，她還在期待著東山再起，「梅」開二度。

客觀地說，執政三年的梅嘉娃蒂在一定程度上，整頓了瓦希德留下來的爛攤子，也使得印尼的經濟得到一定程度上的恢復和發展，給繼任政府奠定了基礎；她的頻繁出行，也使得印尼在國際上的地位有所提高，影響力也有所增強。西元 2004 年 12 月 24 日，印尼遭遇了災難性海嘯和地震，事後世界各國紛紛伸出援手相助，這不能說沒有梅嘉娃蒂的功勞。

梅嘉娃蒂繼承老父 —— 印尼開國總統蘇卡諾的精神遺產，曾贏得民眾帶著懷舊色彩的支持。不過執政 3 年來，她領導的印尼政府在推動經濟改革、打擊恐怖主義，以及反腐倡廉方面政績平平。施政方式被指責過於「懷柔」與「超然」，更有媒體將其評價為「懶散且猶豫」。腐敗沒有清除，地區衝突也未能徹底平息，物價依然高漲，占人口多數的印尼下層民眾生活也沒有明顯改善，這些就是導致梅嘉娃蒂下臺的根本原因。

梅嘉娃蒂三年的總統生涯不可謂成功，也不可謂失敗，身為印尼的第一位女總統，在印尼歷史上開闢了先河，乃至在世界歷史上也書寫了重重的一筆。平心而論，她確實具備一定的政治能力，並非完全依靠其父的威名。只是在這種特定的背景下，印尼更需要鐵腕式的人物來領導他們走出谷底。

現在，只能對這位印尼前總統說一句：梅嘉娃蒂，再會。

玫瑰與利劍，從克麗奧佩脫拉到維多利亞的女性傳奇：

榮光女王 × 聖女貞德 × 凱薩琳大帝 × 提燈女士……走進那些在政治、戰爭與文化中留下烙印的女性故事

編　　著：蘇嘉辛
發 行 人：黃振庭
出 版 者：崧燁文化事業有限公司
發 行 者：崧燁文化事業有限公司
E - m a i l：sonbookservice@gmail.com
粉 絲 頁：https://www.facebook.com/sonbookss/
網　　址：https://sonbook.net/
地　　址：台北市中正區重慶南路一段 61 號 8 樓
8F., No.61, Sec. 1, Chongqing S. Rd., Zhongzheng Dist., Taipei City 100, Taiwan
電　　話：(02)2370-3310
傳　　真：(02)2388-1990
印　　刷：京峯數位服務有限公司
律師顧問：廣華律師事務所 張珮琦律師

定　　價：375 元
發行日期：2024 年 06 月第一版
◎本書以 POD 印製
Design Assets from Freepik.com

國家圖書館出版品預行編目資料

玫瑰與利劍，從克麗奧佩脫拉到維多利亞的女性傳奇：榮光女王 ×
聖女貞德 × 凱薩琳大帝 × 提燈女士……走進那些在政治、戰爭與文化中留下烙印的女性故事 / 蘇嘉辛編著 . -- 第一版 . -- 臺北市：崧燁文化事業有限公司 , 2024.06
面；　公分
POD 版
ISBN 978-626-394-412-1(平裝)
1.CST: 女性傳記
781.052　　　　113007891

電子書購買

爽讀 APP

臉書